좋은

삶을

위한

안내서

A GUIDE TO THE GOOD LIFE
The Ancient Art of Stoic Joy

A Guide to the Good Life

은

좋
을

삶
한

윌리엄 B. 어빈 지음
이재석 옮김

위
안 내 서

{한 번뿐인 당신의 인생을 위한 스토아철학의 아주 오래된 지혜}

마음친구

차례

PART4 오늘의 삶을 위한 스토아철학

일러두기

• 이 책은 2009년 미국 옥스퍼드대학 출판부에서 출간된 *A Guide to the Good Life*의 온전한 한국어 번역본이다.

• 스토아철학의 일상 적용에 더 관심이 있다면 스토아철학의 역사를 다룬 1부를 건너뛰고 스토아철학의 심리 기법을 다룬 2부부터 읽어도 좋다.

• 본문의 굵은 글씨는 옮긴이가 강조한 것이다.

어떻게 살 것인가: 삶의 계획 짜기

당신은 삶으로부터 무엇을 원하는가? 배려심 많은 배우자? 든든한 직장과 커다란 집? 그런데 이런 것은 당신이 '살면서' 원하는 것이 아닌가? 살면서 원하는 것 말고 '삶 자체로부터' 당신이 원하는 것은 무엇인가? 이것은 가장 큰 의미에서 묻는 질문이다. 일상에서 얻고 싶은 무엇이 아니라 삶의 커다란 목표에 관한 물음이기 때문이다.

삶의 커다란 목표에 대해 물으면 사람들은 선뜻 답하지 못한다. 순간순간 또는 몇 년 단위로 자신이 무엇을 원하는지는 알아도 삶의 큰 목표에 대해서는 진지하게 생각해 본 적이 없기 때문이다. 그럴 만도 하다. 우리 사회는 그런 것을 생각할 여유를 주지 않는다. 정신을 산만하게 하는 문화 속에서 우리는 삶의 큰 목표에 대해 생각할 필요를 느끼지 않는다. 그럼에도 삶의 큰 목표는 삶의 철학(philosophy of life)을 구성하는 가장 중요한 요소다. 삶의 큰 목표가 없으면 일관된 삶의 철학을 가질 수 없기 때문이다.

그렇다면 삶의 철학을 가져야 하는 이유는 무엇인가? 삶의 철학이 없으면 삶을 '잘못 살' 위험이 있기 때문이다. 살면서 온갖 즐거운 경험을 하더라도 결국엔 '좋지 않은 삶'을 살게 될 위험이 있기 때문이다. 죽음에 닥쳐 살아온 날을 돌아보며 한 번뿐인 삶을 낭비했음을 알게 될지 모른다. 진정 가치 있는 것을 위해 살지 못했다고 후회할 수도 있고 삶이 던지는 싸구려 보석에 눈이 팔려 인생을 허비했음을 뒤늦게 깨달을지도 모른다.

이제 당신이 삶의 큰 목표를 찾았다고 하자. 그리고 그 목표를 추구해야 하는 이유도 안다고 하자. 그렇더라도 삶을 잘못 살 위험은 여전히 존재한다. 목표를 이룰 효과적인 방법이 없는 경우에 그렇다. 그러므로 삶의 철학을 구성하는 두 번째 요소는 삶의 큰 목표를 실현하는 구체적인 방법이라고 할 수 있다. 이 방법을 통해 당신은 무엇을 해야 하는지 알 수 있고 이로써 삶에서 중요하게 여기는 것을 얻을 가능성도 높아진다.

✦

우리는 힘들게 모은 재산을 탕진하지 않으려고 자산관리 전문가를 찾는다. 그들은 퇴직 후의 안락한 노후를 위해 명확한 금전적 목표와 목표 달성의 방법을 조언해 준다. 그런데 재산이 아니라 우리의 '삶'을 낭비하지 않으려면 어떻게 해야 할까. 이때 우리는 '삶의 철학자'라는 전문가를 찾아 나서야 한다. 그들은 삶의 큰 목표에 대해 생각하게 할 것이다. 어떤 목표가 추구할 가치가 있는지, 서로 충돌하는 목표 가운데 어느 것을 우선해야 하는지 알려줄 것이다. 그리고 우선 순위의 가장 꼭대기에는 앞에 말한, 다른 목표에 양보할 수 없는 삶의 큰 목표가 있을 것이다. 이처럼 삶의 철학자는 삶의 큰 목표를 정하게 한 다음 그것을 얻는 방법까지 알려준다.

그렇다면 어디에서 삶의 철학자를 찾아야 할까? 대학의 철학과에서? 그곳에는 전문 철학자들이 있다. 형이상학, 논리철학, 정치철학, 과학철학, 종교철학, 윤리학을 전공하는 학자들이다. 그밖에 스포츠철학, 페미니즘철학, 심지어 '철학에 관한 철학'을 전공하는 학자도 있다. 그런데 '삶의 철학'을 전공하는 철학자를 일반 대학에서 찾기란 쉽지 않다.

늘 그랬던 것은 아니다. **고대 그리스로마의 철학자들은 삶의 철학에 관해 생각하는 것을 중요하게 여겼다. 그들은 삶의 철학을 마련하는 것이야말로 철학의 존재 이유라고 보았다.** 논리학 등에 대한 그들의 관심 역시 크게 보면 삶의 철학을 마련하려는 목적이었다. 고대 그리스로마 철학자들은 자신이 깨달은 바를 비밀에 부치거나 주변의 철학자들과만 나누지 않았다. 학교를 세우고 학파를 만들어 삶의 철학을 배우려는 모든 사람을 학생으로 받아들였다. '좋은 삶을 사는 법'에 관하여 여러 학파에서 다양한 의견을 내놓았다. 소크라테스의 제자로 키니코스학파를 창시한 안티스테네스는 금욕적 삶을 중시했으며, 소크라테스의 또 다른 제자로 키레네학파를 시작한 아리스티포스는 쾌락적 생활을 옹호했다. 그리고 이 양극단의 사이에 에피쿠로스학파와 회의학파, 그리고 이 책에서 다룰 키티온 출신의 제논이 창시한 스토아학파가 있었다.

이들 학파의 철학자들은 삶의 철학에 대한 관심을 주저 없이 드러냈다. 에피쿠로스는 이렇게 말했다. "인간의 괴로움을 치유하지 못하는 철학자의 말은 공허하다. 몸의 병을 치료하지 못하는 의술이 쓸모없듯이 마음의 괴로움을 몰아내지 못하는 철학은 조금의 유익함도 없다."[1] 스토아철학자인 세네카는 이렇게 말했다. **"철학자에게 공부하는 자는 매일 한 가지씩 좋은 것을 배워 와야 한다. 그는 집에 돌아왔을 때나 돌아오는 길에 조금 더 나은 사람이 되어 있어야 한다."**[2]

✦

이 책은 삶의 철학을 찾는 사람을 위한 것이다. 고대 스토아철학은 나(저자)의 삶의 철학을 마련하는 데 꽤 유용했다. 스토아학파의 삶의 철학은 아주 오래되었지만, 의미 있고 충만한 '좋은 삶'을 살려는 오늘의 개인에게도 충분히 흥미로울 것이다.

이 책은 어떻게 살아야 하는가에 관한 2천 년 전 스토아철학자들의 조언을 전한다. 나의 동료 철학자들은 이런 일을 꺼린다. 그들의 관심은 이론적·역사적 연구다. 반면에 나의 관심은 스토아철학을 내 삶에, 나아가 사람들의 삶에 직접 적용하는 것이다. 학문과 실용을 모두 장려한 고대 스토아철학자들의 주된 목표 역시 철학을 자기 삶에 실제로 활용하는 것이었다.

스토아철학은 '철학'임에도 심리적 요소를 두루 갖추었다. 스토아철학자들은 분노, 불안, 두려움, 슬픔, 질투 등의 부정적 감정이 가득한 삶은 좋은 삶이 아니라고 보았다. 인간 마음의 작동 방식을 면밀히 관찰한 그들은 고대의 통찰력 있는 심리학자였다. 부정적 감정이 일어나지 않는 법을 고안했으며, 부정적 감정이 이미 일어난 경우에는 그것을 꺼트리는 방법도 개발했다. 철학적 사유를 꺼리는 사람이라도 부정적 감정을 막고 꺼트리는 방법에는 관심이 있을 것이다. 살면서 겪는 부정적 감정을 줄이고 싶지 않은 사람이 어디 있을까?

나는 성인이 되어 줄곧 철학을 공부했지만 최근에야 내가 스토아철학에 무지함을 깨달았다. 대학 시절 교수님들은 스토아철학을 읽으라고 권하지 않았고 다독가인 나 스스로도 읽을 필요를 못 느꼈다. 나는 삶의 철학에 대해 고민할 필요를 느끼지 못했다. 대신에 많은 사람이 디폴트값(기본값)으로 여기는 삶의 철학, 즉 풍족한 물질과 사회적 지위, 감각적 쾌락을 되는 대로 좇으며 하루하루를 보내고 있었다. 내 삶의 철학은 말하자면 '개화(開化)한 쾌락주의'였다.

그러던 중 나는 나이 오십에 일어난 일련의 사건으로 스토아철학에 들어섰다. 첫 번째 사건은 1998년 톰 울프가 쓴 『한 남자의 모든 것』이란 소설이었다. 우연히 스토아철학자 에픽테토스를 알게 된 어떤 남자가 그의 철학을 전파하며 다닌다는 줄거리다. 이 장면은 나의 흥미와 호기심을 강하게 자극했다. 그로부터 2년 뒤 나는 욕망에 관한 책을 쓰려고 자료를 조사하던 중 욕망을 다스리는 법에 관한 수천 년 전의 조언을 살펴보았다. 기독교, 힌두교, 도교, 수피즘, 불교에서 욕망에 관하여 어떻게 말하는지 보았다. 많지는 않았지만 욕망을 다스리는 방법에 관한 철학자들의 조언도 살폈다. 그런 철학자들 중에 에피쿠로스학파, 회의학파, 스토아학파 등의 헬레니즘 철학자들이 눈에 띄었다.

사실 욕망 연구를 수행하던 내게는 내심 다른 계획이 있었다. 그전부터 선불교에 관심이 있던 나는 욕망 연구와 관련해 선불교를 살펴보는 중에 불교로 개종할 수도 있겠다고 생각했다. 그런데 놀랍게도 선불교와 스토아철학 사이에 공통점이 있었으니, 만물의 일시적이고 무상한 성질에 대한 성찰을 중요시했으며 우리의 욕망을 다스려야 한다고 가르쳤다는 점이다. 또 두 철학 모두 평정심을 얻고 유지하는 방법을 알려주었다. 그런데 분석적인 나의 성격에는 불교보다 스토아철학이 더 맞았고 결국 나는 선불교 수행자가 아니라 스토아철학 수행자가 되었다.

욕망을 연구하기 전에는 스토아철학을 내 삶의 철학으로 후보에 올린 적이 한 번도 없었다. 그러다 스토아철학자들의 글을 읽으면서 내가 그들에 관해 안다고 여긴 것이 모두 틀렸음을 알았다. 사전에는 **스토아주의자**(a Stoic)*를 "기쁨과 슬픔, 쾌락과 고통에 무심하며 거기에 조금도 동요하지 않는 사람"으로 정의한다.[3] 이 정의에 따르면 스토아주의자는 감정을 억누르고 절제한다. **하지만**

---

* a Stoic은 문맥에 따라 '스토아철학자' 또는 '스토아주의자'로 옮겼다. 스토아주의자란 전문 철학자는 아니지만 스토아철학을 삶의 철학으로 실천·수련하는 사람을 뜻한다.(옮긴이)

스토아주의자들의 목표는 '모든' 감정을 몰아내는 것이 아니라 '부정적인' 감정만을 몰아내는 것이었다.

✦

나는 스토아철학자들의 글에서 활력 넘치는 삶의 낙천주의자를 보았다(물론 그들은 자신에게 일어나는 온갖 안 좋은 일에 대해 생각하는 시간도 반드시 가졌다). 또 그들은 (쾌락의 노예가 되지 않도록 유의하면서) 삶의 즐거움을 누릴 줄 알았다. 나는 스토아철학자들이 기쁨을 중시했다는 사실을 알았다. 세네카에 따르면 스토아철학자들은 안정되고 순리에 맞는 마음의 길을 따르는 법을 알고자 했다. 또 자신의 마음을 호의적으로 대하며 삶을 기쁨으로 바라보는 법을 알려고 했다.[4] 세네카는 이렇게 말했다. "스토아철학을 실천하는 사람은 언제나 내면 깊은 곳에서 활기와 기쁨이 솟아날 것이다. 그는 자기가 가진 것에서 기쁨을 찾으며 내면의 기쁨 외에 다른 기쁨을 바라지 않을 것이다."[5] 스토아철학자 무소니우스 루푸스도 이렇게 말했다. "스토아철학의 원칙에 따라 산다면 활기찬 기질과 확실한 기쁨이 자연스레 따를 것이다."[6]

또 스토아철학자들은 세상의 학대와 불의를 수동적으로 당하고만 있지 않았다. 적극적으로 삶을 개척했으며 더 좋은 세상을 만들고자 노력했다. 예컨대 소(小) 카토의 스토아철학은 그가 로마공화국 재건을 위해 노력하는 데 조금도 걸림돌이 되지 않았다(스토아철학에 관한 글을 남기지 않았지만 스토아철학의 삶을 실천한 카토를 세네카는 '완벽한 스토아주의자'로 불렸다).[7] 또 세네카는 열정 넘치는 철학자이자 유명 극작가, 황제의 조언자인 동시에 1세기의 투자 은행가였다. 마르쿠스 아우렐리우스 역시 철학자이면서 위대한 로마 황제였다. 나는 스토아철학자들의 글을 읽으며 존경심으로 차올랐다. 그들은 용기, 절제, 이성, 자기 규율 등 내가 바라는 마음의 자질을 모두 갖추고 있었다. 그들은 또 우리가 자신의 의무를 다해야 하며 동료 인간을 도와야 한다고 생각했다. 그런 가치들은 나에게도 매우 중요한 것이었다.

욕망에 관해 연구하던 중 나는 생각 깊은 사람들이 가진, 욕망에 관한 공통된 견해를 발견했다. **그것은 만족할 줄 모르는 마음을 극복하지 않고는 좋은 삶, 의미 있는 삶을 살 수 없다는 것이었다. 그들은 끝없이 더 가지려는 성향을 다스리는 좋은 방법이 지금 가진 것에 만족하는 것이라는 데 의견을 같이했다.** 중요한 통찰이었지만 그들은 어떤 방법으로 그것이 가능한지는 말하지 않았다. 그러던 중 나는 기쁘게도 스토아철학자들이 이 문제에 대한 답을 갖고 있음을 알았다. 스토아철학자들은 지금 이대로의 자기 삶에 만족하는 간단한 방법을 개발했다.

공부할수록 나는 스토아철학에 빨려들었다. 그런데 스토아철학에 대한 나의 열정을 주변에 전하려 하자 스토아철학을 오해한 사람이 나만이 아니라는 걸 알았다. 친구와 친척, 심지어 대학의 동료 교수들도 스토아철학을 잘못 알고 있었다. 그들에게 '스토아주의자'란 감정을 억누르는 사람, 우울하고 수동적인 삶을 사는 사람이었다. 스토아주의자들이 쓰고 있는 억울한 누명을 벗겨야 한다는 생각은 내가 스토아철학에 관한 책을 쓰는 중요한 동기가 되었다. 그런데 이보다 더 큰 동기가 있었으니 스토아철학을 내 삶의 철학으로 삼은 지금까지 효과를 보았고 내가 깨달은 바를 세상에 알리고 싶다는 점이었다. 나는 사람들이 스토아철학을 공부해 자기 삶의 철학으로 삼는다면 큰 도움이 될 거라는 확신이 있었다.

◆

독자들은 스토아철학을 어떻게 자기 삶에서 실천할 수 있는지 궁금할 것이다. 고대 그리스로마인들은 스토아철학자가 가르치는 학교에서 배우면 되었지만 오늘날은 그러기 어렵다. 오늘날 스토아철학을 삶에서 실천하려는 사람은 옛 스토아철학자들의 글을 뒤적여야 한다. 문제는 그들의 글이(특히 그리스 스토아철학자들의 글이) 상당 부분 소실되었다는 점이다. 설령 스토아철학에 관한 긴 글을 찾아 읽는다 해도 스토아철학 입문자를 위한 친절한 강의는 아니다. 이 책은 스토아철학자들의 글에 흩어진 단서를 가지고 스토아철학 입문자를 위해 쓴 친절한 강의 계획서다.

책에는 스토아주의자가 되려는 사람에게 필요한 상세한 지침을 담았다. 스토아철학을 자기 삶의 철학으로 받아들이면 어떤 변화가 일어날까? 아마 당신은 삶의 목표에 대해 다시 생각해 볼 것이다. 우리가 욕망하는 것, 그중에서도 많은 사람이 원하는 부와 명예가 실은 그리 추구할 가치가 없다는 사실을 깨달을 것이다. 대신에 당신은 스토아철학자들이 덕(virtue)이라고 부른 마음의 평정을 추구할 것이다. 그리고 스토아철학자들이 말하는 덕이 오늘날 생각하는 덕과 다르다는 것도 알게 될 것이다. **스토아주의자들이 추구한 마음의 평정은 신경안정제로 얻는 무감각 상태가 아니다. 그것은 분노, 슬픔, 불안, 두려움 등의 부정적 감정이 없는 동시에 기쁨 등의 긍정적 감정으로 가득한 마음 상태다.**

또 당신은 평정심을 얻고 유지하는 스토아철학자들의 다양한 심리 전략을 살펴보고 일상에 적용해 볼 것이다. 예컨대 우리가 통제할 수 있는 것과 통제할 수 없는 것을 구분할 것이다. 통제할 수 없는 것에 대해서는 걱정하지 않을 것이며, 통제할 수 있는 것에 관심을 집중할 것이다. 또 주변 사람들이 우리의 평정심을 쉽게 흩뜨림을 알고는 스토아적 방법으로 그들이 우리의 평정심을 흩뜨리지 못하도록 할 것이다. 마지막으로 당신은 삶을 깊이 관조하는 사람이 될 것이다. 일상생활에서 자신을 관찰할 것이며, 자신이 본 바에 대해 성찰할 것이다. 삶의 괴로움이 어디서 오는지 알아보고, 그것을 피하는 방법도 떠올릴 것이다.

✦

스토아철학을 일상에서 수련하는 데는 분명 노력이 필요하다. 그러나 진정한 삶의 철학이라면 어느 것이든 노력이 요구된다. 심지어 '개화한 쾌락주의'를 실천하는 데도 노력을 기울여야 한다. 개화한 쾌락주의자의 목표는 평생 누리는 쾌락의 양을 극대화하는 것이다. 그는 '쾌락의 극대화'라는 삶의 철학을 실천하고자 쾌락을 주는 것이면 무엇이든 찾아다니며 순위를 매길 것이다. 그리고 쾌락의 극대화에 따르는 부작용을 피하려 애쓸 것이다. 이처럼 개화한 쾌락주의자조차 쾌락을 극대화하는 다양한 전략을 마련해야 한다(당장의 만족만 좇는 '미개한 쾌락주의'는 일관된 삶의 철학이라고 하기 어렵다).

물론 스토아철학을 수련하려면 개화한 쾌락주의보다 더 큰 노력을 쏟아야 하지만 선불교 수행에 필요한 노력보다는 적다. 선불교의 명상은 신체적, 정신적으로 시간과 노력을 들여야 하지만 스토아철학을 수련하는 데는 따로 시간을 낼 필요가 없다. 물론 스토아철학의 수련도 삶에 대해 자주 성찰해야 하지만 이런 성찰의 시간은 일상 속에서 얼마든 가질 수 있다. 차가 막히는 때도 좋고, (세네카가 권한 것처럼) 침대에서 잠을 청하는 동안에도 좋다.

스토아철학을 수련하는 데는 '비용'이 든다(이것은 모든 삶의 철학이 마찬가지다). **하지만 삶의 철학을 갖지 않았을 때 치르는 비용은 이보다 더 크다. 무가치한 것을 좇으며 하루하루를 보내다 결국 소중한 삶을 낭비하는 위험이 그것이다.**

한편, 스토아철학을 수련하면 자신의 종교 신앙과 충돌하지 않을까 염려하는 독자도 있을지 모른다. 그러나 스토아철학은 대부분의 종교와 충돌하지 않는다. 기독교인이라면 스토아철학의 주장이 기독교의 종교적 관점과 연결됨을 알 것이다. 예컨대 기독교인은 마음의 평정에 이르려는 스토아주의자의 소망을 그들 내면에 똑같이 지니고 있다. 다만 기독교인은 그것을 '평정심'이 아니라 '평화'라고 부를 뿐이다. 또 기독교인은 마르쿠스 아우렐리우스의 '인류를 사랑하라'는 가르침에 공명할 것이다. 그뿐인가. "어떤 것은 나에게 달려 있고 어떤 것은 그렇지 않으므로 현명한 자는 자신에게 달린 일에 노력을 집중한다"는 에픽테토스 조언에 기독교인은 신학자 라인홀드 니버가 쓴 〈평온의 기도〉*를 떠올릴 것이다. 심지어 신이 존재하는지 알 수 없다고 주장하는 불가지론자도 스토아철학을 수련하는 데 큰 문제가 없다.

책의 구성

책은 4부로 구성되었다. 1부는 철학의 탄생에 대해 이야기한다. **오늘날 철학자들은 난해한 철학 주제와 씨름하지만 고대 철학자들의 주목적은 보통 사람들이 좋은 삶을 살도록 돕는 것이었다.** 스토아철학은 그러한 고대 철학 가운데 가장 인기 있고 성공한 철학 중 하나였다. 2부와 3부에서는 스토아철학을 수련하려면 어떻게 해야 하는지 살펴본다. 먼저 2부는 마음의 평정을 얻고 유지하는 스토아철학자들의 심리 기법에 대해 알아본다. 3부는 모욕에 응대하는 법 등 일상의 스트레스에 대처하는 스토아철학자들의 조언을 살핀다. **지난 2천 년간 많은 것이 바뀌었지만 인간의 심리는 크게 변하지 않았다. 그러므로 21세기의 우리는 세네카 등의 1세기 철학자의 조언에서 얼마든지 유익함을 얻을 수 있다.** 마지막 4부는

---

* "내가 변화시킬 수 없는 것은 받아들이는 평온을, 변화시킬 수 있는 것은 변화시키는 용기를 주옵소서. 그리고 이 둘을 분별하는 지혜를 주옵소서."

스토아철학에 대한 비판에 맞서 스토아철학을 옹호할 것이다. 덧붙여 현대 과학의 관점에서 스토아철학의 심리학을 재평가해 볼 것이다. 마지막으로, 스토아철학을 수련하며 얻은 나의 통찰을 전하는 것으로 책을 마무리할 것이다.

✦

나의 동료 교수들은 이 책에 관심을 가질 것이다. 가령 그들은 내가 스토아철학자들의 말을 어떻게 해석하는지 궁금할 것이다. 그러나 내가 염두에 두는 독자는 우리 주변의 평범한 사람들이다. 삶을 잘못 살고 있지 않은지 염려하는 사람들 말이다. 그들은 일관된 삶의 철학이 없다고 느끼는 나머지 일상의 삶에서 갈팡질팡한다. 오늘의 성취와 어제의 업적 사이에 연결성을 찾지 못하며 삶의 철학을 가졌음에도 썩 마음에 들지 않는다고 한다. 나는 책을 쓰면서 다음의 질문을 염두에 두었다. '고대의 스토아철학자들이 21세기의 우리를 위해 좋은 삶을 사는 법에 관한 책을 쓴다면 어떤 내용일까?' 지금부터의 내용은 이 질문에 대한 답이다.

PART 1

스토아

철학의

등장

THE

RISE

OF

STOICISM

"철학은 무엇보다 '삶의 기술'에 관심을 두어야 한다.

목수가 다루는 재료가 나무이고

조각가의 재료가 청동이듯이

철학은 '삶'이라는 재료를 가지고 '삶의 기술'을 연마한다."

-에픽테토스

1

철학,
인간의 삶에 관심을 갖다

어느 시대나 나름의 철학자들이 있었다. 그들은 이런 질문을 던졌다. "이 세상은 어떻게 생겨났는가? 사람은 어디서 왔는가? 무지개는 왜 뜨는가?" 중요한 것은 그들이 이에 대해 후속 질문을 던졌다는 점이다. 예컨대 최초의 철학자들은 '세상은 어떻게 생겨났는가'라는 질문에 '신이 창조했다'는 대답이 부족하다고 여겼다. 그래서 신이 세상을 만든 이유는 무엇이고 어떤 과정을 거쳐 만들었는지 질문했다. 심지어 신을 만든 것은 누구인지 캐물었다. 이런 질문은 신을 믿는 사람들을 당황하게 만들었다.

철학적 사고가 언제, 어떻게 시작되었든 기원전 6세기에 큰 진전을 본 것은 분명하다. 이탈리아의 피타고라스(기원전 570~500년), 그리스의 탈레스(기원전 636~546년)와 아낙시만드로스(기원전 641~547년)와 헤라클레이토스(기원전 535~475년), 중국의 공자(기원전 551~479년), 인도의 붓다(기원전 563~483년)가 당시에 이미 철학적 사고를 하고 있었다. 이들 철학자가 개별적으로 철학을 발견했는지 함께 발견했는지는 분명하지 않다. 서로에게 철학적 영향을 주었다면 어느 방향으로 주었는지도 명확하지 않다.

3세기 그리스의 전기 작가 디오게네스 라에르티오스는 초기 철학의 역사에 관한 쉬운(그러나 완전히 신뢰할 수는 없는) 글을 썼다. 디오게네스에 따르면 초기 서양철학에는 두 개의 분파가 있었다.[1] 하나는 피타고라스에서 시작된 **이탈리아학파**였다. 피타고라스의 후계자를 따라가면 에피쿠로스를 만나게 된다. 당시 에피쿠로스학파는 스토아학파의 주요 경쟁자였다. 초기 서양철학의 또 다른 분파는 아낙시만드로스에서 출발한 **이오니아학파**였다. 지성적·교육적 계보에서 아낙시만드로스는 아낙시메네스를, 아낙시메네스는 아낙사고라스를, 아낙사고라스는 아르켈라오스를 낳았다. 그리고 아르켈라오스는 마침내 소크라테스(기원전 469~399년)를 탄생시켰다.

소크라테스는 삶뿐만 아니라 죽음 또한 주목할 만했다. 그는 아테네 청년들의 정신을 타락시켰다는 죄목으로 유죄 판결을 받고 독미나리를 마시는 사형을 선고받았다. 재판정의 선의에 호소하거나 도망을 쳤다면 사형을 피했을 테지만 소크라테스의 철학적 원칙은 이를 허용하지 않았다. 그의 죽음 이후 수많은 추종자가 철학을 계속하며 자신들의 추종자를 집결시켰다. 소크라테스의 제자 가운데 가장 유명한 사람이 '아카데미아'라는 철학 학교를 세운 플라톤이었다. 아리스티포스는 키레네학파를, 에우클레이데스는 메가라학파를, 파이돈은 엘리스학파를, 안티스테네스는 키니코스학파를 창시했다. 소크라테스 이전에 작은 시내처럼 흐르던 철학 활동이 그의 사후에 거대한 급류로 불어났다.

✦

철학에 대한 관심이 폭발적으로 증가한 이유는 무엇일까? 소크라테스가 철학적 탐구의 초점을 자연에서 인간으로 바꾼 데도 이유가 있다. 소크라테스 이전 철학자들은 주변 세계의 현상을 설명하는 데 주로 관심이 있었다(오늘날 이것을 '과학'이라고 부른다). 소크라테스도 젊었을 때 과학을 공부했지만 인간이 처한 조건을 더 깊이 다루기 위해 과학에서 손을 뗐다. 로마의 웅변가이자 정치인, 철학자인 키케로에 따르면 소크라테스는 "철학을 천상에서 사람들의 도시와 가정으로 끌어내린 최초의 인물이었다. 또 철학이 삶과 도덕, 선악에 관한 질문에 답할 것을 처음으로 요청한 사람도 소크라테스였다."[2] 고전 연구가 프랜시스 맥도날드 콘퍼드는 소크라테스의 철학적 의미를 이렇게 말한다. "소크라테스 이전 철학이 자연을 발견하는 데서 시작했다면 소크라테스의 철학은 인간의 영혼을 발견하는 데서 시작한다."[3]

죽은 지 2천4백 년이 지난 지금까지 소크라테스의 영향력이 변치 않는 이유는 무엇일까? 그것은 소크라테스가 대단한 철학적 발견을 했기 때문이 아니다. '우리는 무지하다'는 사실을 보였다는 점에서 그의 철학적 결론은 기껏해야 부정적이다. **소크라테스가 오늘날에도 철학적 중요성을 잃지 않는 이유는 자신의 철학적 사**

유와 일관되는 삶을 살았기 때문일 것이다. 철학자 루이스 E. 나비아에 따르면 "우리는 소크라테스에게서 이론적·사변적 관심을 일상의 삶에 자연스럽게 녹여낸 사람의 전형을 본다."[4]

어떤 이는 소크라테스의 철학적 논리에 매력을 느꼈고, 어떤 이는 그의 삶의 방식에 더 끌렸다. 플라톤은 소크라테스의 철학 논리에 매력을 느꼈다. 그가 자신의 철학 학교 아카데미아에서 관심을 가진 것은 삶에 관한 조언이 아니라 철학 이론의 탐구였다. 한편, 안티스테네스는 소크라테스가 실천한 삶의 방식에 감명을 받아 키니코스학파를 창시했다. 그는 철학 이론의 탐구보다 좋은 삶을 사는 법을 가르치는 데 집중했다.

소크라테스가 죽음에 이르러 플라톤과 안티스테네스의 두 갈래로 나뉜 모양새다. 플라톤이 소크라테스의 이론적 관심을 이어받았다면, 안티스테네스는 좋은 삶에 관한 그의 관심을 물려받았다. 이후 천 년에 걸쳐 두 철학이 함께 번창했다면 사람들이 철학 이론을 자신의 삶에 적용해 큰 유익을 얻었을 것이다. 그러나 안타깝게도 철학 이론은 발전한 반면, 철학 이론을 개인의 삶에 적용하는 면은 시들해졌다.

✦

고대 페르시아 등의 전제 정부에서는 글을 읽고 쓰며 셈을 하는 능력이 정부 관리가 갖춰야 하는 중요한 능력이었다. 반면, 사람들을 설득하는 능력은 그다지 중요하지 않았다. 아랫사람들은 관리들의 명령에 즉시 복종했다. 그러나 민주주의가 발달한 고대 그리스와 로마는 달랐다. 대중을 설득하는 능력이 중요해졌다. 설득력이 뛰어난 자가 정치와 법에서 성공할 가능성이 높았기 때문에 그리스로마의 부유한 부모들은 교사들을 찾아다니며 자녀에게 설득력을 가르쳤다. 당시 부모들은 **소피스트**들의 도움을 구했을 것이다. 소피스트들은 이성과 감정에 호소하는 등 다양한 방법으로 논쟁에서 이기는 법을 가르쳤다. 어떤 명제도 찬성과 반대가 가능하다고 말했으며 자신의 주장을 효과적으로 전하는 화술도 가르쳤다.

그런데 당시 부모들은 자녀의 설득력을 키우기 위해 철학자들의 도움도 구했다. 철학자들이 가르친 설득 기술이 소피스트들과 다른 점은 감정에 호소하지 않았다는 점이다. 또 철학자들은 상대를 설득하는 법 외에도 '잘 사는 법'을 가르쳐야 한다고 생각했다. 역사학자 앙리 이레네 마루에 따르면 **"고대 철학자들은 교육의 도덕적 측면과 인성 발달, 내면의 삶을 중시했다."**[5] **많은 철학자가 이런 가르침의 과정에서 학생들에게 삶의 철학을 전했다. 삶에서 추구할 가치가 있는 것은 무엇이고, 어떻게 추구할 수 있는지 이야기한 것이다.**

당시 부모들 중에는 철학자를 가정교사로 들이는 경우도 있었다. 마케도니아의 필리포스 왕은 자신의 아들 알렉산드로스에게 철학을 가르치기 위해 아리스토텔레스를 가정교사로 들였다. 이아들은 나중에 알렉산드로스 대왕이 된다. 가정교사를 고용할 형편이 안 되는 부모들은 아들을 철학 학교에 보냈다(딸은 잘 안 보냈다). 소크라테스 사후에 철학 학교는 아테네 문화의 특징으로 자리 잡았다. 로마가 아테네 문화의 영향을 받기 시작한 기원전 2세기에는 로마에도 철학 학교가 생겼다.

◆

현대에 이런 철학 학교가 없는 것은 부끄러운 일이다. 대학의 철학과에서 철학을 가르치지만 철학과에서 수행하는 문화적 역할은 고대 철학 학교의 역할과 매우 다르다. 우선, 대학 철학과의 철학 과목을 수강하는 학생들은 삶의 철학을 마련하려는 욕구에서 수업을 듣지 않는다. 철학 과목을 듣지 않으면 졸업이 어렵기 때문에 듣는다. 설령 학생들이 삶의 철학을 구한다 해도 그런 것을 가르치는 수업을 대학에서 찾기란 쉽지 않다.

철학 학교는 이제 과거의 유물이 되었다. 하지만 삶의 철학이 절실히 필요한 상황은 예나 지금이나 마찬가지다. 문제는 오늘날 어디서 삶의 철학을 찾을 것인가다. 앞서 말했듯 대학의 철학과를 기웃거리면 당신은 실망할 것이다. 그러면 동네 교회에 가야 할까? 목사님은 '좋은 사람', 도덕적으로 고결한 사람이 되는 법을 알려줄 것이다. '도둑질하지 마라, 거짓말하지 마라, (일부 종교에서는) 낙태하지 말라'고 가르친다. 내세의 좋은 삶을 위해 어떻게 해야 하는지도 일러준다. 예배에 꼬박꼬박 참가하고 열심히 기도하며 (일부 종교는) 십일조 헌금을 내라고 한다. 그러나 목사님은 '현세의 좋은 삶'을 사는 법에 대해서는 상대적으로 많이 말하지 않는다. 대부분의 종교는 도덕적으로 고결해지는 법과 죽어서 천국 가는 법은 일러주지만 살아 있는 현세의 삶에서 무엇을 추구해야 하는지는 각 개인이 판단할 문제로 남겨둔다. 이들 종교는 신도들이 법을 어기지 않는 한, 대저택과 고급 스포츠카를 위해 열심히 일하는 것을 문제 삼지 않는다. 반대로 대저택을 외면하고 움막집에 살거나 스포츠카를 버리고 자전거를 탄다 한들 개의치 않는다. 개인이 알아서 판단할 문제라는 것이다.

삶에서 추구할 가치가 있는 것과 없는 것에 관하여 종교가 신도에게 주는 조언은 두루뭉술하다. 그 때문인지 신도들은 그들의 종교가 건네는 조언을 삶의 실제적인 지침보다는 일종의 '권고사항'으로 받아들인다. 종교가 달라도 신도들이 엇비슷한 삶의 철학을 갖는 것도 이 때문일 것이다. 이것은 일종의 '개화한 쾌락주의'다. 루터교, 침례교, 유대교, 모르몬교, 천주교의 교인들이 종교적 견해는 달라도 교회와 회당을 벗어나면 삶의 모습이 크게 다르지 않다. 비슷한 일을 하며, 직업적 야망도 대동소이하다. 유사한 집에 살며 집안 가구도 별반 다를 게 없다. 인기 있는 소비제품을 욕망하는 정도도 비슷하다.

물론 특정한 삶의 철학을 신도들에게 요구하는 종교도 있다. 가령 후터파 교회(미국 서북부에서 캐나다 일부에 걸쳐 농업에 종사하며 재산 공유 생활을 영위하는 재세례파-옮긴이)는 삶에서 가장 중요한 것이 공동체의식이라고 가르친다. 이에 따라 후터파 교도는 사유 재산이 금지된다. 사유 재산으로 인한 질투심이 후터파가 중시하는 공동체의식을 훼손한다는 논리다(물론, 사유재산 금지가 그 자체로 온전한 삶의 철학인지는 더 생각해 볼 문제다). 하지만 대부분의 종교는 신도들이 특정한 삶의 철학을 채택하도록 요구하지 않는다. 타인에게 해를 주거나 하나님을 노하게 하지 않는 한, 신도들은 자기 의사에 따라 삶을 산다. 대부분의 사람이 후터파 교회를 극단적이고 별난 종교로 여기는 이유도 어떻게 살아야 하는지 '가르치는' 종교에 속하는 것을 께름칙하게 여기기 때문일 것이다.

한편으로 이것은 오늘날 특정 종교를 믿고 자란 우리가 대학의 철학 강의를 듣고도 자기 삶의 철학을 마련하지 못한다는 것을 의미한다(실제로 내 강의를 듣는 대다수 학생이 그런 상황이다). **그렇다면 오늘날 우리는 어떻게 자기 삶의 철학을 찾아야 할까? 아마도 우리가 내릴 수 있는 최선의 선택은 고대의 철학 학교를 운영하던 철학자들의 글을 읽고 자기 나름의 '철학 학파'를 창시하는 일일 것이다. 이 책은 독자들이 이 일을 하도록 격려할 것이다.**

◆

철학 학교는 고대 그리스 문화의 중요한 일부였다. 부모들은 자녀들을 어느 철학 학교든 보낼 수 있었다. 기원전 300년으로 돌아가 아테네 도보여행을 시작해 보자. 우리는 아고라에서 여행을 시작할 것이다. 아고라는 그로부터 백 년 전 소크라테스가 아테네 시민들과 철학을 하던 곳이다. 아고라의 북쪽 면에는 벽화가 그려진 '스토아 포이킬레'라는 주랑(柱廊)이 있다. 스토아학파의 창시자인 키티온 출신의 제논이 이곳에서 열심히 철학을 강론하고 있을 것이다.

아테네를 더 걷다 보면 키니코스학파* 철학자인 크라테스와 만난다. 스토아학파의 창시자인 제논도 한때 크라테스의 철학 학교에 다녔다. 최초의 키니코스 철학자들은 주로 '시노사게스'라는 경기장 주변에서 만났다(아테네 동쪽에 있는 언덕으로 헤라클레스에게 봉헌된 체육장이 있었다). 그렇지만 아테네 어디서든 키니코스 철학자들을 만날 수 있었다. 그들은 평범한 시민들의 소매를 붙잡고 철학 토론에 끌어들였다. 부모들은 제논에게는 자식을 공부시키면서도 자녀가 키니코스학파가 되는 것은 원치 않았다. 키니코스학파의 철학을 깊이 받아들이면 평생 창피하고 가난한 삶을 살 것이 뻔했기 때문이다.

이제 북서쪽으로 방향을 돌려 디필론 성문을 지나 아테네 바깥으로 나가보자. 그러면 에피쿠로스가 직접 강의한 '에피쿠로스의 정원'에 이른다. 앞서 말한 스토아 포이킬레는 거리와 행인의 소음으로 스토아철학자들의 강의가 자주 방해를 받았지만, 에피쿠로스의 정원은 조용한 시골 분위기였다. 실제로 에피쿠로스 철학자들은 이곳에서 자신들이 먹을 채소를 키우기도 했다.

북서쪽으로 더 가면 아고라에서 1마일 정도 떨어진 곳에 아카데미아가 있다. 아카데미아는 플라톤이 소크라테스가 죽은 지 십 년이 더 지난 기원전 387년에 세운 철학 학교다. 에피쿠로스의 정원처럼 아카데미아도 산책로와 분수가 있는 공원처럼 조용해 철학

---

* '견유학파'로도 불린다. 그들이 권하는 삶의 방식이 개들과 다를 바 없다는 뜻에서 붙여진 이름이다.(옮긴이)

하기에 적합했다. 아카데미아 부지에 세운 건물의 비용은 플라톤과 그의 친구들이 함께 댔다. 기원전 300년에 아카데미아에서 강의한 사람은 교장 직을 이어받은 폴레몬이었다(스토아철학자 제논도 한때 폴레몬의 학교에 다녔다).

다시 길을 돌아가 보자. 아테네 도시를 통과해 이번에는 동쪽 교외로 난 성문으로 나가면 리케이온에 이른다. 리케이온은 아테네 숲 속의 공공 모임 장소로 수호신 아폴론 리케이오스를 모신 신전이 근처에 있었다('리케이온'이라는 이름은 아폴론 리케이오스의 이름을 따서 붙였다). 이곳에서는 아리스토텔레스의 제자로서 산책하며 철학하는 소요학파(페리파토스학파) 철학자들을 볼 수 있다. 이 철학자들의 우두머리는 테오프라스토스인데 그는 아리스토텔레스의 친구이자 제자로서 리케이온의 후계자였다.

그러나 이는 고대의 부모들에게 주어진 선택권의 일부에 불과했다. 위의 도보 여행에서 만난 학파 외에 앞서 말한 키레네학파, 회의론자, 메가라학파, 엘리스학파도 있었다. 그 밖에 디오게네스 라에르티오스가 언급한 에레트리아학파, 안니케리스학파, 테오도로스학파. 행복론자, 진리애호가, 반박론자, 유추론자, 자연학자, 윤리론자, 변증론가 등의 학파도 있었다(라에르티오스의 저서 『유명한 철학자들의 생애와 사상』은 탈레스 이래 철학자들의 열전으로 고대 그리스철학에 관한 주요 자료다).[6]

젊은 남성들만 철학 학교에 다닌 것은 아니다(여성은 잘 안 다녔다). 때로 그들의 아버지도 아들과 함께 공부했다. 혼자 철학 강의를 듣는 어른들도 있었다. 철학에 관심이 많았던 그들은 젊은 시절

철학 학교에서 배운 삶의 철학에 이어 '평생 교육'을 받는 것이리라. 철학 학교에 등록하지 않고 청강만 하는 어른도 있었는데, 그들이 강의를 듣는 동기는 오늘날 우리가 공개 강연을 듣는 동기와 다르지 않았다. 삶의 지혜와 재미를 얻기 위해서 말이다.

그런데 자신의 철학 학교를 시작하려는 '숨은 의도'를 갖고 철학 학교에 다니는 이도 있었다. 그들은 성공한 학교장의 강연을 듣고 그 철학 사상을 자신의 가르침에 활용하려 했다. 키티온 출신의 제논도 이런 일로 고소를 당한 적이 있다. 아카데미아의 교장 폴레몬은 아카데미아의 강의를 듣는 제논이 자신의 가르침을 훔친다며 불만을 표했다.[7]

✦

경쟁하는 철학 학파들은 가르치는 과목도 조금씩 달랐다. 예컨대 초기 스토아철학자들은 삶의 철학뿐 아니라 자연학(고대 그리스철학에서 자연을 연구하는 철학의 한 부문)과 논리학에도 관심을 가졌다. 이들 학문이 서로 밀접한 관련이 있다는 단순한 이유에서였다. 에피쿠로스학파도 스토아학파처럼 자연학에 관심이 있었지만 물리 세계에 대한 관점은 스토아학파와 달랐다. 에피쿠로스학파는 논리학에는 관심이 없었다. 한편 키레네학파와 키니코스학파는 자연학과 논리학에 모두 관심이 없었고 오직 삶의 철학만 가르쳤다.

삶의 철학을 가르치는 학파들은 권하는 철학의 내용도 서로 달랐다. 가령 키레네학파는 삶의 가장 큰 목적은 쾌락을 느끼는 것이며, 쾌락을 위해서라면 어떤 기회든 이용해도 좋다고 보았다. 반면 키니코스학파는 금욕적 삶을 중시했다. 그들은 좋은 삶을 살려면 아무것도 원하지 않아야 한다고 주장했다. 스토아학파는 키레네학파와 키니코스학파의 중간쯤에 있었다. **그들은 우정과 부 등 삶이 선사하는 '좋은 것'을 즐기되 거기에 집착해서는 안 된다고 보았다. 스토아철학자들은 삶이 주는 선물을 즐기는 데서 종종 벗어나, 지금 즐기고 있는 것을 언제든 잃을 수 있다는 사실을 자주 숙고해야 한다고 보았다.**

한 개인이 어느 철학 학파에 속할 것인가는 매우 중요한 문제였다. 역사가 사이먼 프라이스에 따르면 "특정 철학 학파를 따르는 것은 마음 가는 대로 결정할 문제가 아니었다. 개인의 지적 취향의 문제도 아니었다. 당시 사람들은 자기 삶의 철학을 택한 뒤 매일 그에 따라 살기 위해 진지하게 노력했다."[8] 현대의 개인에게 종교가 자기 정체성의 핵심인 것처럼('거듭난 기독교인'을 보라), 고대 그리스로마인에게도 자신의 철학적 '소속'은 그가 어떤 사람인지를 보이는 중요한 지표였다. 역사학자 폴 벤느는 이렇게 말했다. "고대 그리스로마인에게 진정한 철학자가 된다는 것은 그 학파의 교의를 실천하는 삶을 의미했다. 그들은 자신의 행동과 의복까지 거기 맞추었고 필요하다면 죽음도 불사했다."[9]

✦

이 책에서 나는 스토아철학을 내 삶의 철학으로 옹호할 것이다. 하지만 스토아철학이 삶의 철학을 찾는 사람들에게 주어진 유일한 선택지는 아니다. 스토아철학자들은 자신들의 삶의 철학이 옳음을 '증명'할 수 있다고 보았지만 나는 그런 증명이 가능하다고 보지 않는다(이 문제는 21장에서 다룰 것이다). 한 개인이 택하는 삶의 철학은 그의 성격과 상황에 따른 문제다. 그렇다 해도 스토아철학을 수련하기에 적합한 성격과 상황에 있는 사람은 분명히 있다. 더욱이, 어떤 삶의 철학을 택하든 일관된 삶의 철학을 가진 사람이 갖지 않은 사람보다 결국엔 더 좋은 삶을 살 수 있을 것이다.

2
최초의
스토아철학자들

최초의 스토아 철학자는 제논(기원전 333~261년)이었다.* 제논의
아버지는 자줏빛 염료를 파는 상인이었는데 집으로 돌아오는 길에
아들이 읽을 책을 가져오고는 했다. 그중에는 아테네에서 구한 철
학 책이 있었는데 제논은 그 책들을 읽고 철학과 아테네에 대한 관
심을 키웠다. 한번은 제논의 배가 조난당해 우연히 아테네에 머물
게 됐다. 그 시간 동안 제논은 이 도시의 철학적 자원을 활용하겠
다고 생각하고는 책방에 가서 소크라테스와 같은 현인을 어디서
만날 수 있는지 물었다. 마침 키니코스학파 철학자인 크라테스가
걸어가고 있었고 책방 주인은 크라테스를 가리키며 저 사람을 따

---

* 키티온 출신의 제논을 말한다. '아킬레스와 거북이의 역설'로 유명한 엘레아의 제논
(기원전 490?~430?)과 구별해야 한다. 그 외에 디오게네스 라에르티오스가 철학자
열전에서 언급한 일곱 사람의 제논도 있다.

라가라고 했다. 이렇게 제논은 크라테스의 제자가 되었다. 이후 제논은 이 시기를 돌아보며 이렇게 말했다. "배가 조난당한 것은 내게 아주 유익한 항해였다."[1]

키니코스학파는 철학 이론에는 관심이 없었다. 금욕주의자인 그들은 극단적인 철학적 삶의 방식을 추구했다. '고대판 노숙자'였던 그들은 누더기로 몸만 겨우 덮었으며 길에서 잠을 잤고 매일 근근이 먹고 사는 걸식 생활을 했다. 당시 사람들은 그들이 업던 옷을 '견유학파의 누더기'라고 비꼬았다. 키니코스학파에 들어가려는 사람에게 에픽테토스는 이렇게 말했다(스토아학파였던 에픽테토스는 키니코스학파에도 정통했다). "뭔가를 얻으려는 의지를 남김없이 버리게. 그대의 의지 안에 존재하는 모든 것을 삼가야 하네. 화와 분노, 질투, 안타까움을 조금도 품어서는 안 되네. 어여쁜 여인, 드높은 명성, 그대가 좋아하는 달콤한 케이크에도 무심해야 하네. 키니코스철학자는 돌처럼 굳은 인내를 지녀야 하네. 사람들이 욕하고 때리고 모욕해도 견뎌야 하네."[2] 그러나 키니코스학파의 삶을 살아낼 용기와 인내를 가진 사람은 그리 많지 않았을 것이다.

키니코스학파는 위트와 지혜로도 유명했다. 키니코스학파를 창시한 안티스테네스는 어떤 여자와 결혼해야 하느냐는 질문에 이렇게 답했다. "어떤 여자를 아내로 맞든 결혼을 후회할 것이네. 예쁜 여자라면 남편의 뜻대로 하지 못할 것이고, 못생긴 여자라면 하루하루가 괴로울 걸세." 사람들과 어울리는 것에 대해서도 말했다. "아첨꾼과 어울리느니 까마귀와 지내는 편이 낫다네. 까마귀와 지

내면 죽어서 물어뜯기지만 아첨꾼과 지내면 산 채로 잡아먹히지."
안티스테네스는 이런 말도 했다. "당신의 적에 관심을 기울이라.
당신의 실수를 가장 먼저 찾아내는 사람이니까." 신랄한 위트에도
불구하고(어쩌면 이 때문) 안티스테네스는 당시의 '가장 유쾌한
대화 상대'로 불렸다.[3]

가장 유명한 키니코스철학자로 안티스테네스의 제자였던 시노
페의 디오게네스가 있다(디오게네스를 비롯한 여러 철학자의 전기를
쓴 디오게네스 라에르티오스와 다른 인물이다). 단순한 삶을 주장했던
시노페의 디오게네스는 이렇게 말했다. "신은 인간에게 단순한 삶
의 수단을 주었지만 꿀 바른 케이크와 달콤한 크림을 욕망하는 인
간은 그것을 보지 못한다." 디오게네스에 따르면 인간은 광기가 극
에 달한 나머지, 만족할 수 있음에도 스스로 비참을 선택한다. "훌
륭하지 못한 사람은 하인이 주인을 따르듯 자신의 욕망을 따른다.
욕망을 다스리지 못하는 자는 참된 만족을 얻을 수 없다."[4]

디오게네스는 사람들의 가치가 타락했다고 보았다. 눈을 즐겁
게 할 뿐인 조각상은 무려 3천 드라크마에 이르지만, 먹었을 때 사
람을 살리는 보릿가루 1쿼트는 동전 두 닢이면 살 수 있다.[5] 배고
픔을 최고의 애피타이저로 여긴 디오게네스는 배고프고 목마를 때
까지 먹고 마시지 않았다. 그는 "보리빵 한 조각도 값비싼 음식보
다 기쁘게 먹었고, 수돗물 한 모금도 타소스 섬(에게해 북부의 섬)의
고급 와인보다 맛있게 마셨다."[6] 살 집이 없지 않느냐는 질문에는
도시의 가장 '큰 집'에 얼마든지 살 수 있다고 답했다. '큰 집'이란
도시의 신전과 경기장을 말했다. 또 철학에서 무엇을 배웠느냐는

질문에는 "인생의 부침에 대비하는 법을 배웠다"고 답했다.[7] 이제 보겠지만 이 대답은 스토아철학의 중요한 주제를 암시한다.

키니코스철학자들은 에피쿠로스나 플라톤처럼 교외의 한적한 곳이 아니라 소크라테스처럼 아테네의 번잡한 거리에서 철학을 했다. 소크라테스와 마찬가지로 키니코스철학자들도 그들의 제자만이 아니라 모든 사람에게 가르침을 전했다. 그중 스토아철학자 제논의 첫 철학 교사였던 크라테스는 거리에서 사람들을 붙잡는 것도 모자라 초대받지 않은 집을 찾아가 가르침을 전하기도 했다. 이런 기벽으로 크라테스는 '문을 여는 자'라는 별명을 얻었다.[8]

✦

한동안 크라테스에게 배운 제논은 자신이 철학 이론에 더 관심이 많음을 알았다. 그는 철학적 삶의 방식과 철학 이론 중 하나를 택하기보다 소크라테스처럼 두 가지를 결합했다.[9] 19세기 독일 철학자 아르투어 쇼펜하우어는 키니코스철학과 스토아철학의 관계를 이렇게 말했다. "스토아철학자들은 실제를 이론으로 발전시켜 키니코스철학자들에서 한걸음 더 나아갔다."[10]

제논은 본격적으로 철학 이론을 공부하기 시작했다. 메가라학파의 스틸폰에게 배웠으며(크라테스는 제논이 떠나지 못하도록 붙잡았다고 한다) 아카데미아의 폴레몬에게도 배웠다. 기원전 300년경 자신의 철학 학파를 시작한 제논은 삶의 방식에 관한 크라테스의 조언과 폴레몬의 이론 철학을 자신의 가르침에 융합시켰다(폴레몬에 따르면, 제논이 한 일이라고는 아카데미아의 학설에 '페니키아 기질'을 추가한 것뿐이었다).[11] 제논은 여기에 논리와 역설에 대한 메가라학파의 관심을 다시 추가했다.

제논의 학파는 즉각적으로 성공을 거두었다.[12] 처음에는 그의 추종자들을 '제논의 철학자들'이라고 불렸다. 그런데 제논이 '스토아 포이킬레'라는 채색 주랑에서 자주 강의했기 때문에(그곳은 이전부터 시인들이 자주 노닐던 곳이었다) 이후 그들을 '스토아철학자'로 불렀다.[13]

스토아철학의 매력 중 하나는 키니코스철학의 금욕주의를 버렸다는 점이다. 스토아철학자들은 단순할지언정 육체적으로 안락한 삶이 더 바람직하다고 여겼다. **스토아철학자들이 금욕주의를 버린 논리는 이랬다. 만약 그들이 키니코스철학자들처럼 '좋은 것'을 피한다면 그것이 정말 좋다는 것을 인정할 뿐 아니라 그것을 갈망하고 있음을 보이는 꼴이 된다는 것이다. 스토아철학자들은 좋은 것을 즐기되 언제든 버릴 준비를 한 상태에서 즐겼다.**

✦

제논의 철학은 윤리학, 자연학, 논리학의 요소를 모두 갖추고 있었다. 제논에게 스토아철학을 공부한 이들은 처음에는 논리학을, 다음에는 자연학을, 마지막으로 윤리학을 섭렵했다.[14] 논리학을 최초로 공부한 철학자는 스토아학파가 아니었다. 아리스토텔레스와 메가라학파가 스토아학파에 앞서 논리학을 공부했다. 하지만 스토아학파의 논리학은 전에 없던 정밀함을 보였다. 논리학에 대한 그들의 관심은 사람이 동물과 달리 이성을 가졌다는 믿음의 자연스런 결과였다. 스토아철학자들에게 논리학은 이성을 적절히 사용하는 법을 공부하는 학문이었다. 그들은 "A이면 B이다; A이다. 그러므로 B이다" 또는 "A이거나 또는 B이다; A가 아니다. 그러므로 B이다." 같은 주장 형식의 전문가였다. 각각 '긍정식'과 '부정식'으로 불리는 이 논리 형식은 현대의 논리학자들이 지금까지도 사용하고 있다.

앞서 보았듯이 당시의 부모들이 자녀를 철학 학교에 보낸 목적은 잘 사는 법뿐 아니라 상대를 설득하는 기술을 배우기 위해서였다. 이 점을 떠올리면 스토아철학자들이 논리학에 관심을 가진 이유가 설명된다. 스토아철학자들은 학생들에게 논리학을 가르쳐 설득 기술을 연마하게 했다. 논리학 지식을 갖춘 학생은 상대의 오류를 간파해 논쟁에서 우위를 점할 수 있었다.

제논의 스토아철학을 구성하는 두 번째 요소는 자연학이었다. 과학이 없던 시대에 제논의 제자들은 주변 세계에 관한 설명이 필요했다. 그런데 스토아학파의 자연학은 자연 현상에 관한 설명뿐 아니라 신학과도 관련이 있었다. 예컨대 제논은 신의 존재와 성격을 설명하고자 했다. 신이 우주와 그 거주자들을 창조한 이유는 무엇이고, 사건의 결과를 정하는 데 있어 신이 어떤 역할을 하며, 인간과 신의 적절한 관계는 무엇인지 설명하고자 했다.

윤리학은 제논의 스토아철학을 구성하는 세 번째 요소로서 가장 중요했다. 스토아학파의 윤리학 개념은 오늘날 윤리학과 좀 달랐다. 오늘날 윤리학은 도덕적인 옳고 그름에 관한 학문이다. 가령 현대의 윤리학자는 낙태가 윤리적으로 용인되는지, 용인된다면 어떤 상황에서 용인되는지 묻는다. 한편 스토아철학의 윤리학은 행복 윤리학이었다. 여기서 '행복'을 의미하는 유다이몬(eudaimon)은 eu(좋은)와 daimon(영혼)의 결합어로 '좋은 영혼'을 뜻한다. 스토아철학의 윤리학은 윤리적 선악보다는 좋은 영혼으로 좋은 삶, 행복한 삶을 사는 데 관심이 있었다. 삶의 지혜를 갖는 것이라고도 할 수 있다.[15] 철학자 로렌스 베커는 이렇게 말했다. **"스토아철학의 윤리학은 일종의 행복주의다. 스토아 윤리학의 중심 주제는 잘 살려면 무엇을 하고 어떻게 존재해야 하는가에 관한 것이다."[16] 역사학자 폴 벤느에 따르면 "스토아철학은 윤리학이라기보다 행복을 위한 역설적 처방에 가깝다."[17]**

✦

현대의 독자는 스토아철학자들이 염두에 둔 '좋은 삶'을 잘못 해석하기 쉽다. 오늘날 많은 독자는 좋은 삶(good life)을 돈을 잘 버는 것(make a good living) 쯤으로 여기지만 스토아철학자들은 돈을 잘 벌어도 '나쁜 삶'을 살 위험이 얼마든지 있다고 보았다. 높은 임금을 받더라도 하기 싫은 일을 해야 하는 경우가 있고, 도덕적으로 옳지 않은 일이라면 내면의 갈등이 일어날 수도 있다.

그렇다면 스토아철학자들이 말하는 '좋은 삶'을 살려면 어떻게 해야 할까? 그들에 따르면 덕 있는 삶을 살아야 한다. 여기서 덕

(virtue)이라는 단어를 오해하기 쉽다. '덕 있는 삶을 살라'는 스토아철학자들의 주장에 현대의 독자들은 다소 의아할 것이다. 현대인에게 덕 있는 사람의 적합한 예는 순결과 겸손, 따뜻한 마음씨를 갖춘 수녀님 같은 사람이다. 그러면 스토아철학자들은 우리에게 수녀님처럼 살라고 권하는 것일까?

스토아철학자들이 말하는 덕은 그런 의미가 아니다. 스토아철학자가 볼 때 한 사람의 덕은 그의 성적 순결이 아니라 인간으로 갖춘 탁월성에 달려 있다. 다시 말해 인간 본래의 타고난 기능을 제대로 실현하느냐에 달려 있다는 것이다. 덕 있는 망치, 즉 탁월한 망치는 망치 본연의 기능인 못을 잘 박는 망치인 것처럼 덕 있는 사람은 인간이 타고난 기능을 제대로 수행하는 사람이다. **덕이 있다는 것은 인간이 살도록 만들어진 바에 따라 사는 것, 제논의 표현에 따르면 '자연과 일치하는' 삶을 사는 것이다.**[18] **스토아철학자들은 자연과 일치하는 삶을 좋은 삶으로 보았다.**

그렇다면 원래 인간은 어떻게 살도록 만들어졌을까? 스토아철학자들은 우리가 스스로를 돌아보면 이 질문에 대한 답을 얻을 수 있다고 말한다. 우리가 자신을 살펴보면 동물과 마찬가지로 특정한 본능이 있음을 알 수 있다. 우리가 느끼는 배고픔은 자연이 우리 스스로 영양분을 공급하도록 만드는 방법이다. 또 우리가 느끼는 성욕은 우리가 생식하도록 자연이 고안한 방법이다. 그런데 인간이 다른 동물과 중요한 차이가 있다면 그것은 이성적 사고력을 지녔다는 점이다. 제논이 주장하듯이, 이로부터 인간은 이성적 사고를 하도록 만들어졌다는 결론에 이른다.

그리고 이성적 사고를 통해, 인간은 특정한 일을 수행하고 특정한 의무를 지도록 만들어졌다는 결론에 이른다. 가장 중요한 의무로는 동료 인간에 대한 의무가 있다. 자연은 인간을 사회적 동물로 만들었다. 예컨대 우리는 부모님을 공경하고 친구와 잘 지내야 하며 동료 시민의 이익에 관심을 가져야 한다.[19] 스토아철학자 카토가 목숨을 바쳐 로마 정치에서 중요한 역할을 수행한 이유도 사회적 의무감 때문이었다.

말했듯이 스토아철학자들의 주된 관심은 윤리, 즉 덕 있는 삶을 통해 좋은 삶을 사는 것이었다. 그러나 그들은 논리학과 자연학에도 관심이 있었다. 논리학을 공부해 인간의 본래 기능인 이성적 행동을 수행하기를 바랐고, 자연학을 공부해 인간이 만들어진 목적을 통찰하기를 희망했다. 스토아철학자들은 다양한 비유를 들어 자신들의 철학을 구성하는 윤리학, 논리학, 자연학의 세 요소를 설명했다. 예컨대 스토아철학이라는 비옥한 밭에서 "논리학은 밭 주위에 두른 담장이고, 자연학은 작물을 키우는 흙이며, 윤리학은 밭에서 키운 작물이다."[20] 이 비유는 스토아철학에서 윤리학의 중심적인 역할을 보여준다. 작물을 키울 수 없다면 흙을 걱정할 필요도, 담장을 두를 이유도 없다.

스토아철학을 부지런히 수련해 자연과 일치된 삶을 살면 스토아철학자들이 말하는 '현자'가 된다. 디오게네스 라에르티오스에 따르면 스토아의 현자는 "허영에서 벗어난다. 세간의 좋고 나쁜 평판에 무심한 그는 결코 슬픔을 느끼지 않는다. 그에게 슬픔이란 영혼의 비이성적 진통에 불과하다. 그의 행동은 모범을 보이며 어떤 경우에도 자신의 의무를 다한다. 와인을 마셔도 취하기 위해 마시지 않는다. 스토아의 현자는 한마디로 "신과 같다."[21] 신에 부합하는 이런 경지가 매우 드물다는 점은 스토아철학자들 스스로도 인정한다. 그러나 현자가 되기 어렵다는 사실은 그들에게 문제가 되지 않는다. 스토아철학자들이 현자를 말하는 이유는 스토아철학의 수련을 이끌 모범을 갖기 위해서다. 완전히 도달할 수 없다 해도 스토아의 현자는 스토아철학자들이 지향하는 목표다. 스토아의 현자와 스토아철학의 관계는 부처와 불교의 관계와 같다. 대부분의 불교인이 부처와 마찬가지의 깨달은 존재가 되기는 현실적으로 어렵지만 부처의 완벽함을 떠올리면 깨달음을 얻는 데 도움이 된다.

✦

클레안테스(기원전 331~232년)는 제논의 스토아 학교에서 공부하던 학생이었다. 제논이 죽은 뒤 클레안테스가 학교장 직을 물려받지만 나이가 들면서 클레안테스는 다른 학교에 제자들을 내주기 시작했고 스토아학파의 미래는 점점 어두워졌다. 다행히 클레안테스 사후 스토아학파를 물려받은 제자 크리시포스(기원전 282~206경)의 리더십으로 스토아학파는 이전의 명성을 다시 회복한다.

크리시포스의 사후 스토아학파는 일련의 지도자에 의해 계속 번창했다. 그중에는 로도스의 파나이티오스도 있었다. 파나이티오스는 스토아학파의 연보에서 혁신자가 아니라 전파자로 기억된다.

파나이티오스는 기원전 140년경 로마로 여행하면서 스토아철학을 함께 가지고 갔다. 그곳에서 그는 스키피오 아프리카누스를 비롯한 로마의 유력인사들과 사귀며 그들이 철학에 관심을 갖게 했다. 이렇게 파나이티오스는 로마 스토아철학의 창시자가 된다.

스토아철학을 도입한 로마인들은 스토아철학의 학설을 자신들의 필요에 맞게 응용했다. 우선 로마인들은 그리스인들에 비해 논리학과 자연학에 관심이 적었다. 실제로, 로마의 위대한 스토아철학자 중 마지막인 마르쿠스 아우렐리우스 시대에 이르면 논리학과 자연학은 폐기되다시피 한다. 『명상록』에는 아우렐리우스가 논리학과 자연학 공부에 시간을 낭비하지 않은 것을 자축하는 대목이 나온다.[22]

로마인들은 또 그리스 스토아철학자들의 윤리 덕목을 조금 변형시켰다. 보았듯이 그리스 스토아철학자들의 주된 윤리적 목표는 덕의 성취였다. 로마의 스토아철학자들도 덕의 성취를 목표로 했지만 마음의 평정이라는 목표도 열심히 추구했다. **그들이 말한 마음의 평정이란 좀비처럼 무감각한 상태가 아니다. 무감각 상태는 스토아철학자들이 덕 있는 삶에 필요하다고 본 이성을 거부하는 것이나 마찬가지였다. 로마의 스토아철학자들이 추구한 평정심은 슬픔, 분노, 불안과 같은 부정적 감정이 없는 동시에 기쁨과 같은 긍정적 감정으로 가득한 심리 상태였다.**

로마의 스토아철학자들은 덕과 평정심의 성취를 별개로 보지 않았다. 덕을 논할 때 평정심도 함께 논했다. 덕을 성취하면 좋은 점이 마음의 평정을 얻는 것이라고 했다. 에픽테토스는 『담화록』

에서 덕의 추구를 조언하며 이렇게 말했다. "덕은 행복과 고요, 평온을 약속한다. 덕을 향해 가는 것은 행복과 고요, 평온의 마음 상태를 향해 가는 것이다." 그는 나아가 평온이야말로 덕의 최종 목표라고 말한다.[23]

(덕 있는 삶의 부산물로서) 평정심을 논하는 데 공을 들인 로마의 스토아철학자들은 덕에 무관심했다는 인상을 주기 쉽다. 예를 들어 에픽테토스의 제자 아리아누스가 2세기 로마인에게 스토아철학을 쉽게 소개하기 위해 에픽테토스의 글을 모은 『엥케이리디온 Encheiridion』*을 보자. 이 책은 평정심을 얻고 유지하는 법에 관한 에픽테토스의 조언으로 가득하다. 한편 아리아누스는 덕을 언급할 필요성은 조금도 느끼지 않는다.

로마의 스토아철학자들이 생각한 덕과 평정심의 관계를 보자. 로마의 스토아철학자들은 덕을 추구하면 평정심을 얻으며, 평정심을 성취하면 덕을 추구하는 데 도움이 된다고 보았다. 분노와 슬픔 등의 부정적 감정으로 마음이 산란한 사람은 이성의 명령을 행하기 어렵다. 그는 감정이 지성을 지배하므로 무엇이 좋은지 알지 못하며, 따라서 정말 중요한 것을 추구하지 못해 덕을 얻는 데도 실패할 것이다. **로마의 스토아철학자들은 덕의 추구와 평정심의 추구가 선순환을 이룬다고 보았다. 덕을 추구하면 일정 정도의 평정심을 얻고, 평정한 마음은 더 수월하게 덕을 추구하게 한다.**

---

* '엥케이리디온'이란 말은 문자 그대로는 '손 안에 든 작은 것'을 의미하며 책 내용을 보면 '도덕에 관한 작은 책자' 또는 '도덕 교본'쯤으로 이해될 수 있다.(옮긴이)

그렇다면 로마 스토아철학자들이 그리스 스토아철학자들보다 평정심을 더 중시한 까닭은 무엇일까? 로마의 스토아철학자들은 그리스 스토아철학자들만큼 이성의 힘을 확신하지 못했던 것 같다. 그리스 스토아철학자들은 무엇이 좋은지 아는 사람은 덕을 추구하게 된다고 보았다. 무엇이 진정으로 좋은지 깨달은 사람은(사람은 이성적이므로) 반드시 그것을 추구할 것이며, 따라서 덕을 갖추게 된다는 것이다. 이런 이유로 그리스 스토아철학자들은 덕의 추구에 따르는 유익한 부산물을(그중 가장 중요한 것이 평정심이다) 굳이 강조할 필요성을 못 느꼈다.

그러나 로마의 스토아철학자들은 로마 시민들이 덕을 추구해야 하는 이유를 분명히 알지 못한다고 보았다. 반면에 평정심에 대해서는 로마 시민들이 본능적으로 중시할 것이며 따라서 평정심을 얻는 방법을 이야기하면 더 쉽게 받아들일 것이라고 보았다. 그래서 **로마 스토아철학자들은 덕에 평정심이라는 설탕을 묻혀, 다시 말해 덕을 추구하면 얻게 되는 평정심을 가리켜 보임으로써 로마 시민들이 스토아철학에 끌리게 만들었다.**

무소니우스 루푸스와 에픽테토스 같은 스토아철학의 교사들이 평정심을 중시한 이유는 또 있었다. 이들은 평정심을 중시함으로써 잠재적 제자들에게 자신들의 학파를 더 매력적으로 보이게 했다. 고대의 철학 학파들은 직접적인 경쟁 관계에 있었다. 학생들에게 인기 있는 철학을 가르치면 '시장 점유율'이 올라갔다. 한편 잠재 고객인 학생들에게 호응을 얻지 못하는 철학 학파는 소리 소문 없이 사라졌다. 보았듯이 클레안테스가 스토아학파를 이끌 때 스토아학파가 사라질 뻔한 일이 있었다.

각 학파는 학생들을 유치하기 위해 자신들의 철학 교리에 기꺼이 유연성을 부여했다. 기원전 3세기 중반 아카데미아학파와 스토아학파는 그들의 경쟁자인 에피쿠로스학파에게 학생을 내주고 있었다. 그래서 '철학 동맹'을 맺고 자신들의 철학 교리를 일부 수정했다. 에피쿠로스학파에게 빼앗긴 학생들을 데려오기 위해 연합전선을 형성한 것이다.[24] 이런 맥락에서 로마의 스토아철학자들은 평정심을 부각시켜 에피쿠로스학파에 뺏긴 학생들을 데려오려 했다(에피쿠로스학파 역시 학생들에게 평정심을 주겠다고 약속했다).

고대의 철학자들이 학생들을 끌어오려고 자신들의 철학 원리를 '변형'시킨 일이 믿기지 않겠지만 실제로 많은 고대의 철학 학파가 이런 식으로 시작되었다. 예를 들어 자신의 철학 학파를 시작하려 했던 알렉산드리아의 포타모는 천재적인 마케팅 솜씨를 발휘했다. 그는 학생을 모으는 가장 좋은 방법이 경쟁하는 철학 학파의 교의 가운데 좋은 것만 골라내는 것이라고 보았다.[25] 포타모는 자신의 이른바 '절충학파'에 참여한 학생들은 경쟁하는 학파의 가르침 가운데 최고의 것만을 얻을 수 있다고 주장했다. 심지어 스토아철학의 창시자인 제논도 그리스의 스토아철학을 시작하기 위해 키니코스, 메가라, 아카데미아 등 적어도 세 학파의 교설을 변형하고 혼합했다.

이렇게 로마의 스토아철학자들은 평정심을 부각시켜 로마인들에게 자신들의 철학을 매력적으로 보이게 했다. 평정심은 현대의 개인에게도 스토아철학을 매력적으로 보이게 하는 요소다. 현대의 개인이 ('덕'이라는 단어의 고대적 의미에서) 덕 있는 사람이 되는 데 관심을 갖기는 쉽지 않다(물론 우리는 덕 있는 사람이 되는 데 관심을 가져야 '마땅하나' 우리들 대부분이 관심이 없다는 사실은 부인할 수 없다). 덕을 얻는 고대의 방법을 알려주겠다고 하면 상대는 하품으로 답할 것이다. 한편, 평정심을 얻는 고대의 방법을 제안하면 상대는 귀를 쫑긋 세울 것이다. **대부분의 사람은 평정심의 가치를 스스로 안다. 평정심을 방해하는 부정적 감정 때문에 삶이 엉망으로 변한 경험이 얼마든지 있기 때문이다.** 이 책에서 그리스의 스토아철학자보다 로마의 스토아철학자를 더 많이 다루는 이유도 이것이다. 또 로마의 스토아철학자를 다룰 때도 덕보다 평정심에 관한 조언에 주된 초점을 둔 이유도 이것이다. 그렇다 해도 평정심에 관한 로마 스토아철학자의 조언을 따르면 덕을 얻게 된다는 점을 말해야 한다. 평정심에 덕까지 얻는다면 그만큼 더 좋은 일이 아닌가!

3
로마의
스토아철학

현대의 우리가 유익을 얻을 수 있는 로마의 중요한 스토아철학자로 세네카, 무소니우스 루푸스, 에픽테토스, 마르쿠스 아우렐리우스가 있다.[1] 네 사람은 로마 스토아철학에 상호 보완적으로 기여했다. 세네카는 뛰어난 문필가로 그의 에세이와 친구 루킬리우스에게 보낸 편지는 로마 스토아철학을 쉽게 소개한 글이다. 무소니우스는 실용적 접근으로 돋보인다. 스토아철학을 수련하는 사람은 어떻게 식사해야 하는지, 어떤 옷을 입어야 하는지, 부모님을 어떻게 대해야 하는지, 심지어 성생활은 어떻게 해야 하는지 자세한 조언을 건넸다. 한편 에픽테토스의 주특기는 분석이었다. 그는 무엇보다 스토아철학의 실천이 평정심을 가져다주는 이유를 설명했다. 마르쿠스 아우렐리우스의 개인적 일기인 『명상록』에서는 실천하는 스토아철학자의 생각을 들여다볼 수 있다. 그가 로마 황제로서 당면한 문제뿐 아니라 일상의 문제에 답을 찾아가는 과정을 엿볼 수 있다. 한 사람씩 살펴보자.

✦

기원전 4~1년에 스페인 코르도바에서 태어난 **루키우스 안나이우스 세네카**는 대(大) 세네카의 아들로 소(小) 세네카로 불렸다. 세네카의 철학 저작은 다른 스토아철학자보다 많이 남아 있지만 스토아철학자 가운데 가장 다작의 철학자는 아니었다(크리시포스가 훨씬 다작의 철학자였지만 그의 저작은 현재 남아 있지 않다). 게다가 세네카의 사상은 특별히 독창적이지도 않았다. 그럼에도 스토아철학에 관한 그의 글은 훌륭하다. 그의 에세이와 편지는 인간의 조건을 꿰뚫어보는 지혜로 가득하다. 세네카는 슬픔, 분노, 노년, 대인공포 등 인간을 불행하게 만드는 것들에 대해 논한다. 그러면서 삶을 견딜 뿐 아니라 기쁘게 만들기 위해 무엇을 할 수 있는지 이야기한다.

세네카는 지금부터 다룰 로마 스토아철학자들과 마찬가지로 수동적인 삶을 살지 않았다. 그는 다른 스토아철학자들처럼 삶에 적극 참여한 다중적 인물이었다. 철학에 관한 글을 쓰지 않은 그가 역사책에 기록된 이유는 세 가지다. 첫째, 그는 유명한 극작가였다. 둘째, 세네카는 금융 사업으로도 유명했다. 타고난 금융 감각을 이용해 큰 부를 일군 최초의 투자 은행가였다. 셋째, 세네카는 1세기 로마 정치에서 큰 역할을 담당했다. 원로원 의원 외에도 네로 황제의 가정교사이자 황제의 자문역을 맡았다.

세네카는 궁정 일에 관여하기 시작하면서 곤경에 처한다. 황제에 오른 클라우디우스는 세네카가 자신의 조카딸인 율리아 리빌라와 간통했다는 혐의로 사형을 선고한다. 다행히 사형은 추방형과 재산몰수로 감형되었고, 서기 41년에 40대의 세네카는 황량한 바위섬 코르시카로 유배를 간다.[2] 유배 시기에 그는 책을 읽고 글을 쓰고 코르시카 섬을 공부하면서 자신의 스토아철학을 수련했다.

서기 49년 클라우디우스 황제와 결혼한 아그리피나가 세네카를 유배형에서 데려올 것을 제안한다. 당시 열한두 살이었던 그녀의 아들 네로의 가정교사로 삼기 위해서였다. 8년간의 유배 끝에 세네카는 로마로 돌아온다. 로마 사회에 다시 자리 잡은 세네카는 '당시의 시민 중에서 가장 유명한 인물'이었다. 그는 "산문과 시에서 가장 위대한 살아 있는 작가였으며, 세기에 시작된 황금시대 이래로 문학에서 가장 위대한 이름이었다. 또 도도한 황후가 가장 총애하는 인물이었다."[3] 세네카의 성공한 삶에 가장 놀란 사람은 세네카 자신이었다. 그는 스스로에게 이렇게 물었다. "기병 대원이자 미천한 지방인으로 태어난 내가 제국의 실세에 오른 것이 맞는가?"[4]

세네카는 황제에 오른 네로의 고문역을 맡았다. 그는 근위대장 섹스투스 아프라니우스 부루스와 더불어 네로의 최측근 실세였다. 처음에 세네카와 부루스는 네로의 방탕한 기질을 적절히 제어하며 5년 동안 로마 제국을 무난히 다스렸다. 이 시기 세네카는 큰 부자가 되었지만 위선자로 비난받기도 했다. 스토아적 절제를 주장했던 그가 부유한 생활을 누렸기 때문이다. 그러나 스토아학파는 키니코스학파와 달리 금욕적 생활을 요구하지 않았다. **스토아 철학자들에 따르면 삶을 즐기는 방식에 유의한다면 삶이 선사하는 좋은 것을 즐기는 것은 잘못이 아니다. 그러나 상황이 변하면 미련 없이 좋은 것을 내려놓을 수 있어야 한다.**

서기 59년 아그리피나가 (자신의 아들 네로에게) 죽임을 당한 뒤부터 네로는 세네카와 부루스의 간섭에 화를 낸다. 62년에 부루스가 병으로 죽자(독약을 먹었다는 설도 있다) 세네카는 궁정에서 보낼 날이 얼마 남지 않았음을 알고는 건강 악화와 노년을 구실로 정계 은퇴를 선언한다. 그리고 네로는 이를 승낙했다. 하지만 세네카의 은퇴 생활은 오래가지 않았다. 세네카를 대신해 보좌역에 오른 이들이 세네카가 황제 암살 음모에 가담했다는 누명을 씌워 서기 65년에 네로는 세네카에게 죽음을 명한다. 세네카의 처형을 지켜보는 친구들이 그의 운명을 슬퍼하며 눈물을 흘리자 세네카는 이렇게 꾸짖었다. "그대들의 스토아철학은 어떻게 되었는가?" 그런 다음 아내를 안고 팔의 동맥을 그었지만 고령으로 노쇠해 피가 잘 나오지 않았다. 다리와 무릎의 동맥을 끊었지만 여전히 죽지 않았다. 세네카는 친구에게 독약을 가져오라 하고는 마셨지만 치명적인 결과에 이르지 못했다. 마침내 그는 목욕탕의 증기로 질식해 죽었다.[5]

◆

세네카의 〈행복한 삶에 관하여〉는 형 갈리오를 위해 쓴 에세이다.

에세이에서 세네카는 평정심을 구하는 최선의 방법을 이렇게 말한다. "우리를 흥분시키고 두려워하게 만드는 모든 것을 이성의 힘으로 몰아내야 하네. 그러면 부서지지 않는 평정심과 지속적인 자유가 찾아온다네. 흔들림 없고 변하지 않는 무한한 기쁨을 경험할 수 있다네." 세네카는 또 이렇게 말했다. **"스토아철학의 원리를 실천하는 자는 의도하든 의도하지 않든 내면 깊은 곳에서 끊임없는 활기와 기쁨이 솟아날 것이네. 자기가 가진 것에서 기쁨을 찾는 그는 내면의 기쁨 외에 다른 기쁨을 구하지 않네. 육체적 쾌락은 내면의 기쁨에 비하면 보잘것없고 일시적인 것이네."[6]**

에세이에서 세네카는 친구 루킬리우스에게 스토아철학을 수련하고자 한다면 '기쁨을 느낄 줄 알아야' 한다고 말한다. 세네카는 루킬리우스가 스토아철학을 수련하기를 바라는 이유에 대해 친구가 기쁨을 빼앗기는 걸 원치 않기 때문이라고 했다.[7] 스토아철학자는 으레 우울한 사람이라고 생각한다면 세네카의 발언이 의외일 것이다. 하지만 '기쁨에 찬 스토아철학자'란 표현은 결코 모순형용이 아니다.[8]

✦

서기 30년경 태어난 가이우스 무소니우스 루푸스는 네 명의 위대한 로마 스토아철학자 가운데 가장 덜 알려진 인물이다. 그는 가문의 지위로 볼 때 정치에서 성공할 수 있었지만 이를 외면하고 자신의 철학 학파를 시작했다. 우리는 무소니우스에 대해 아는 것이 별로 없다. 무소니우스는 소크라테스처럼 자신의 철학적 사고를 글로 남기지 않았다. 다행히 제자 루키우스가 무소니우스의 강의를 받아 적은 것이 남아 있다. 루키우스가 기록한 강의록은 특정 질문에 무소니우스가 답하는 형식으로 시작한다. 이것으로 볼 때 무소니우스의 철학 강의는 일방식 전달이 아니라 제자들과 나눈 소크라테스식 쌍방향 대화였을 것이다. 무소니우스는 제자들을 가르치는 한편으로 그들의 철학적 향상을 알아보기 위해 대화식으로 강의했다.

무소니우스는 네로 황제 시기에 최고의 명성과 영향력을 누렸다. 그는 네로의 적들과 손을 잡았다고 하며 이에 네로는 무소니우스를 감옥에 넣고 이후에 추방시켰다(역사가 타키투스에 따르면 네로가 무소니우스를 추방한 실제 이유는 철학자로서 그의 명성을 시기했기 때문이다).[9] 무소니우스의 추방형은 가혹했다. 서기 65년에 그리스 남동쪽 에게 해 키클라데스 제도의 자이아로스 섬에 유배를 갔다. 황량한 이 바위섬에는 마실 물도 없었다. 세네카는 그리스의 지리학자이자 역사가인 스트라보가 '쓸모없는' 땅이라고 부른[10] 자이아로스 섬을 최악의 유배지 목록에 올렸다.[11](이 섬은 20세기까지 유배지로 사용되었다. 1970년대 초 그리스의 장군들은 자신들의 정적을 이곳에 유배 보냈다.)[12]

그러나 무소니우스는 유배지에서도 절망에 빠지지 않았다. 그는 자이아로스 섬과 그곳 어부들에 관심을 가졌다. 섬의 샘물을 발견하는 등 사람이 살 만한 곳으로 만들었다. 그를 찾아온 많은 제자들은 섬 생활의 외로움을 덜어 주었다. 네로 황제 사후에 무소니우스는 로마로 돌아왔다. 그로부터 머지않아 베스파시아누스 황제(서기 70~79년)가 철학자들을 모조리 로마에서 쫓아내는 일이 있었는데 무소니우스는 제외되었다.[13] 그러나 이후 다시 유배를 당했고, 서기 100년에 무소니우스는 사망한다.

✦

무소니우스에 따르면 우리가 철학을 공부해야 하는 이유는 철학을 공부하지 않고는 잘 살기 어렵기 때문이다.[14] **그는 철학을 공부하면 사람으로서 큰 변화를 겪는다고 말했다.** 철학자의 강의를 들은 청중은 몸서리치며 자신을 부끄러워해야 하고, 철학자가 강의를 끝내면 청중은 박수가 아니라 침묵에 잠겨야 한다.[15] 에픽테토스에 따르면 무소니우스는 청중을 침묵에 잠기게 만드는 능력이 있었다. 그의 강의를 들은 청중들은 속을 들킨 것처럼 부끄러워했다고 한다.[16]

무소니우스는 철학을 실천하는 자는 에피쿠로스학파가 조언하듯이 세상에서 물러날 것이 아니라, 공적 영역에 적극 참여해야 한다고 생각했다. 그는 제자들에게 스토아적 평정심을 유지하면서 현실 세계에 참여하는 법을 가르쳤다. 또 무소니우스는 철학이 실용적인 동시에 보편적이어야 한다고 생각했다. 남자든 여자든 신으로부터 똑같은 이성을 부여받았으므로 여자도 남자처럼 교육과 철학에서 유익을 얻을 수 있다고 보았다.[17] 이 점에서 오늘날 페미니스트들은 무소니우스를 칭송한다.

에픽테토스는 무소니우스의 제자 가운데 가장 유명했다. 서기 50~60년경 노예 집안에 태어난 그는 이후 네로 황제와 도미티아누스 황제의 신하인 에파프로디토스의 노예가 되면서 궁정 생활을 접한다.[18] 말하자면 그는 '화이트컬러' 노예였다. 로마인들은 지성과 적극성을 갖춘 노예를 존중했다. 노예를 훈련시켜 교사, 고문역, 행정가로 일하게 하는 등 노예의 재능을 최대한 활용했다.

젊어서부터 철학에 관심을 가진 에픽테토스는 사람들에게 '그대의 영혼이 건강한가' 하고 물으며 다녔다고 한다. 사람들이 무시해도 질문을 멈추지 않은 탓에 구타와 위협을 당하기도 했다.[19] 이런 행동으로 보건대 그는 처음에 스토아학파보다 키니코스학파에 더 끌렸던 것 같다. 보았듯이 키니코스학파는 스토아철학자들과 달리 사람들을 개종시키려 했다. 에픽테토스는 자신의 철학이 성숙기에 이른 뒤에도 키니코스 철학자들을 존경했다.

네로 황제 사후에 자유를 얻은 에픽테토스는 자신의 학파를 시작했다. 하지만 이후 도미티아누스 황제가 로마 철학자들을 쫓아낼 때 함께 추방당한 에픽테토스는 오늘날 그리스 서부의 니코폴리스로 자신의 학교를 옮긴다. 도미티아누스 황제가 암살당하고 스토아철학은 명성을 회복해 로마인들 사이에서 크게 유행한다. 당시 스토아철학을 이끄는 지도적 교사였던 에픽테토스는 다시 로마로 돌아올 수 있었지만 니코폴리스에 그대로 남는다. 에픽테토스의 학교는 불리한 지리적 여건에도 불구하고 로마 제국 전역에서 모여든 학생들로 붐볐다.

그리스로마 연구가 앤서니 A. 롱에 따르면, 에픽테토스는 제자들에게 두 가지를 요구했다고 한다. 첫째, 철학에서 유익함을 얻고자 할 것. 둘째, 철학에 전념한다는 것이 무엇인지 이해할 것.[20] 에픽테토스는 자신의 부족함을 깨닫지 못하고 해결 방안을 찾지 않는 학생에게 강의해 봐야 소용이 없음을 알고 있었다. 그는 이상적인 제자를 이렇게 묘사한다. "속박 받지 않고 방해받지 않는 삶에서 만족을 얻는 자. 소란에서 벗어나 평온한 삶을 추구하는 자."[21]

에픽테토스의 강의는 철학 이론의 일방 전달식 강의가 아니었다. 그는 제자들이 자신의 강의를 듣고 '기분이 나빠지길' 바랐다. 그의 말이 제자의 아픈 곳을 찌르길 원했다. 학생들이 스토아 철학 학교를 나설 때면 병원을 나설 때처럼 기분이 안 좋아야 한다고 했다.[22] 환자를 낫게 하는 치료법은 환자를 불편하게 만들기 마련이다. 롱에 따르면 에픽테토스의 '대화 수업'은 청중 스스로 자신을 돌아보게 하는 처방전이었다.[23]

에픽테토스에 따르면 철학은 무엇보다 '삶의 기술'에 관심을 두어야 한다. 목수가 다루는 재료가 나무이고 조각가의 재료가 청동이듯, 철학은 삶이라는 재료를 가지고 삶의 기술을 연마한다.[24] 장인 목수가 훌륭한 목제품을 만드는 기술을 가르치듯이, 에픽테토스는 제자들에게 삶을 의미 있게 만드는 기술을 가르쳤다. 그는 일상에 적용할 수 있는 실제적인 삶의 기술을 가르쳤다. 예컨대 모욕에 응대하는 법, 무능력한 신하를 대하는 법, 화가 난 형제를 대하는 법을 가르쳤다. 또 사랑하는 사람을 잃거나 유배를 당했을 때 대처하는 법을 가르쳤다. 에픽테토스는 제자들이 이런 기술을 익힌다면 목적과 존엄으로 충만한 삶, 더 중요하게는 평온한 삶을 얻을 수 있다고 약속했다. 나아가 삶이 던지는 역경에도 불구하고 위엄과 평정을 유지할 수 있다고 보았다.

✦

에픽테토스는 종교를 자주 언급한다. 실제로 그의 글에서 소크라테스 다음으로 자주 이야기되는 것이 제우스다. 스토아철학에서 제우스의 역할을 알기 위해 에픽테토스의 학교에 입학하려는 어느 학생을 상상해 보자. 그는 스토아철학을 실천하려면 어떻게 해야 하는지 질문할 것이다. 이에 에픽테토스는 스토아철학자들의 여러 기술에 대해 이야기한다. 그리고 이 기술을 실천해야 하는 이유를 물으면 평정심을 얻을 수 있기 때문이라고 답할 것이다.

여기까지는 좋다. 그런데 이 학생이 에픽테토스의 학파가 다른 철학 학파보다 우수한 이유를 묻는다고 하자. 그리고 스토아철학자들의 기술이 어떻게 해서 평정심을 가져다주는지 묻는다고 하자. 이 질문에 에픽테토스는 학생에게 제우스신이 인간을 창조했다고 답할 것이고 학생은 고개를 끄덕일 것이다. 고대 로마에서 무신론은 드물었다(그러나 에픽테토스가 말한 제우스는 당시 로마인들이 생각한 것과 달랐다. 그는 제우스가 곧 자연이라고 여겼다).[25] 또 에픽테토스는 제우스가 인간을 동물과 다르게 만든 중요한 차이점이 신처럼 이성을 가진 존재로 만든 것이라고 답할 것이다. 절반은 동물, 절반은 신인 흥미로운 복합체로 인간을 만들었다고 말이다.

사려 깊고 친절하며 사랑을 베푸는 제우스신은 인간의 최선의 이익을 염두에 두고 인간을 창조했지만 전지전능하지 못한 탓에 인간 창조에 한계가 있었다. 에픽테토스는 『담화록』에서 제우스와 나눈 상상의 대화를 소개한다. 제우스는 자신이 처한 곤경에 대해 말한다. "에픽테토스, 할 수 있었다면 나는 얼마 안 되는 그대의 작은 몸을 무엇에도 걸림 없는 자유의 상태로 만들었을 것이네. 그러나 그럴 수 없었기에 우리 신들의 일부인 선택과 거부, 욕망과 혐오의 능력을 그대에게 주었네." 제우스는 에픽테토스가 이 능력을 적절히 사용한다면 결코 좌절하거나 불만족에 빠지지 않을 것이라고 덧붙인다.[26] 운명의 여신이 일격을 날려도 평정심을 유지할 것이며 심지어 기쁨을 느낄 수 있을 것이라고 말한다.

『담화록』의 다른 곳에서 에픽테토스는 설령 제우스가 인간을 자유롭게 만들 수 있었다 해도 그러지 않았을 거라고 말한다. 에픽테토스는 제우스를 체력 트레이너에 비유한다. "역경에 맞닥뜨렸을 때 인간이 어떤 존재인지 드러난다. 당신에게 닥친 어려움을, 체력 트레이너가 붙여준 다부진 체격의 상대로 생각하라." 신이 이렇게 하는 이유는 당신을 단련시켜 '올림픽의 승자'로 만들기 위해서다. 당신이 좋은 삶을 살도록 하기 위해서 말이다.[27] 비슷한 맥락에서 세네카는 이렇게 말했다. "신은 좋은 사람을 지나치게 아끼지 않는다. 그를 망치지 않기 위해서 말이다. 신이 좋은 사람을 시험하고 단련하는 것은 유익을 주기 위해서다. 우리가 겪는 모든 시련은 일종의 '훈련'이다. 우리 모두 몸서리치는 시련은 그것을 겪는 자의 유익을 위한 것이다."[28]

　　에픽테토스는 좋은 삶을 살려면 인간의 본성과 신이 인간을 창조한 목적을 숙고한 뒤 그에 따라 살라고 한다. 제논의 표현대로 '자연과 일치하는' 삶을 살라는 것이다. 이렇게 하면 동물처럼 그저 쾌락만 추구하지 않을 것이다. 인간이 처한 조건을 이성으로 숙고하면 인간이 우주적 계획 속에서 창조된 목적과 해야 하는 사명을 발견할 것이다. 좋은 삶을 살려면 제우스가 설계한 인간의 기능을 수행해야 함을 깨달을 것이다. 고대적 의미의 '덕'을 추구할 것이고 훌륭한 인간이 되고자 노력할 것이다. 자연과 일치되는 삶을 살면 제우스가 약속한 평정심을 보상으로 얻을 것이다.

　　에픽테토스 시대 사람들은 이런 설명에 만족했을 것이지만 제우스의 존재를 믿지 않는 현대인이 선뜻 납득하기는 어려워 보인다. 현대인은 인간의 최선의 이익을 염두에 둔 신이 인간을 창조했다고 믿지 않는다. 그들은 이렇게 생각한다. "제우스신이 인간을 창조했다고 믿어야만 스토아철학을 실천할 수 있다면 스토아철학은 나랑 맞지 않아." 그러나 제우스신의 인간 창조를 믿지 않아도 얼마든지 스토아철학을 실천할 수 있다(특히 평정심을 얻기 위한 스토아철학의 전략을 활용할 수 있다). 어떻게 이것이 가능한지 21장에서 이야기할 것이다.

"하루를 시작할 때 자신에게 말하라. '나는 오늘 사람들의 간섭과 배은망덕, 무례, 불신, 악의, 이기심과 마주할 것이다. 그들은 무엇이 선하고 악한지 모른다."[29] 이 글은 에픽테토스처럼 주변의 무례와 악의를 겪었던 노예의 글이 아니다. 당시 최고의 권력을 쥔 로마 황제 **마르쿠스 아우렐리우스**가 쓴 글이다. 아우렐리우스는 로마의 어느 스토아철학자보다 많이 알려져 있다. 그가 개인 교사인 코르넬리우스 프론토와 주고받은 편지글이나, 삶에 대응하는 방식을 숙고한 『명상록』에서 그의 내면의 생각을 엿볼 수 있다.

마르쿠스는 서기 121년에 태어났다. 어느 전기 작가는 어린 시절부터 철학에 관심을 가진 그를 '진지한 어린이'로 묘사했다. 마르쿠스는 보모의 돌봄을 벗어나자마자 상급 교사에게 넘겨져 철학 지식을 습득했다고 한다.[30] 열두 살에는 화가이자 철학자인 디오그네투스에게 배웠다. 이후 마르쿠스는 아무렇게나 옷을 입고 바닥에서 자는 등 키니코스학파의 삶을 실험했다.[31] 그런 마르쿠스에게 어머니는 가죽 소파에서 자라고 했다고 한다.[32]

십대 시절 마르쿠스는 칼케돈 출신의 스토아철학자 아폴로니오스에게 공부했다. 마르쿠스에 따르면 그에게 결단력과 이성을 각인시킨 사람이 아폴로니우스였다. 아폴로니우스는 마르쿠스에게 왕성한 활동을 하면서도 휴식을 가져야 한다고 가르쳤다. 그리고 질병과 고통, 특히 아들을 잃은 마르쿠스에게 한결같은 평정심으로 정신적 고뇌를 견디는 법을 가르쳤다. 마르쿠스에게 중요한 영향을 미친 또 한 사람은 퀸투스 유니우스 루스티쿠스였다. 그는 마르쿠스에게 에픽테토스의 『담화록』 필사본을 빌려주었고[33] 이후 에픽테토스는 마르쿠스에게 큰 영향을 미친다.

에픽테토스처럼 마르쿠스 역시 스토아철학의 자연학과 논리학보다 윤리학, 즉 삶의 철학에 관심이 많았다. 실제로 그는 『명상록』에서 자연학과 논리학에 통달하지 않아도 자유를 얻고 자존감과 이타심을 키우며 신의 의지를 따를 수 있다고 말한다.[34]

✦

마르쿠스가 16세 때 황제 하드리아누스가 마르쿠스의 외삼촌 안토니누스를 양자로 들였고 안토니누스는 마르쿠스를 양자로 삼았다(마르쿠스의 아버지는 그가 어렸을 때 세상을 떴다). 궁정 생활에 들어간 마르쿠스는 정치권력을 쥐었다. 외삼촌 안토니누스가 황제가 되자 마르쿠스는 사실상 공동 황제나 다름없었지만 권력으로 우쭐대지 않았다. 안토니누스의 부관으로 활동한 13년간 단독 통치의 뜻을 내비친 적이 한 번도 없었다.[35] 더욱이 안토니누스가 죽은 뒤 권력을 쥔 마르쿠스는 루시우스 베루스를 공동 황제로 임명하면서 로마제국 최초의 두 황제 시대를 열었다.[36]

로마의 다른 황제들에 비해 마르쿠스가 탁월한 점은 권력을 절제해 사용했다는 점이다. 그는 누구보다 원로원을 존중했으며 국고를 낭비하지 않기 위해 애썼다.[37] 비용 지출에 대해 정기적으로 원로원의 승인을 구했다. 그는 연설에서 자신이 살고 있는 궁정은 그의 것이 아니라 원로원의 것이라고 말했다.[38] 전쟁 비용을 마련하기 위해 세금을 올리기보다 조각상, 그림, 금 꽃병, 아내의 보석과 옷 등 개인 소유물을 경매로 처분했다.[39]

역사학자 에드워드 기번에 따르면 마르쿠스는 5현제 중 마지막 황제였다(나머지 네 명은 네르바, 트라야누스, 하드리아누스, 안토니누스였다). 5현제가 통치한 서기 96~180년은 인류 역사상 최고의 행복과 번영을 누린 시기였다.[40] 19세기 역사학자 W. E. H. 레키에 따르면 이 시기는 "어느 전제군주도 필적할 수 없는 훌륭한 통치의 전범을 일관되게 보여주었다. 5현제 모두 최고의 통치자에 이름을 올릴 만하다."[41] **마르쿠스는 드문 철인(哲人) 황제였다. 그는 국민들이 왕으로 섬기길 바랐던 유일한 철학자였다.**

✦

다른 로마 스토아철학자들처럼 마르쿠스도 평정심의 가치가 자명하다고 보아 그것의 가치를 증명할 필요를 못 느꼈다. 누군가 인간의 현세의 삶에서 '마음의 평화'보다 좋은 것이 있다고 말하면 마르쿠스는 그의 생각을 바꾸기보다 이렇게 조언했을 것이다. "평정심보다 좋은 것이 있다면 그대의 온 영혼으로 그것을 추구하라. 당신이 발견한 소중한 그것을 즐기라."[42]

성인이 되자 마르쿠스는 스토아철학의 평정심이 더 필요해졌다. 궤양으로 몸이 아팠을 뿐 아니라 그의 가족생활은 괴로움의 원천이었다. 아내는 가정에 충실하지 않았고, 임신한 열네 아이

중 여섯만이 살아남았다. 게다가 제국을 통치하는 일도 커다란 스트레스였다. 그의 통치시기에 국경에서 수많은 폭동이 일어났으며 마르쿠스는 신흥 이민족을 진압하는 군사작전을 몸소 수행했다. 부하인 시리아 총독 아비디우스 카시우스가 반란을 일으킨 일도 있었다.[43] 마르쿠스는 무례한 부하들에게 침착함으로 응대했으며[44] 시민들이 조롱해도 벌을 내리지 않았다. 마르쿠스의 통치기간에 로마 제국은 역병과 기근, 스미르나의 지진 등 크고 작은 자연재해를 당했다.[45] 그는 『명상록』에서 이렇게 말했다. **"삶의 기술은 춤보다 레슬링에 가깝다."[46]**

로마의 역사가 카시우스 디오는 마르쿠스가 겪은 역경을 이렇게 요약했다. "마르쿠스는 그가 마땅히 누려야 할 행운과 만나지 못했다. 몸이 건강하지 못했고 통치기간 내내 곤경에 휘말렸다. 그러나 나는 그 점 때문에 오히려 그를 존경한다. 그는 커다란 어려움 속에서도 스스로 살아남았고 제국을 보전했다." 디오는 이렇게 덧붙인다. "마르쿠스는 안토니누스의 상담역으로 활동한 첫 날부터 황제로서 마지막 날까지 한결같았다. 그는 조금도 변하지 않았다."[47] 180년에 마르쿠스는 크게 앓았지만 죽음을 재촉하기 위해 먹지도 마시지도 않았다.[48] 그렇게 그해 3월 17일, 58세의 나이로 죽음에 이른다. 그의 죽음은 대중의 슬픔을 촉발시켰다. 특히 병사들은 그의 죽음을 크게 슬퍼했다.[49]

콘스탄티누스 황제의 기독교 개종으로 기독교가 흥기한 것처럼, 마르쿠스 아우렐리우스는 스토아철학을 크게 일으킬 수도 있었지만 그는 로마인들에게 스토아철학을 가르치지 않았다. 스토아철학의 실천으로 얻는 유익함을 설교하지도, 자신의 철학을 글로 알리지도 않았다(『명상록』의 원제목은 『그 자신에게』였다. 개인적 일기인 이 글은 그의 사후에 발표되었다). 스토아철학에 대한 황제의 관심으로 많은 로마인이 그의 비위를 맞추려고 스토아주의자를 자처했지만[50] 스토아철학에 대한 대중적 관심으로 이어지지 못했다. 이 점에서 당시 마르쿠스는 가장 높은 수준에서 스토아철학을 실천하고 있었는지 모른다.

오늘날 스토아철학이 예전만큼 인기가 없다는 것은 분명하다. 당신은 주변에서 스토아철학을 실천하는 사람을 보았는가? 스토아철학이 인기가 없어진 이유는 스토아철학의 결함 때문일 수도 있지만 다른 요인도 있다. 우선 현대의 개인은 삶의 철학이 필요하다고 느끼지 않는다. 그들은 최신 상품을 구매하려고 열심히 일한다. 물건을 풍족히 구매하면 의미 있고 충만한 삶을 살 수 있다고 믿는다. 설령 쇼핑보다 의미 있는 게 존재한다는 생각이 들어도 삶의 철학을 구하기 위해 굳이 스토아철학을 기웃거리지는 않는다. 스토아철학을 어떻게 실천하는지 모를뿐더러 잘못 이해할 가능성도 있다. 지금부터는 스토아철학을 실천한다는 것이 무엇을 의미하는지 이야기해 보자.

PART 2

스토아

철학의

심리

기법

STOIC

PSYCHOLOGICAL

TECHNIQUES

"우리가 가진 모든 것은
운명의 여신이 잠시 빌려준 것임을 기억하라.
운명의 여신은 우리의 승낙과 예고 없이 언제든
그것을 되가져 갈 수 있다네."
-세네카

4

부정적 시각화,
안 좋은 상황을 미리 그려보라

생각하는 사람이라면 누구나 자신에게 안 좋은 일이 일어날 가능성을 이따금씩 떠올린다. 안 좋은 일을 떠올리는 이유는 무엇일까? 우선 그런 일이 일어나지 않도록 하기 위해서다. 집에 도둑이 들지 모른다는 생각으로 도둑이 들지 않는 방법을 찾고, 앞으로 닥칠 질병을 생각함으로써 병에 걸리지 않도록 조치한다.

그러나 아무리 해도 안 좋은 일은 일어나게 마련이다. 그래서 세네카는 안 좋은 일이 일어날 가능성을 떠올리는 두 번째 이유를 말한다. 그것은 노력에도 불구하고 안 좋은 일이 일어났을 때 그 영향을 줄일 수 있다는 점이다. "안 좋은 일이 일어날 것을 미리 알면 그 일이 실제로 일어났을 때 미치는 영향을 줄일 수 있다."[1] 세네카는 불행으로 가장 큰 타격을 입는 사람은 행운만을 기대한 사람이라고 했다.[2] 에픽테토스도 같은 목소리를 냈다. "어디서든 무엇이든 사라질 수 있다는 사실을 늘 기억하라." 소중한 것을 영원히 즐길 수 있다고 믿는다면 그것을 잃었을 때 커다란 괴로움이 따를 것이다.[3]

안 좋은 일이 일어날 가능성을 생각하는 세 번째 이유가 있다. 이것은 앞의 것보다 더 중요한 이유일 수 있다. 우리가 행복하지 않다고 느끼는 이유 중 많은 부분은 만족할 줄 모르기 때문이다. 우리는 원하는 것을 얻은 뒤 처음 욕망하던 것에 싫증을 내고 흥미를 잃는다. 더 새롭고 멋진 대상에 대한 욕망을 다시 일으킨다.

심리학자 셰인 프레데릭과 조지 로웬스타인은 이 현상을 쾌락 적응(hedonic adaptation)이라고 불렀다. 두 사람은 로또 당첨자의 예를 들어 사람들이 쾌락에 익숙해지는 과정을 보였다. 로또에 당첨되면 꿈에 그리던 삶을 살게 되지만 처음의 흥분이 지나면 이전의 행복 수준으로 다시 돌아가고 만다.[4] 이전에 녹슨 트럭과 비좁은 아파트가 당연했다면 이제 신형 페라리 자동차와 대저택이 당연해진다.

소비제품을 구매할 때도 쾌락 적응 현상이 일어난다(로또보다 온건한 형태이긴 하지만). 처음에 우리는 와이드형 텔레비전과 고급 가죽 핸드백 구매에 기쁨을 느낀다. 그러다 시간이 지나면 이 기쁨도 시들해진다. 더 큰 텔레비전과 더 비싼 핸드백을 갈망한다. 직업에서도 우리는 쾌락에 익숙해진다. 한때 꿈꾸던 직업을 갖기 위해 대학에서 필요한 과정을 열심히 밟는다. 오랜 기간 노력하며 목표에 다가가 마침내 꿈의 직장을 얻는다. 그러나 기쁨을 느끼는 것도 잠시, 그곳 역시 조금씩 불만이 쌓인다. 보수가 모자라 보이고 동료도 썩 마음에 들지 않는다. 내 재능을 못 알아보는 상사에게 불만이 쌓인다. 쾌락 적응 현상은 인간관계도 예외가 아니다. 꿈에 그리던 이성을 만나 뜨거운 교제 끝에 결혼에 골인한다. 신혼의 행복감으로 출발한 결혼 생활은 그러나 머지않아 배우자의 결점이 눈에 들어오기 시작하면서 이 사람이 아닌 다른 사람과 새로운 관계를 시작하고 싶은 유혹에 빠진다.

이런 적응 과정으로 인해 사람들은 쾌락의 쳇바퀴에 갇힌다. 욕망이 충족되지 않아 불행하다고 여겨 욕망의 충족을 위해 애쓰지만 문제는 거기에 다시 익숙해진다는 사실이다. 결과적으로 처음의 욕망 대상이 시시해지면서 결국엔 욕망을 충족하기 이전 수준의 불만족 상태에 머물게 된다.

그렇다면 행복에 이르는 한 가지 열쇠는 쾌락에 익숙해지는 과정을 중단시키는 것이라고 할 수 있다. 다시 말해 지금까지 얻은 것들을 더 이상 당연시하지 않아야 한다. 삶에는 우리가 이 방법을 사용하지 않아 한때 그토록 꿈꿨으나 지금은 당연시하는 것들이 무척 많다. 배우자와 자녀, 집과 자동차, 직업 등이 모두 그렇다.

쾌락에 익숙해지는 과정을 중단하거나 되돌려야 한다. 바꿔 말하면 '지금 가진 것'을 욕망해야 한다. **수천 년 동안 욕망의 작동 원리에 대해 생각한 많은 사람이 깨달은 사실은, 행복을 얻는 가장 쉬운 방법은 지금 가진 것을 원하며 거기에 만족하는 것이라는 점이다.** 이 조언은 말하기도 쉽고, 의심의 여지없이 진실이지만 어려운 점은 실천하는 것이다. 지금 가진 것을 원하도록 자신을 설득하는 방법은 무엇일까?

＊

스토아철학자들은 이 질문에 답을 갖고 있다고 생각했다. 그들은 소중히 여기는 것을 잃을 가능성을 자주 떠올리라고 했다. 아내가 집을 나가고, 자동차를 도난당하고, 직업을 잃을 경우를 예상하라고 했다. 스토아철학자들은 이렇게 하면 아내와 자동차와 직업을 더 소중히 여길 것이라고 했다. 이 기법을 부정적 시각화(negative visualization)라고 한다. 크리시포스만큼 오래된 스토아철학자도 이 방법을 사용했다.[5] 부정적 시각화는 스토아철학자들이 개발한 심리 도구 가운데 가장 중요한 기법이었다.

세네카는 아들을 잃고 3년이 지난 뒤에도 슬픔에 빠져 있는 마르키아라는 여성에게 편지를 보냈다. 그는 편지에서 그녀를 위로하며 부정적 시각화 기법을 이야기한다. 세네카는 현재의 슬픔을 이기는 법 외에도 앞으로 슬퍼하게 될 사건을 미리 예상함으로써 향후에 슬픔의 희생양이 되지 않는 법을 조언한다. **우리가 가진 것은 무엇이든 운명의 여신이 잠시 '빌려준' 것임을 기억해야 한다. 운명의 여신은 우리의 승낙과 예고 없이 언제든 그것을 되가져 갈 수 있다. "우리가 소중히 여기는 모든 것을 사랑해야 한다. … 그러나 그것을 영원히, 아니 한동안이라도 소유하리라 장담할 수 없다."**[6] 사랑하는 사람과 즐거운 시간을 보낼 때도 잠시 멈춰 이 시간이 언젠가 끝날 것이라는 점을 자주 숙고해야 한다. 그러지 않으면 우리의 죽음이 즐김의 시간을 끝낼 것이다.

에픽테토스도 부정적 시각화를 지지했다. 그는 자녀에게 뽀뽀

할 때도 아이 역시 언젠가 죽음에 이른다는 사실을 기억하라고 했다. 또 아이가 부모의 소유물이 아니라는 점을 잊지 말라고 했다. 아이는 부모와 떨어지지 않도록 영원히 주어진 것이 아니라 지금 잠시 부모에게 맡겨진 것임을 기억해야 한다. 에픽테토스에 따르면 부모는 아이에게 입을 맞추는 동안에도 아이가 내일 죽을 수 있다는 사실을 숙고해야 한다.[7] 마르쿠스 아우렐리우스도 『명상록』에서 에픽테토스의 이 조언을 인용한다.[8]

아이의 죽음을 머릿속에 그릴 때 아이가 더 소중해진다고 했다. 이제 이 과정을 알기 위해 두 아빠의 경우를 보자. 한 아빠는 에픽테토스의 조언을 가슴에 새기며 아이의 죽음의 필연성에 대해 자주 숙고한다. 다음 아빠는 그런 우울한 생각을 거부하며 아이가 아빠보다 오래 살 것이며 언제나 아빠 곁에서 기쁨을 줄 거라 생각한다. 이때 첫 번째 아빠가 두 번째 아빠보다 아이에게 관심과 사랑을 더 많이 줄 것이다. 첫 번째 아빠는 아침에 일어나 맨 먼저 딸아이를 보고는 아이가 곁에 있다는 사실을 기뻐하며, 하루를 지내는 동안 아이와 함께하는 기회를 더 알차게 사용할 것이다. 반면 두 번째 아빠는 아침에 아이를 보고도 별다른 기쁨을 느끼지 않을 것이다. 이 아빠는 신문에 코를 박은 채 곁에 있는 아이를 알아보지 못할 것이다. 하루를 지내면서도 아이와 함께하는 기회를 충분히 사용하지 못할 것이다. 얼마든지 내일로 미뤄도 된다고 생각할 것이다. 아이와 시간을 보내는 중에도 이 아빠가 얻는 기쁨은 첫 번째 아빠만큼 크지 않을 것이다.

스토아철학자들에 따르면 우리는 가족과 친척의 죽음을 숙고하는 외에도 죽음이나 다툼으로 친구를 잃는 경우도 숙고해야 한다. 에픽테토스는 친구와 헤어질 때마다 이번이 그와의 마지막 만남일 수 있음을 떠올리라고 했다.[9] 그럴 때 친구를 당연시하지 않을 것이고 그 결과 (그러지 않았을 때보다) 친구와의 교제에 더 큰 기쁨을 느낄 것이다.

◆

에픽테토스에 따르면 죽음 중에서 정말 숙고해야 하는 것은 우리 자신의 죽음이다.[10] 비슷한 맥락에서 세네카도 친구 루킬리우스에게 매일 매일을 생의 마지막 날처럼 살라고 했다. 나아가 세네카는 '지금 이 순간'이 살아 있는 마지막 순간인 것처럼 살라고 했다.[11]

하루하루를 생의 마지막 날인 것처럼 산다는 것은 어떤 의미일까? 어떤 사람은 이것을 극단적 쾌락을 좇으며 거기 빠져 사는 것이라고 생각한다. 어차피 오늘이 생의 마지막 날이라면 닥치는 대로 산다 한들 치러야 할 대가도 없을 것이다. 마약에 빠지더라도 내일 죽으면 중독을 걱정할 필요가 없고, 신용카드를 실컷 긁어도 내일 죽는다면 날아올 청구서를 걱정하지 않아도 된다.

그런데 '오늘을 마지막 날처럼 살라'는 스토아철학자들의 조언은 그런 의미가 아니다. 스토아철학자들에게 매일을 마지막 날인 듯 산다는 것은 부정적 시각화를 확장한 것이었다. 우리가 영원히 살 수 없으며 따라서 오늘이 마지막 날일 수 있다는 사실을, 하루를 지내는 동안 자주 떠올리라는 것이다. 이렇게 숙고할 때 우리는 쾌락주의자가 되기보다, 지금 살아 있다는 사실에 감사할 것이다. 오늘 하루를 사는 기회를 가졌다는 사실에 감사할 것이고, 그러면 남은 날을 허투루 보내지 않을 것이다. 매일 매일을 마지막 날처럼 살라는 스토아철학의 조언은 우리의 행동이 아니라 행동할 때의 마음가짐을 바꾸려는 목적이었다. 스토아철학자들은 내일을 생각하거나 계획하는 것에 반대하지 않았다. 내일을 생각하고 계획할 때도 오늘에 감사하는 것을 잊지 말라고 했다. **스토아철학자들이 우리의 죽음을 숙고하라고 한 이유는 자신의 죽음을 숙고할 때 삶을 진정으로 즐길 수 있기 때문이다.**

스토아철학자들에 따르면 우리는 목숨을 잃는 경우뿐 아니라 가진 것을 잃는 경우도 숙고해야 한다. 많은 경우 우리는 갖지 못한 것을 생각하는 데 시간을 쓴다. 마르쿠스는 이 시간을 지금 가진 것을 생각하는 데, 즉 그것이 내 것이 아니라면 얼마나 아쉬울까 생각하는 데 쓰면 더 좋을 것이라고 했다.[12] 이런 맥락에서 우리는 자동차, 옷, 애완동물, 은행 잔고 등 소유한 물건을 잃었을 때 어떻게 느낄지 생각해야 한다. 말하고 듣고 걷고 숨 쉬고 삼킬 수 없게 되었을 때 어떤 느낌일지 생각해야 한다. 자유를 잃었을 때 어떻게 느낄지도 미리 생각해야 한다.

물론 평소 꿈꾸던 삶을 사는 사람도 있다. 완벽한 이상형을 만나 결혼하고, 꿈에 그리던 직장과 자동차를 갖는다. 그러나 쾌락에 익숙해지는 나머지, 우리는 꿈꾸던 삶을 살자마자 그것을 당연시한다. 지금 가진 행운을 만끽하며 하루를 보내기보다 더 멋져 보이는 새로운 꿈을 좇는 데 시간을 보내면서 정작 지금의 삶에는 만족하지 못한다. 부정적 시각화는 이런 운명을 피하게 한다.

✦

그렇다면 노숙자처럼 자신이 꿈꾸던 삶을 살지 못하는 사람은 어떤가? 스토아철학은 결코 부자의 철학이 아니다. 안락하고 풍족한 삶을 누리는 자도 스토아철학에서 유익함을 얻지만 빈곤한 자도 이로움을 얻을 수 있다. 가난 때문에 어떤 것을 하지 못한다 해도, 애당초 부정적 시각화를 할 수 '없는' 사람은 없다. 가진 것이라곤 누더기밖에 없는 사람조차 부정적 시각화를 할 수 있다. 사실 그의 상황은 이보다 더 나빴을 수 있다. 누더기마저 잃을 수 있었던 것이다. 스토아철학자들에 따르면 그는 누더기 옷마저 잃을 가능성을 떠올려야 한다. 그리고 건강하다 해도 지금보다 나쁜 상황에 처할 수 있었음을 숙고해야 한다. 만약 건강마저 잃는다면? 그렇다면 아직 죽지 않고 살아 있음에 감사해야 한다.

지금보다 안 좋은 상황에 처하지 '않는' 사람을 상상하기는 어려우므로 부정적 시각화로 유익함을 얻지 '못하는' 사람은 없다고 할 수 있다. 여기서 핵심은 가난한 자가 부정적 시각화를 통해 부자의 풍족한 삶을 누리는 것이 아니다. 부정적 시각화를 통해(더 넓게는 스토아철학을 삶의 철학으로 택함으로써) 가난한 자의 못 가진 고통이 줄며 그에 따라 그가 느끼는 비참함도 줄어든다는 점이다.

이런 맥락에서 제임스 스톡데일 해군장교가 겪은 시련은 의미심장하다(들어본 이름인가. 1992년 미국 대선에서 돌풍을 일으킨 로스

페로 후보의 러닝메이트였다). 베트남전 당시 해군 폭격기 조종사였던 스톡데일 대령은 1965년 비행기 격추 사고로 1973년까지 하노이 포로수용소에 갇혔다. 그 시기 그는 열악한 수감 환경으로 건강이 악화되었고 잔혹한 고문을 당했지만 불굴의 의지로 생존해 돌아왔다. 그럴 수 있었던 비결은 스토아철학을 실천한 영향이 컸다고 한다.[13]

보았듯이 스토아철학자들은 비탄에 빠진 자가 삶을 견디는 법을 조언하지만 그렇다고 해서 비참한 상태에 계속 남으라는 말은 결코 아니다. **스토아철학자들은 비탄에 빠진 자의 외적 환경을 개선하기 위해 노력한다. 다만 그가 자신의 외적 여건을 개선하기까지 비참함을 줄이기 위해 스스로 할 수 있는 일들을 제안한다.**

✦

또 최악의 시나리오를 자주 떠올리는 스토아주의자는 비관주의에 빠질 거라고 여기기 쉽지만 실은 그렇지 않다. 부정적 시각화를 자주 실천하는 스토아주의자는 오히려 낙관주의자가 된다. 왜 그런지 보자.

보통 낙관주의자는 유리그릇이 '반이나 비었다'가 아니라 '반이나 차 있다'고 보는 사람이다. 그런데 스토아주의자에게 이 정도의 낙관주의는 아무것도 아니다. 유리그릇이 반이나 차 있음을 알아본 그는 자신이 유리그릇을 가지고 있다는 '사실 자체'를 기뻐할 것이다. 스토아철학의 고수라면 이어서 유리그릇이 얼마나 대단한 물건인지 이야기할 것이다. 값싸고 내구성이 뛰어나며 어떤 음식을 담아도 그릇에 냄새가 배지 않는다고 말이다. 그리고 기적 중의 기적은 그릇에 무엇이 담겼는지 볼 수 있는 점이라고 말할 것이다. 너무 순진해 보일지 모르나 기쁨을 느낄 줄 아는 사람에게 세상은 멋진 곳이다. 그에게 유리그릇은 놀라운 물건이다. 그 밖의 사람에게 유리그릇은 그저 유리그릇일 뿐이다. 그것도 반이나 비어 있는.

쾌락 적응 현상은 우리가 세상을 온전히 즐기지 못하게 한다. 쾌락에 익숙해지면 자신의 삶과 자기가 가진 것에 기쁨을 느끼지 못하고 당연시한다. **이 점에서 부정적 시각화는 쾌락에 익숙해지는 것을 막는 강력한 해독제다. 지금 가진 것을 언제든 잃을 수 있다는 사실을 의식하면 그에 감사하는 마음을 되찾을 수 있고 감사하는 마음을 되찾으면 기쁨의 능력도 새롭게 생겨난다.**

아이들이 기쁨의 능력을 가진 이유도 무엇이든 당연시하지 않기 때문이다. 아이들에게 세상은 새롭고 놀라운 장소다. 세상에 대한 고정관념이 아직 없는 아이들은 오늘 가진 것이 어떤 이유로든 내일 사라질 수 있다고 생각한다. 아이들은 어떤 것도 당연시하지 않는다.

그러나 아이들도 자라면서 닮는다. 십대가 되면 벌써 주변 사물과 사람을 당연시한다. 자신의 삶에, 지금 사는 집에, 부모와 형제에 대해 투덜거린다. 이렇게 자란 아이들은 많은 경우 주변 세상에 기쁨을 못 느끼는 어른이 된다. 심지어 기쁨을 못 느끼는 '능력'을 뿌듯해하는 어른으로 자란다. 자신과 자기 삶의 싫은 것들을 주저 없이 늘어놓는다. 바꾸고 싶은 것을 긴 목록으로 제시한다. 이 목록에는 배우자, 자녀, 집, 직장, 자동차, 나이, 은행 잔고, 체중, 머리카락 색깔, 심지어 배꼽 모양도 있다. 이들에게 세상에서 감사하고 만족하는 것을 물으면 잠시 생각에 잠긴 뒤 겨우 한두 가지를 댈 뿐이다.

✦

때로 재앙 같은 사건이 덮쳐 이들을 삶의 권태로움에서 밀어낸다. 예컨대 토네이도가 덮쳐 집이 부서진다. 물론 비극적인 일이지만 이것은 불행 중 한 가닥 희망을 보이는 사건일 수 있다. 토네이도에 살아남은 사람은 아직 자신이 가진 것에 감사할 수 있기 때문이다. **일반적으로 전쟁, 질병, 자연재해는 우리가 소중히 여기는 것을 앗아간다는 점에서 비극이지만 그것을 겪는 사람을 크게 변화시키는 힘도 있다.** 그들은 이 사건을 겪기 전에는 몽유병 환자처럼 살았을지 모르나 재앙적 사건을 겪으며 기쁨과 감사의 마음에 깨어난다. 수십 년 만에 느끼는 생명력이다. 주변 세상에 무감각한 상태에서 세상의 아름다움에 새롭게 깨어난다.

그런데 재앙이 가져오는 개인적 변화에는 몇 가지 단점이 있다. 우선 재앙이 덮치기만을 마냥 기다릴 수 없다는 점이다. 실제로 많은 사람이 재앙이 없는(따라서 기쁨이 없는) 삶을 산다. 역설적이게도 불행 없는 축복의 삶은 이들에게 오히려 불행이다. 두 번째 단점은 재앙적 사건은 사람을 크게 변화시키지만 목숨을 앗아갈 수도 있다는 사실이다. 여객기를 탔는데 엔진이 화염에 휩싸였다고 하자. 이

급박한 사건으로 그는 순간, 자신의 삶을 재평가하며 삶에서 진정 가치 있는 것과 없는 것이 무엇인지 순간적인 깨달음을 얻는다. 그러나 안타깝게도 깨달음을 얻은 직후 그는 세상과 작별한다.

재앙이 가져오는 개인적 변화의 세 번째 단점은 그로 인한 기쁨이 점차로 시들해진다는 점이다. 죽음에 가까이 갔다 살아난 사람들은 삶에 대한 열정을 새롭게 일으킨다. 이전에 쳐다보지 않던 석양을 감상하며, 예전에 당연시하던 배우자와 진심어린 대화를 나눈다. 그러나 이것도 잠시, 많은 경우 무관심이 다시 고개를 쳐든다. 창밖의 멋진 석양에 감동하지 않으며, 텔레비전에 볼 게 없다며 배우자에게 투덜댄다.

그러나 부정적 시각화는 이런 단점이 없다. 부정적 시각화를 하는 데는 재앙적 사건이 덮칠 때까지 기다릴 필요가 없다. 또 재앙적 사건은 우리의 목숨을 앗아갈 수 있지만 부정적 시각화는 그럴 일도 없다. 더욱이 부정적 시각화는 반복 수행이 가능하므로 재앙적 사건과 달리 유익한 효과를 무한정 지속시킬 수 있다. 이처럼 부정적 시각화는 삶에 대한 감사의 마음과 기쁨의 능력을 회복하는 훌륭한 방법이다.

물론, 스토아철학자들만이 부정적 시각화를 사용하는 것은 아니다. 식전에 올리는 감사기도를 보자. 습관처럼 기도하거나, 기도하지 않으면 하나님이 벌을 내린다는 이유로 기도하는 사람도 있지만 감사기도를 올리는 것 역시(제대로 한다면 어떤 기도라도) 일종의 부정적 시각화다. 식전 감사기도는 이 음식을 못 먹고 굶었을 가능성에 대해 잠시 묵상하는 것이기 때문이다. 설령 먹었다 해도 지금 식탁에 앉은 사람들과 먹지 못했을 가능성에 대해 묵상하는 것이기 때문이다. 이 점을 염두에 두고 기도를 올린다면 평범한 식사도 커다란 축복이 된다.

활기찬 기질을 갖는 열쇠가 부정적 시각화를 자주 하는 것이라고 스토아철학자와 성직자가 말해 주지 않아도 스스로 깨닫는 사람도 있다. 나는 그런 사람들을 많이 보았다. 그들은 자신이 못 가진 것의 관점이 아니라 가진 것의 관점에서, 그리고 지금 가진 것이 없었다면 얼마나 아쉬울까 하는 관점에서 상황을 본다. 그들은 객관적 기준으로 볼 때 불행한 삶을 살았음에도 큰 행운을 누렸다고 말한다. 살아 있음이, 살아서 걸을 수 있음이, 지금 살고 있는 곳에 살 수 있음이 얼마나 행운인지 이야기한다. 객관적으로 '모든 것을 가졌지만' 감사할 줄 몰라 비참해진 사람과 비교해 보면 어떤 깨달음을 얻을 것이다.

앞에서 주변 세상에 기쁨을 느끼지 않는 '능력'에 자부심을 느끼는 사람도 있다고 했다. 그들은 세상의 기쁨을 거부함으로써 자신의 성숙한 감정을 보여준다고 여긴다. 그들이 보기에 주변에 기쁨을 느끼는 것은 아이처럼 유치한 태도다. 그들은 노동절 직후에 흰옷을 입지 않는 것이 유행이었듯이 주변 세계에 기쁨을 느끼지 않는 것을 유행으로 여기며 유행을 따라야 한다고 생각한다. 그들에게 세상의 기쁨을 거부하는 것은 세련됨의 징표다.

이들 불평분자에게 예컨대 유리그릇이 대단한 물건임을 길게 이야기하는 스토아의 활기찬 낙천주의자를 어떻게 생각하는지 물어보면 얕잡아보는 투로 이렇게 대답할 것이다. "쉽게 만족하고 기뻐하는 것은 어리석어요. 지금보다 더 원해야죠. 원하는 걸 갖기 전에 만족해선 안 되고요." 그러나 내 생각은 좀 다르다. **정말 어리석은 것은, 마음의 관점을 살짝만 바꾸면 만족할 수 있음에도 스스로 초래한 불만족에 계속 빠져 사는 것이다. 작은 것에 만족할 줄 아는 것은 결점이 아니라 축복이다(당신이 정말 구하는 것이 만족이라면 말이다).** 만약 당신이 만족이 아닌 다른 것을 찾고 있다면 나는 놀라움과 함께 그것이 무엇인지 묻고 싶다. 당신이 만족을 희생하면서까지 얻으려는 그것은 도대체 무엇인가?

✦

풍부한 상상력은 부정적 시각화를 수월하게 한다. 상상력이 풍부하면 집이 몽땅 타버리거나 회사에서 해고당하거나 장님이 되는 장면을 더 쉽게 떠올릴 수 있다. 만약 그런 장면을 떠올리기 어렵다면 다른 사람에게 일어난 나쁜 일이 나에게 일어났을 수 있다고 상상하는 방법도 있다.[14] 아니면 역사를 거슬러 우리 조상들의 삶을 떠올려 보아도 좋다. 이렇게 하면 지금 우리가 조상들이 보기에 '꿈의 세계'에 살고 있음을 쉽게 알 수 있다. 오늘날 우리는 항생제, 에어컨, 화장지(!), 휴대폰, 텔레비전, 유리, 안경, 1월의 신선한 과일 등 우리 조상들이 없이 살았던 온갖 것을 당연시하며 산다. 이 사실을 인식하자마자 우리는 우리가 우리의 조상이 아니라는 데 안도의 숨을 쉰다. 그렇다면 미래의 어느 날에 우리 후손들도 그들이 우리가 아님에 안도의 숨을 쉴지 모른다!

부정적 시각화 기법은 반대 방향으로 사용할 수도 있다. 다른 사람에게 일어난 나쁜 일이 내게 일어났다고 상상하는 것이 아니라, 나에게 일어난 나쁜 일이 다른 사람에게 일어났다고 상상하는 것이다. 에픽테토스는 『엥케이리디온』에서 이것을 투사적 시각화 (projective visualization)라고 불렀다. 우리 집 하인이 컵을 깨뜨렸다고 하자.[15] 나는 화를 낼 것이며, 이 사건으로 나의 평정심은 방해받을 것이다. 이때 화를 잠재우는 방법이 있다. 이 사건이 나 아닌 다른 사람에게 일어났다고 상상하는 것이다. 내가 초대받은 집의 하인이 컵을 깨뜨렸다면 나는 화를 내지 않을 것이다. 대신에 나는 이런 말로 주인을 진정시킬 것이다. "컵일 뿐이에요. 으레 일어나는 일이잖아요." **에픽테토스에 따르면 투사적 시각화를 통해 우리에게 일어나는 나쁜 일이 그리 중요하지 않다는 것을 깨달을 수 있고 이로써 우리의 평정심이 방해받는 일도 줄 것이다.**

여기서 비(非)스토아주의자는 반론을 제기할 것이다. 보았듯이 스토아철학자는 평정심을 추구하라고 조언하면서 평정심을 얻는 방법으로 부정적 시각화를 권한다. 그런데 둘은 서로 모순되는 조언이 아닌가? 가령 스토아주의자가 소풍에 초대받았다고 하자. 이 스토아주의자는 사람들이 소풍을 즐기는 동안 자리에 앉아 소풍이 엉망이 될 가능성에 대해 숙고할 것이다. '감자샐러드가 상했을지 몰라. 그러면 사람들이 식중독에 걸리겠지. 누군가 소프트볼을 하다가 발목이 부러지면? 사나운 뇌우가 쏟아지면? 소풍객들이 혼비백산 달아날 거고, 번개에 맞아 죽을 수도 있어.' 조금도 달가운 소리가 아니다. 이런 생각을 하는 동안 스토아주의자는 평정심을 얻기는커녕 우울과 불안에 시달릴 것이다.

이 반론에 대해 스토아주의자는 잠재적 재앙을 숙고하는 데 자신의 '모든' 시간을 쓰지 않는다는 점을 말해야 한다. 그는 '이따금씩' 잠재적 재앙에 대해 숙고한다. 스토아주의자는 하루에 몇 번 또는 일주일에 몇 차례, 삶을 즐기는 중에 자신이 즐기고 있는 것이 언젠가 없어질 수 있다는 가능성에 대해 숙고한다.

더욱이, 나쁜 일이 일어날 수 있다고 '숙고하는' 것과 그에 대해 '걱정하는' 것은 다르다. 숙고는 지적 연습으로 감정에 영향을 주지 않는 상태에서 할 수 있다. 예를 들어 기상학자는 자신이 토네이도 때문에 죽을 수 있다는 두려움에 빠지지 않고도 며칠을 토네이도에 대해 숙고(연구)할 수 있다. 마찬가지로 스토아주의자는 불안에 시달리지 않으면서 자신에게 일어날 수 있는 나쁜 일에 대해 숙고할 수 있다.

마지막으로, 부정적 시각화로 우리는 우울해지기보다 오히려 세상을 더 즐길 수 있다. 부정적 시각화를 하면 주변 세상을 당연시하지 않는다. 스토아주의자는 자신의 때로 우울한 생각에도 불구하고, 아니 우울한 생각 때문에, 우울한 생각을 즐기지 않는 소풍객보다 소풍을 더 즐길 수 있다. 그는 일어나지 않았을 수도 있었음을 잘 아는 사건에 참여한 데 기쁨을 느낄 것이다.

✦

스토아철학을 비판하는 사람은 또 다른 염려를 제기할 것이다. 통상 우리는 소중한 줄 모르는 것을 잃을 때면 거기에 크게 개의치 않는다. 그런데 부정적 시각화를 꾸준히 연습해 주변 사람과 사물의 소중함을 '너무 잘' 알아보는 스토아주의자는 마음의 고통을 자초한다고 생각될 수 있다. 소중한 주변 사람과 물건을 삶이 앗아갈 때 (언젠가는 앗아갈 것이다) 그는 속으로 더 고통스러워하지 않을까?

여기서 앞의 두 아빠를 보자. 첫 번째 아빠는 아이를 잃을 수 있다는 사실을 자주 숙고하며 아이를 당연시하지 않고 아이의 소중함을 알아보는 아빠다. 두 번째 아빠는 아이가 언제나 곁에 있을 거라 생각하며 아이를 당연시하고 아이의 소중함을 알아보지 못하는 아빠다. 그렇다면 아이의 소중함을 알아보지 못하는 아빠는 아이가 실제로 죽었을 때 어깨를 으쓱하며 대수롭지 않게 여길까? 반면 아이의 소중함을 너무 잘 아는 아빠는 아이가 죽었을 때 더 크게 상심할까?

스토아철학자들은 이 비판에 이렇게 답할 것이다. 두 번째 아빠도 아이의 죽음을 슬퍼할 것이다. 그는 아이를 당연시 여긴 것을 후회할 것이다. 그는 '…했더라면' 하는 생각 때문에 '더' 괴로울 것이다. '아이와 놀아주는 데 시간을 더 보냈다면! 침대에서 더 많은 이야기를 들려주었다면! 골프장에 가지 말고 아이의 바이올린 연주회에 참석했다면!' 하는 생각들이다. 반면 첫 번째 아빠는 이런 후회는 하지 않을 것이다. 그는 딸아이의 소중함을 알았기에 아이와 함께하는 시간을 충분히 가졌을 것이다.

오해가 없기 바란다. 첫 번째 '아빠도' 아이의 죽음을 슬퍼할 것이다. 스토아철학자들이 보기에 우리에게 닥치는 슬픔은 인간이 처한 근본 조건이다. 그렇지만 첫 번째 아빠는 아이와 함께 소중한 시간을 보낸 데서 위안을 얻을 것이다. 반면 두 번째 아빠는 이런 위안을 얻지 못할 것이다. 그는 딸아이를 잃은 슬픔에 '더해' 아이와 시간을 보내지 못한 죄책감에 시달릴 것이다. 이로써 볼 때 마음의 괴로움을 더 크게 자초한 사람은 첫 번째 아빠가 아니라 두 번째 아빠다.

스토아철학자들은 위의 비판에 이렇게 답할 것이다. 부정적 시각화를 연습하면 주변의 소중함을 알아볼 뿐 아니라 세상의 변화에 대비할 수 있다고 말이다. 부정적 시각화를 연습하는 것은 주변 세계가 영원히 고정된 상태로 있지 않다는 점을 숙고하는 것이다. 그러므로 부정적 시각화를 제대로 연습하는 아빠는 두 가지 결론을 얻는다. 첫째, 아이가 세상에 태어난 것이 행운이라는 점. 둘째, 자신이 살아 있는 동안 아이가 계속 살아 있다고 보장할 수 없으므로 아이를 잃을 가능성에 대비해야 한다는 점. 마르쿠스 아우렐리우스는 가진 물건을 잃었을 경우 얼마나 아쉬울지 생각하라고 한 뒤 이렇게 충고한다. "가진 물건을 지나치게 소중히 여긴 나머지, 그것을 잃었을 때 마음의 평화가 깨지지 않도록 하라."[16] 세네카도 삶을 즐기라는 조언에 덧붙여 좋아하는 것들에 '지나친 사랑'을 품지 말라고 충고한다. "운명의 여신이 내린 선물의 노예가 아니라 그것의 사용자가 되도록 하라."[17]

부정적 시각화는 지금 살고 있는 삶을 온전히 품어 안고 기쁨을 얻는 법을 알려준다. 또 우리를 기쁘게 하는 것들을 앗아가는 삶의 변화에 준비하게 한다. 부정적 시각화는 가진 것에 집착하지 않으면서 그것을 즐기는 법을 가르친다. 부정적 시각화를 연습하면 기쁨을 느낄 확률이 커질 뿐 아니라 기쁨이 오래갈 확률, 상황이 바뀌어도 기쁨이 지속될 확률도 높아진다. 따라서 부정적 시각화를 연습하면 세네카가 스토아철학의 주된 유익으로 간주한 '확고하고 변치 않는 무한한 기쁨'을 얻을 수 있다.[18]

✦

책의 서문에서 나를 불교에 끌리게 한 요소를 스토아철학에서도 찾을 수 있었다고 했다. 불교처럼 스토아철학도 세상의 무상함에 대해 숙고하라고 한다. 세네카는 말했다. "인간의 모든 것은 오래 가지 못하고 결국 사라지나니."[19] 마르쿠스 역시 우리가 소중히 여기는 것들은 나뭇잎처럼 미풍만 불어도 떨어진다고 했다. 그에 따르면 세상의 끊임없는 흐름과 변화는 우연이 아니라 우주의 본질이다.[20]

소중히 여기는 것과 사랑하는 사람이 언젠가 우리 곁을 떠난다는 사실을 깊이 새겨야 한다. 특정 사건으로 빼앗기지 않는다 해도 결국 우리의 죽음이 그것들을 앗아갈 것이다. 무한정 행할 수 없는 행동은 어느 것이든 마지막으로 행하는 때가 오기 마련이다. 살면서 당신이 마지막으로 이를 닦는 때가 올 것이다. 마지막으로 차를 운전하고, 마지막으로 잔디를 깎고, 마지막으로 사방치기 놀이를 하는 때가 올 것이다(이미 왔을지도!). 눈 내리는 소리를 마지막으로 듣는 때도, 달뜨는 것을 마지막으로 보는 때도, 팝콘 냄새를 마지막으로 맡는 때도 올 것이다. 품에 잠든 아이의 온기를 마지막으로 느끼는 때도, 마지막으로 사랑을 나누는 때도 올 것이다. 마지막 식사를 하는 때도, 그리고 그로부터 머지않아 마지막 숨을 쉬는 때도 올 것이다.

세상은 우리가 어떤 일을 마지막으로 하는 때를 예고하기도 한다. 즐겨 찾는 식당이 폐업을 하루 앞두고 있다. 당신은 그곳에서 마지막 저녁 식사를 한다. 영영 외국으로 떠나는 연인과 마지막 입맞춤을 한다. 이 식당에서 언제든 식사하던 때, 연인과 얼마든지 입맞춤을 하던 때는 식사와 입맞춤이 대수롭지 않았지만 더 이상 그럴 수 없음을 아는 지금은 식사와 입맞춤이 특별한 사건으로 변한다. 이 식당의 마지막 식사는 지금껏 먹은 가운데 최고이며, 연인과 나누는 작별 키스는 삶이 선사하는 가장 씁쓸하고도 달콤한 경험이 된다.

세상 모든 일의 무상함을 숙고할 때 우리가 어떤 일을 하든 그것을 마지막으로 하는 때일 수 있음을 깨닫는다. 이런 깨달음은 그것을 깨닫지 못했을 때 없었던 의미와 열정을 불어넣는다. 이제 우리는 몽유병 환자처럼 살지 않는다. 무상함을 생각하는 것이 우울하고 무섭다는 이도 있지만 무상함을 자주 떠올리는 것이야말로 우리가 진정으로 살아 있을 수 있는 유일한 방법이다.

통제의 이분법,
통제할 수 있는 일과 없는 일을 구분하라

에픽테토스에 따르면 삶의 가장 중요한 선택은 자기 외부의 것에 관여할 것인가, 내면의 것에 관여할 것인가다. 대부분의 사람은 주로 외부의 것에 관여한다. 해악이든 이익이든 외부에서 온다고 보기 때문이다. **그러나 에픽테토스에 의하면 철학자, 즉 스토아철학에 대한 이해를 갖춘 자는 자기 내면의 것에 관여한다. 철학자는 모든 이익과 해악이 자기 자신으로부터 나온다는 사실을 아는 사람이다.**[1] **그는 외부 세계의 보상을 기꺼이 포기함으로써 내면의 평화와 자유, 평정을 얻는다.**[2]

에픽테토스의 조언은 욕망 충족의 일반 논리를 뒤집는다. 대부분의 사람은 만족이란 노력을 통해 얻는 것이라고 생각한다. 욕망을 충족시키는 방법을 떠올린 뒤 그것을 실행해야 한다고 여긴다. 그러나 에픽테토스는 이렇게 말한다. "지금 갖지 못한 것에 대한 갈망과 우리가 느끼는 행복은 서로 어울릴 수 없다."³ 에픽테토스에 따르면 원하는 것을 얻는 더 좋은 방법은 쉽게 얻을 수 있는 것을, 아니 확실히 얻을 수 있는 것만을 원하도록 자신의 목표를 조정하는 것이다.

대부분의 사람은 주변 세상을 바꿔 만족을 얻으려 한다. 하지만 에픽테토스에 따르면 자신을 바꿔, 정확히 말하면 자신의 욕망을 바꿔 만족을 얻는 편이 낫다. 에픽테토스만이 이런 조언을 주는 것은 아니다. 실제로 인간의 욕망과 불만족의 원인을 성찰한 거의 모든 철학자와 종교가, 사상가들이 이렇게 조언한다.⁴ 그들은 우리가 찾는 것이 만족이라면, 세상을 바꾸는 것보다 자기가 원하는 것을 바꾸는 편이 더 바람직하고 수월하다는 데 의견을 같이 한다.

에픽테토스에 따르면, 충족할 수 없는 욕망에 낙담하지 않는 것을 우리의 주된 욕망으로 삼아야 한다. 그리고 나머지의 욕망은 주된 욕망에 부속시켜야 한다. 그러지 못하는 경우에는 최선을 다해 다른 욕망들을 꺼뜨려야 한다. 이렇게 하면 원하는 것을 얻든 얻지 못하든 불안하지 않으며, 얻지 못한다 해도 실망하지 않는다. 에픽테토스는 이때 우리는 결코 패배하지 않는다고 한다. 질 수도 있는 시합에 참여하는 것 자체를 거부한다면 시합에 지는 일은 결코 없다.⁵

◆

에픽테토스의 『엥케이리디온』은 다음의 유명한 주장으로 시작한다. "어떤 것은 우리에게 달려 있고, 어떤 것은 우리에게 달려 있지 않다." 에픽테토스에 따르면 우리에게 달린 것에는 자신의 의견, 충동, 욕망, 혐오감이 있고 우리에게 달리지 않은 것에는 재산, 주위의 평판 등이 있다.[6] 이 주장으로부터 우리 앞에는 두 가지 선택지가 놓인다. 자신에게 달린 것을 원할 수도 있고, 자신에게 달리지 않은 것을 원할 수도 있다. 우리에게 달려 있지 않은 것을 원한다면 그것을 얻지 못하는 경우에 불행에 빠져 좌절과 비참, 분노를 느낄 것이다.[7] 에픽테토스는 친구와 가족이 영원히 곁에 머물길 바라는 것은 어리석다고 했다. 그들이 오래 사는 것은 우리에게 달린 일이 아니기 때문이다.[8]

만약 우리에게 달려 있지 않은 것을 원했는데도 운이 좋아 그것을 얻었다고 하자. 이 경우 좌절과 비참, 분노를 느끼지 않겠지만 우리에게 달리지 않은 것을 원하는 동안에는 불안했을 것이다. 나에게 달려 있지 않으므로 얻지 못할 수도 있었고 이 때문에 걱정이 되었을 것이다. 이처럼 우리에게 달려 있지 않은 것을 원한다면 설령 그것을 얻는다 해도 평정심은 깨진다. **결론적으로, 우리에게 달려 있지 않은 것을 원할 때마다 평정심은 흐트러진다. 원하는 것을 얻지 못하면 마음이 불편할 것이며, 얻는다 해도 얻는 과정에서 불안을 느끼기 때문이다.**

✦

여기서 에픽테토스의 통제의 이분법을 다시 보자. 그는 "어떤 것은 우리에게 달려 있고, 어떤 것은 우리에게 달려 있지 않다"고 말했다. 그런데 이 이분법에는 문제가 있다. "어떤 것은 우리에게 달려 있지 않다"는 말의 의미가 모호하다. '전혀 통제할 수 없는 것'으로 해석될 수도 있고, '일부는 통제할 수 있으나 일부는 통제 불가한 것'으로 해석될 수도 있다. 전혀 통제할 수 없는 것으로 해석하면 이렇게 다시 말할 수 있다. "우리가 완벽히 통제할 수 있는 것이 있고, 전혀 통제할 수 없는 것이 있다." 그러나 이렇게 말하면 이 이분법은 거짓이 된다. 왜냐하면 완전히 통제할 수는 없어도 일부 통제 가능한 것이 존재한다는 엄연한 사실을 빠트렸기 때문이다.

예를 들어 테니스 시합에서 이기는 것을 생각해보자. 테니스 시합에서 이기는 것은 내가 통제할 수 있는 일이 아니다. 아무리 열심히 연습해도 시합에 질 수 있다. 그렇다고 전혀 통제할 수 없는 일도 아니다. 열심히 연습한다고 승리를 보장할 수는 없지만, 이길 확률이 높아지는 것은 분명하다. 따라서 테니스 시합에서 이기는 것은 완벽히 통제할 수는 없지만 일부 통제할 수 있는 일에 속한다.

따라서 "어떤 것은 우리에게 달려 있지 않다"는 표현은 '완벽히 통제할 수는 없는 일이 있다'는 의미로 해석해야 한다. **그렇다면 에픽테토스의 통제의 이분법은 이렇게 고쳐 써야 한다. "우리가 완벽히 통제할 수 있는 일이 있고, 완벽히 통제할 수 없는 일, 즉 일부는 통제 가능하고 일부는 통제 불가한 일이 있다."** 이렇게 해야 참된 이분법이 된다. 그리고 이것이 에픽테토스가 한 말의 참뜻이라고 가정하자.

이제 이분법의 뒷부분, 즉 '완벽히 통제할 수 없는 일'을 보자.

통제 이분법에서 통제 삼분법으로

통제 이분법

통제 삼분법

완벽히 통제할 수 있는 일
(예. 스스로 정한 목표) ──────▶ 완벽히 통제할 수 있는 일
(예. 스스로 정한 목표)

전혀 통제할 수 없는 일
(예. 내일 태양이 뜨는 것)

완벽히 통제할 수 없는 일
(예. 내일 태양이 뜨는 것, ──────▶ 어느 정도 통제할 수 있지만
테니스 시합에서 이기는 것) 완벽히 통제할 수는 없는 일
(예. 테니스 시합에서 이기는
것)

완벽히 통제할 수 없는 일에는 두 가지가 있다. 전혀 통제할 수 없는 일과, 어느 정도 통제할 수 있지만 완벽히 통제할는 수 없는 일이다. 전혀 통제할 수 없는 일에는 가령 내일 태양이 뜨는 것이 있다. 어느 정도 통제할 수 있지만 완벽히 통제할 수는 없는 일에는 테니스 시합에서 이기는 것이 있다. 이렇게 하고 보면 에픽테토스의 **통제 이분법**은 **통제 삼분법**이 된다. 완벽히 통제할 수 있는 일, 전혀 통제할 수 없는 일, 어느 정도 통제할 수 있지만 완벽히는 통제할 수 없는 일의 세 가지로 나뉘는 것이다. 우리가 살면서 겪는 모든 일은 이 세 범주 가운데 하나에 반드시 속한다.

✦

통제의 이분법에서 에픽테토스는 우리에게 달려 있지 않은 일을 걱정하는 것은 어리석다고 했다. 타당한 지적이다. 우리에게 달려 있지 않은 일은 걱정해 봐야 소용이 없다. 대신 우리에게 달려 있는 일에 관여해야 한다. 우리에게 달려 있는 일은 그 일이 일어나거나 일어나지 않도록 조치를 취할 수 있다. 그런데 통제 이분법을 통제 삼분법으로 바꾸고 나면, 무엇을 걱정하거나 걱정하지 않아야 하는지에 관한 에픽테토스의 조언도 따라 수정해야 한다.

우선, 우리가 완벽히 통제할 수 있는 일에 시간과 노력을 쏟는 것은 타당하다. 거기 기울인 노력은 일정한 결과를 보장할 것이다. 또 통제권을 가졌으므로 일이 일어나게 만드는 시간과 노력도 상대적으로 적게 들 것이다. 완벽히 통제할 수 있는 일을 하지 않는 것은 어리석다.

우리가 완벽히 통제할 수 있는 것에는 무엇이 있을까? 앞서 에픽테토스는 자신의 의견, 충동, 욕망, 혐오감을 완벽히 통제할 수 있다고 했다. 나는 자기 의견을 완벽히 통제할 수 있다는 데는 동의하지만 충동과 욕망, 혐오감을 완벽히 통제 가능한 범주에 넣기는 좀 그렇다. 충동, 욕망, 혐오감은, 어느 정도 통제할 수 있으나 완벽히 통제할 수는 없는 범주에(또는 전혀 통제할 수 없는 범주에) 포함시켜야 한다. 왜 그런지 보자.

카지노 룰렛 테이블에서 17번에 베팅하고 싶은 충동이 갑자기 내 안에 일어난다고 하자. 이때 내가 충동에 따라 움직이느냐 여부는 어느 정도 통제할 수 있다. 하지만 충동이 내 안에서 '일어나는' 것은 어쩔 수 없다(진짜 충동이라면 그것을 경험하지 '않을 수 없다').

모두는 아니지만 우리의 욕망 가운데 많은 것이 우리가 통제할 수 없는 범주에 속한다. 가령 다이어트 중에 아이스크림에 대한 갈망이 갑자기 일어났다고 하자. 이 갈망을 좇아 아이스크림을 '먹을' 것인가는 내가 어느 정도 통제할 수 있지만 갈망이 '일어나는' 것 자체는 전혀 통제할 수 없다. 마찬가지로 거미에 대한 혐오감이 내 안에서 일어나는 것은 어쩔 수 없다. 거미에 대한 혐오감에도 불구하고 순전히 의지력으로 독거미 한 마리를 집어 들고 치울 수는 있어도 거미가 싫은 것은 어쩔 수 없다.

이런 사례로 볼 때 에픽테토스가 충동과 욕망, 혐오감을 완벽히 통제할 수 있는 일의 범주에 넣은 것은 잘못으로 보인다. 충동, 욕망, 혐오감은 어느 정도 통제 가능하나 완벽히 통제할 수 없는 범주, 또는 전혀 통제할 수 없는 범주에 넣어야 할 것 같다. 다만 여기서는 에픽테토스가 말한 충동, 욕망, 혐오감이 우리가 생각하는 그것과 다른 의미였을 수도 있다는 점만 짚고 넘어가기로 한다.

◆

먼저 우리가 완벽히 통제할 수 있는 것에 무엇이 있는지 보자. 우선 자기 스스로 정하는 목표가 있다. 나는 차기 교황이 되려는 목표를 세울 수도 있고, 백만장자를 목표로 삼을 수도 있다. 또 트라피스트회(기도·침묵을 강조하는 엄격한 수도회) 수사(修士)가 되겠다는 목표를 세울 수도 있다. 목표를 세우는 것 자체는 내가 완벽히 통제할 수 있지만 이 목표를 실제로 달성하느냐는 어느 정도 통제할 수 있으나 완벽히 통제할 수 없는 범주에 속한다. 그밖에 완벽히 통제할 수 있는 것에 자신의 가치관이 있다. 명성과 부를 중시할 것인가, 쾌락을 중시할 것인가, 평정심을 중시할 것인가는 나 스스로 통제할 수 있다. 그런데 실제로 이 가치관에 따라 사는 것은 다른 문제다. 이것은 어느 정도 통제할 수 있으나 완벽히 통제할 수는 없는 범주에 속한다. 에픽테토스에 따르면 우리는 자신의 의견을 완벽히 통제할 수 있다. 그가 말한 '의견'이 스스로 정하는 목표나 가치에 관한 것이라면 '의견은 우리에게 달려 있다'는 에픽테토스의 말에 동의할 수 있다.

자신의 목표와 가치를 정하는 데 시간과 노력을 쏟는 것은 분명 타당하다. 여기에는 시간과 노력이 상대적으로 적게 든다. 또 목표와 가치를 적절히 선택했을 때 따르는 보상도 크다. **마르쿠스 아우렐리우스는 가치 있는 것을 가치 있다고 알고, 무가치한 것에 무관심할 줄 아는 것이 좋은 삶을 사는 열쇠라고 했다. 그는 우리가 어떤 것에 가치를 부여하는 힘을 스스로 가졌으므로 좋은 삶을 사는 힘도 가졌다고 보았다.** 마르쿠스에 따르면 우리는 적절한 의견을 형성함으로써, 즉 사물에 올바른 가치를 부여함으로써 고통과 슬픔, 불안을 피할 수 있으며 스토아철학자들이 추구하는 평정심에도 이를 수 있다.[9]

그에 따르면 우리는 스스로 정하는 목표와 가치 외에 우리의 품성도 완벽히 통제 가능하다. 그는 말하길 우리가 선(善)과 고결함을 얻지 못하게 방해하는 것은 오직 우리 자신이다. 포악과 탐욕이 우리 영혼에 자리 잡지 못하게 하는 것은 순전히 우리의 능력 안에 있다. 이해력이 부족한 사람은 학자가 되기 어렵지만 이해력이 아닌 정직과 품위, 성실과 침착함 등 다른 마음의 자질을 얼마든지 계발할 수 있다. 또 자만을 줄이고 쾌락과 고통에 초연하며, 인기를 좇지 않고 화를 제어하는 법을 얼마든지 찾을 수 있다. 불평을 그치고, 배려 깊고 온화한 말과 행동을 할 수 있다. **자기 신념에 따라 사는 것도 우리 능력 안에 있는 일이다. 마르쿠스에 따르면 이런 마음의 자질은 그렇게 하고자 한다면 바로 지금 우리의 것이 된다.**[10]

✦

이제 통제 삼분법의 두 번째, 즉 '내일 태양이 뜰 것인가'처럼 우리가 전혀 통제할 수 없는 일을 살펴보자. 조금도 통제할 수 없는 일에 시간과 노력을 들이는 것은 어리석다. 우리가 어찌할 수 없는 문제에 관여하는 것은 시간과 노력의 낭비. 마르쿠스는 이렇게 말했다. "효과가 없는 일은 어떤 것도 할 가치가 없다."[11]

이제 통제 삼분법의 마지막, 즉 어느 정도 통제할 수 있지만 완벽히 통제할 수는 없는 일을 보자. 테니스 시합에서 이기는 것이 여기 속한다. 시합에서 이기는 것은 장담할 수 없지만 자신의 행동으로 결과에 어느 정도 영향을 미칠 수는 있다. 즉, 완벽히 통제할 수는 없지만 어느 정도는 통제 가능한 일이다. 그렇다면 스토아철학을 실천하는 사람은 테니스 시합에 참여해야 할까? 시합에 이기기 위해 시간과 노력을 들여야 할까?

언뜻 보기에 스토아철학을 실천한다면 시합에 참여해서는 안 될 듯하다. 스토아주의자는 테니스 시합의 결과를 완벽히 통제할 수 없으므로 시합에 질 가능성이 얼마든지 존재하며 실제로 패했을 때 마음이 흔들려 평정심이 방해받을 것이다. 그렇다면 처음부터 시합을 하지 않는 편이 안전한 행동이다. 비슷한 논리로, 그가 마음의 평온을 중시한다면 아내의 사랑을 기대해서도 안 된다. 어떻게 해도 아내가 사랑을 주지 않을 가능성이 존재하며 실제로 그랬을 때 마음이 쓰라릴 것이다. 그는 상사가 봉급을 인상해 주기를 바라서도 안 된다. 아무리 열심히 일해도 봉급이 인상되지 않을 가능성이 존재하며 실제로 봉급 인상이 무산될 경우 실망할 것이기 때문이다. 이렇게 보면 스토아주의자는 애당초 테니스 시합도, 결혼도, 채용 지원도 하면 안 된다. 거절당할 경우 낙담할 것이기 때문이다.

다시 말해 스토아주의자는 자신이 완벽히 통제할 수 없는 일에 대해서는 아예 관여하지 않아야 할 듯 보인다. 그런데 문제는 일상에서 일어나는 대부분의 일이 이 범주에 속한다는 사실이다. 따라서 스토아주의자는 일상의 수많은 일에 관여하지 말아야 한다는 결론에 이른다. 그는 모든 일에 수동적이며 현실에서 물러서는 무능력자가 될 것이다. 아침에 침대에서 일어나기조차 힘든 우울한 사람이 될 것이다.

이 주장에 섣불리 승복하기 전에 스토아철학자들이 결코 수동적이고 도피적인 삶을 살지 않았다는 점을 지적해야 한다. 그들은 일상의 삶에 적극 참여했다. 그렇다면 두 가지 결론 중 하나에 이른다. 스토아철학자들은 자신들의 삶의 원칙에 따라 살지 않은 위선자이거나, 아니면 우리가 그들의 삶의 원칙을 잘못 이해했다는 것이다. 두 번째 결론을 지지하는 이야기를 지금부터 해보려 한다.

✦

앞서 우리가 완벽히 통제할 수 있는 일에 자기 스스로 세운 목표가 있었다. **스토아주의자는 테니스 시합에서 이기는 것처럼 완벽히 통제할 수 없는 일에 임할 때 스스로 세우는 목표에 유의한다. 그는 '외면적' 목표가 아니라 '내면적' 목표를 세우는 데 더 집중한다.** 그가 테니스 시합에 참가하는 목표는 시합에서 이기는 것(일부만 통제할 수 있는 외면적 목표)이 아니라, 자기 능력을 최대한 발휘하는 것(완전히 통제할 수 있는 내면적 목표)이다. 내면적 목표를 택함으로써 그는 시합에 졌을 때 일어나는 좌절과 실망을 겪지 않는다. 시합에 이기는 것이 목표가 아니므로, 시합에서 자기 능력을 최대한 발휘하는 한, 그가 목표 달성에 실패하는 일은 없다. 이렇게 해서 그의 평정심은 방해받지 않는다.

그런데 테니스 시합에서 최선을 다하는 것과 시합에서 이기는 것은 어느 정도 인과 관계가 있다. 사실, 자기 능력을 최대한 발휘하는 것보다 시합에서 승리하는 더 좋은 방법은 없다. 스토아철학자들은 우리가 정하는 내면의 목표가 외면적 성과에 영향을 준다는 사실을 알고 있었다. 그런데 그들은 스스로 세우는 목표가 감정 상태에도 큰 영향을 준다는 사실도 인식했다. 테니스 시합에서 이기는 것을 목표로 삼는다고 해서 승리할 확률이 높아진다고 하기 어렵다. 오히려 승리할 확률이 낮아질 수도 있다. 시합 초반에 패배할 조짐이 보이면 당황한 채 남은 시합에도 안 좋은 영향을 미칠 것이다. 그러면 승리할 확률은 더 떨어진다. 더욱이, 이기는 것을 목표로 삼으면 시합 결과에 따라 마음이 요동칠 확률도 높아진다. 반면, 최선을 다하는 것을 목표로 하면 시합에서 이길 확률은 줄지 않으면서 시합 결과에 마음이 상할 확률은 줄어든다. 그렇다면 테니스 시합과 관련해 내면의 목표를 세우는 것이 확실히 더 좋은 선택이다. 시합에서 최선을 다하겠다는 내면의 목표는 이후에 겪을 마음의 괴로움을 줄이는 좋은 면이 있는 반면, 안 좋은 면은 찾기 어렵다.

스토아주의자는 테니스 시합보다 중요한 일에서도 스스로 정하는 목표에 유의한다. 그는 아내가 자기를 사랑하는 것이 완벽히 통

통제 삼분법

분류	예	에픽테토스의 조언
완벽히 통제할 수 있는 일	스스로 정한 목표	이런 일에는 관여해야 한다
전혀 통제할 수 없는 일	내일 태양이 뜨는 것	이런 일에 관여해서는 안 된다
어느 정도 통제할 수 있지만 완벽히 통제할 수는 없는 일	테니스 시합에서 이기는 것	이런 일에는 관여하되, 이 일과 관련해 내면의 목표를 세우는 데 힘써야 한다

제할 수 없는 일이라 해도 거기에 관여하라고 할 것이다. 다만 '아내가 나를 사랑하게 만드는 것'을 목표로 삼아서는 안 된다. 노력해도 외면적 목표 달성에 실패할 수 있으며 그 때문에 상심할 수 있기 때문이다. 대신에 자기 내면의 목표를 세워야 한다. 최선을 다해 아내의 사랑을 받을 만한 행동을 하는 것이 목표가 되어야 한다. 마찬가지로, 상사를 상대로 한 나의 목표는 나의 능력을 최대한 발휘해 임무를 수행하는 것이어야 한다. 내면의 목표는 아내와 상사가 나의 노력에 어떤 식으로 답하든 내가 달성할 수 있는 목표다. 스토아주의자는 일상에서 내면의 목표를 설정함으로써 부분적으로만 통제 가능한 일에서 평정심을 얻는다.

◆

외면적 실패를 흔히 겪는 직업에서는 내면의 목표를 정하는 일이 더욱 중요하다. 소설가 지망생이 있다고 하자. 그녀가 스스로 정한 소설가 직업에서 성공하려면 두 가지 싸움에서 이겨야 한다. 글 솜씨가 있어야 하고, 작품이 거절당하는 경우를 대비해야 한다. 대부분의 소설가가 수없는 '노'를 받은 뒤에야 겨우 한 번의 '오케이'를 받는다. 많은 소설가 지망생이 힘들어하는 싸움은 두 번째 싸움이다. 거절의 두려움에 애당초 원고를 내밀지 않는 지망생이 많다. 한 번의 '노'에 위축되어 다시는 원고를 내밀지 않는 지망생 말이다.

이 지망생이 거절의 심리적 대가를 최소화하는 동시에 성공 가능성을 높이는 방법은 무엇일까? **그것은 소설 쓰기와 관련해 자기**

내면의 목표를 세우는 것이다. '소설책 출간'처럼 자신이 통제할 수 없는 외면적 목표가 아니라 상당 부분 통제할 수 있는 내면의 목표를 세우는 것 말이다. '원고를 얼마나 열심히 쓸 것인가, 정한 기간에 몇 차례 투고할 것인가' 같은 내면의 목표를 세워야 한다. 내면의 목표를 정한다 해서 거절과 무응답에 마음의 상처를 입지 않는 것은 아니지만 크게 줄일 수는 있다. 이제 그는 일 년 동안 무기력에 빠져 펜을 놓고 있지 않을 것이다. 며칠 또는 일주일이 지나면 툭툭 털고 일어나 다시 원고를 보낼 것이다. 그리고 이런 변화는 그의 원고가 책으로 출간될 확률을 크게 높일 것이다.

독자들은 내면의 목표를 정하는 것이 마음의 속임수에 지나지 않는다고 투덜댈지 모른다. 소설가 지망생의 '진짜' 목표는 누가 뭐래도 자기 소설을 책으로 출간하는 일이다. 그도 이 사실을 잘 안다. 소설과 관련한 내면의 목표를 세우라는 조언은 책 출간이 목표가 아닌 '척하라는' 조언과 다르지 않게 보인다.

이런 불평에 대해 우선 말하고 싶은 것은, **내면의 목표 설정에 충분한 공을 들이면 그 밖의 목표를 기웃거리지 않게 된다는 점이다. 이제 내면의 목표는 그의 '진짜' 목표가 된다. 설령 내면의 목표 설정이 마음의 속임수에 불과하다 해도 그것은 꽤 '유용한' 속임수다.** 왜냐하면 실패의 두려움은 대부분 심리적인 것인데, 외면의 목표가 아닌 내면의 목표를 정하면 실패를 대하는 심리적 태도가 바뀔 수 있기 때문이다. 실패를 대하는 마음의 태도가 바뀌면 실패에 대한 두려움도 줄어들 것이다.

말했듯이 스토아철학자들은 인간 심리에 큰 관심을 가졌다. 그들은 인간 심리의 특정한 면을 극복하는 심리 '트릭'(기교)에 반대하지 않았다. 4장에 소개한 부정적 시각화도 일종의 심리 트릭이다. 지금보다 안 좋은 상황을 의도적으로 떠올려 쾌락에 익숙해지는 과정을 중단시키거나 되돌리기 때문이다. 이때 지금 가진 것을 당연시하지 않고 감사한다는 내면의 목표를 세우면 부정적 시각화는 더 효과적인 전략이 된다. 현재의 삶을 시시하게 여기기보다 거기서 기쁨을 느끼는 것을 내면의 목표로 삼으면 부정적 시각화는 더 효과적인 방법이 된다.

지금까지 내면의 목표를 세우는 것에 관해 말했다. 이제 한 가지를 고백해야겠다. 나는 에픽테토스 등의 스토아철학자들을 공부하면서 그들이 내면의 목표를 세웠다는 '증거'를 찾지는 못했다. 그러므로 독자는 스토아철학자들이 내면의 목표 설정이라는 기법을 실제로 사용했는지 의문을 제기할 수 있다. 그럼에도 스토아철학자들이 이 기법을 활용했다고 보는 이유가 있다. 자신이 통제할 수 있는 일에 관여하며, 외면적 실패 가능성이 있는 일에서 평정심을 찾으려는 사람은, 스토아철학자들처럼 틀림없이 내면의 목표를 세울 것이기 때문이다. 따라서 나는 내면의 목표 설정에 관하여 스토아철학을 내 마음대로 바꾸었다는 꺼림칙함이 없다. 이에 대해서는 20장에서 더 이야기한다.

✦

내면의 목표 세우기 기법을 이해하면 스토아철학자들의 역설적인 행동을 설명할 수 있다. 스토아철학자들은 평정심을 중시하는 한편 사회에 적극 참여해야 한다는 의무감도 가졌다. 그런데 사회에 적극 참여하면 그들이 중시한 평정심이 위협 받는다. 가령 카토가 권력을 차지하려는 카이사르와 싸우지 않고 도서관에서 스토아철학이나 공부했다면 평온한 삶을 살았을 것이다. 그러나 카토를 비롯한 스토아철학자들은 세상일에 관여하는 동시에 내면의 평정심을 유지하는 법을 찾았다. 그것은 내면의 목표를 세우는 것이었다. **스토아철학자들의 목표는 세상을 변화시키는 것이 아니라 세상의 변화를 위해 최선으로 노력하는 것이었다. 노력이 효과를 내지 못해도 내면의 목표, 즉 할 수 있는 일을 다 했다는 사실에 스토아철학자들은 만족했다.**

스토아철학을 실천하는 자는 통제 삼분법을 염두에 두고 산다. 그는 삶에서 일어나는 일을 세 가지로 분류한다. 완벽히 통제할 수 있는 일, 전혀 통제할 수 없는 일, 어느 정도 통제할 수 있으나 완벽히 통제할 수 없는 일이 그것이다. 그는 전혀 통제할 수 없는 일은 제쳐놓음으로써 필요 없는 걱정을 던다. 대신에 통제할 수 있는 일과 어느 정도 통제할 수 있지만 완벽히 통제할 수는 없는 일에 관여한다. 그리고 완벽히 통제할 수 없는 일에 관여할 때는 외면의 목표보다 내면의 목표를 세운다. 내면의 목표를 세움으로써 좌절과 실망을 상당 부분 덜 수 있다.

운명론,
지난 일을 내려놓으라 … 지금의 일도

스토아철학자들은 자신에게 일어나는 일에 운명론적 태도를 지녀야 평정심을 유지할 수 있다고 보았다. 세네카에 따르면 "우리가 우주와 함께 사라지는 것은 커다란 위안이므로" 자신을 운명에 내맡겨야 한다.[1] 에픽테토스도 우리는 운명이 쓴 연극에 등장하는 배우에 지나지 않는다고 했다. 우리는 연극의 배역을 선택할 수 없다. 어떤 배역이 주어지든 최선을 다해 연기할 뿐이다. 운명이 거지 역할을 주었다면 거지 역할을, 왕의 역할을 주었다면 왕의 역할을 최선을 다해 수행해야 한다. **에픽테토스는 삶이 무리 없이 흘러가길 바란다면 삶의 사건이 우리의 욕망에 부합하기를 바라지 말고 우리의 욕망을 삶에서 일어나는 일에 맞추라고 했다. 삶의 사건들이 '일어나는 대로 일어나리라고' 바라야 한다는 것이다.[2]**

마르쿠스도 삶에 대한 운명론적 태도를 지지했다. 운명론적 태도를 취하지 않는 것은 자연에 반하는 것이다. 우리가 찾는 것이 좋은 삶이라면 자연에 대한 반역은 역효과를 낳는다. 마르쿠스는 운명의 판결을 거부하면 슬픔과 분노, 두려움으로 우리의 평정심이 흐트러진다고 했다. 그렇게 되지 않으려면 운명으로 처한 상황에 적응해야 한다. 운명으로 둘러싸인 사람들을 최선을 다해 사랑해야 하며, 운명처럼 일어나는 어떤 일이든 환영해야 한다. 일어나는 모든 일이 '최선의 일'이라고 스스로 납득해야 한다. 마르쿠스에 따르면 운명의 베틀이 짜 주는 모든 경험을 환영하는 자가 가장 훌륭한 사람이다.[3]

대부분의 고대 로마인처럼 스토아철학자들도 자신들에게 일정한 운명이 있다는 것을 받아들였다. 그들은 클로토, 라케시스, 아트로포스라는 운명의 세 여신을 믿었다. 세 여신이 하는 일은 각각 달랐다. 클로토는 생명의 실을 잣고, 라케시스는 실의 길이를 정하며, 아트로포스는 생명의 실을 끊는다. 고대 로마인들은 인간은 운명의 여신이 골라준 운명을 결코 벗어날 수 없다고 보았다.[4]

고대 로마인에게 삶은 정해진 말달리기 경주와 같았다. 운명의 여신들은 삶이라는 경주에서 누가 이기고 질지 이미 알고 있었다. 승패가 정해진 경주라면 기수는 시합에 참가하지 않을 것이다. 누가 이길지 아는 시합을 굳이 할 필요는 없다. 마찬가지로, 고대 로마인들도 이미 결정되어 있는 '삶'이라는 시합에 참가하지 않으려 했을 것이다. **흥미로운 점은, '일어난 일은 일어나는 수밖에 없었다'고 믿는 결정론에도 불구하고 고대 로마인들은 미래에 대해서는 운명론적 태도를 취하지 않았다는 사실이다.** 가령 스토아철학자들은 미래가 어떻게 되든 상관없다는 무관심과 체념 속에 살지 않았다. 그들은 미래를 바꾸고자 부지런히 노력했다. 로마 군인들은 전투 결과가 운명으로 정해져 있다고 믿었지만 전장에 나가 용감히 싸웠다.

✦

그렇다면 운명론을 지지한 스토아철학자들은 그것을 자신의 실제 삶에서 실천하지 않은 것일까? 그것이 사실이라면 우리에게 일어나는 일에 운명론적 태도를 취하라는 스토아철학의 조언을 어떻게 이해해야 하는가?

이 문제를 풀려면 미래에 대한 운명론과 과거에 대한 운명론을 구분해야 한다. 미래에 대한 운명론자는 자신의 행동이 미래의 일에 영향을 주지 못한다고 믿는다. 그는 미래를 계획하고 변화시키는 데 시간과 노력을 들이지 않는다. 한편 과거에 대한 운명론자는 자신의 행동으로 이미 일어난 일을 바꾸지 못한다는 사실을 마음에 새긴다. 그는 이미 일어난 일이 지금과 다르게 일어났으면 하고 바라는 데 시간과 노력을 허비하지 않는다.

스토아철학자들이 지지한 운명론은 과거에 대한 운명론이었다. 그들은 이미 일어난 일은 바꿀 수 없다는 사실을 마음 깊이 새겼다. 스토아철학자들은 아픈 자녀를 돌보는 엄마에게 미래에 대한 운명론적 태도를 권하지 않았다. 아이가 아프면 엄마는 아이가 건강을 회복하도록 돌봐야 한다. 운명의 여신이 아이의 죽음을 이미 결정했다 해도 말이다. 그러나 스토아철학자들은 아이가 죽고 나면 과거에 대한 운명론적 태도를 엄마에게 권할 것이다. 자녀의 죽음에 슬픔을 느끼는 것은 당연하며 그것은 스토아철학자도 마찬가지다. 그러나 아이가 죽었다는 사실을 계속 생각하는 것은 시간과 감정의 낭비다. 일어난 일은 바꿀 수 없다. 아이의 죽음에 대해 계속 생각하는 것은 엄마에게 불필요한 슬픔을 일으킨다.

과거에 대해 생각하지 말라는 스토아철학자들의 조언은 과거에 대해 '결코' 생각하지 말라는 의미가 아니다. 때로 우리는 과거에 관한 생각에서 얻은 교훈으로 미래를 만들어가는 데 도움을 받는다. 위 엄마의 경우, 아이가 죽은 원인을 생각해 다른 자녀를 죽음으로부터 지킬 수 있다. 아이가 독이 든 열매를 먹고 죽었다면 다른 자녀가 독이 든 열매를 가까이하지 못하게 할 수 있다. 그러나 그렇게 한 다음에는 과거를 내려놓아야 한다. '…했더라면' 하는 생각을 머릿속에 채우고 살아서는 안 된다. '아이가 열매를 먹는 걸 알았다면! 조금 더 빨리 병원에 데려갔다면!' 하는 생각들 말이다.

현대의 개인에게 설득력이 있는 것은 미래에 대한 운명론보다 과거에 대한 운명론이다. 우리는 앞으로 우리가 특정한 삶을 살도록 운명 지어져 있다는 생각을 잘 받아들이지 못한다. 미래는 나의 노력 여하에 따라 얼마든 바뀔 수 있다고 생각하고 싶어 한다. 한편, 과거를 바꿀 수 없다는 생각은 기꺼이 받아들인다. 우리는 과거에 대한 운명론을 권하는 스토아철학의 조언에 큰 이의를 제기하지 않는다.

그런데 과거에 대한 운명론을 권하는 스토아철학의 권고는 현재에도 적용이 된다. '현재'가 지금 이 순간을 의미한다면 어쨌든 나의 행동이 현재에 영향을 미칠 수 없다는 사실은 분명하다. 우리는 십 년, 하루, 1분, 아니 0.5초 뒤의 일에 영향을 줄 수는 있어도 '바로 지금' 일어나는 일에는 영향을 줄 수 없다. '바로 지금' 일어나는 일에 영향을 주려는 순간, 그 일은 이미 지난 일이 되기 때문이다. 우리는 바로 지금 일어나는 일을 바꿀 수 없다.

따라서 스토아철학자들이 주장하는 것은 미래에 대한 운명론이 아니라 과거와 현재에 대한 운명론이다. 스토아철학의 몇몇 조언을 다시 살펴보면 스토아철학의 운명론에 대한 이런 해석이 더 명확히 드러난다. 삶의 사건이 '일어나는 대로 일어나리라'고 바라야 한다는 에픽테토스의 조언을 보자. 이것은 이미 일어났거나 지금 일어나고 있는 일에 관한 조언이지 미래에 관한 조언이 아니다. 에픽테토스가 권하는 것은 과거와 현재에 대한 운명론적 태도다. 마르쿠스가 말한 '운명의 베틀이 짜준 모든 경험을 환영하는 훌륭한 사람'도 마찬가지다. 아직 도착하지 않은 손님을 반길 수 없듯이, 운명의 베틀이 짜준 경험을 그것이 이르기도 전에 반길 수는 없다.

그렇다면 현재에 대한 운명론이 어떻게 우리의 삶을 잘 되어가게 만드는 것일까? 말했듯이 스토아철학자들에 따르면 만족을 얻는 최상의 방법은 일어나는 모든 욕망을 채우는 것이 아니라 현재의 삶에 만족하는 것이다. 그들은 지금 가진 것에 기뻐하는 것이 만족을 얻는 최선의 방법이라고 보았다. 우리가 처한 상황이 지금과 달랐으면 하고 바라며 며칠을 보낼 수 있지만 그러면 불만족에 계속 빠져 지내야 한다. 지금 가진 것을 바란다면 욕망을 채워 만족을 얻을 필요가 없다. 이미 욕망이 채워졌기 때문이다.

그런데 우리가 가진 것 중 하나가 지금 이 순간이다. 지금 순간과 관련해 우리는 중요한 선택권을 가지고 있다. 이 순간이 지금과 달랐으면 하고 바라며 시간을 보낼 수도 있고, 있는 그대로 온전히 받아들이며 보낼 수도 있다. 습관적으로 이 순간이 지금과 다르기를 바란다면 삶의 많은 부분을 불만족 상태에서 보내야 한다. 반면 지금 순간을 있는 그대로 받아들이며 산다면 삶을 즐길 수 있다. 이것이 스토아철학자들이 현재에 대한 운명론적 태도를 권한 이유다. 마르쿠스도 우리가 가진 것은 현재 순간밖에 없으므로 '덧없이 지나가는 이 순간'에 살라고 조언했다.[5](이것은 '현재를 살라'는 불교의 조언과 일맥상통한다. 스토아철학과 불교의 연관성을 보여주는 흥미로운 대목이다.) 과거와 현재에 대한 운명론적 태도는 5장의 '통제할 수 없는 일에 관여하지 말라'는 조언과도 연결된다. 지나간 일과 바로 지금 일어나는 일은 통제할 수 없다. 과거와 현재를 걱정하는 것은 시간 낭비다.

흥미롭게도, 과거와 현재에 대한 운명론적 태도는 4장에서 살펴본 부정적 시각화와도 관련이 있다. 현재 상황이 지금보다 나빴을 가능성을 떠올리는 부정적 시각화를 하는 이유는 지금 가진 것을 소중히 여기기 위해서다. **스토아철학자들이 지지하는 운명론은 부정적 시각화의 '거울 이미지'라고 할 수 있다. 부정적 시각화가 지금보다 나쁠 수 있는 상황을 의도적으로 떠올리는 것이라면, 운명론적 태도는 지금보다 좋을 수 있는 상황을 의도적으로 거부하는 것이기 때문이다.** 과거와 현재에 대한 운명론적 태도는 현재 상황을 지금보다 좋을 수 있었던 상황과 비교하지 않는다. 스토아철학자들은 이렇게 하면 현재 상황을 더 잘 견딜 수 있다고 보았다.

✦

나는 6장에서 운명론을, 4장에서 부정적 시각화를 이야기했다. 독자들은 이 설명을 접하고, 스토아철학의 이런 기법을 실천하면 무사 안일한 태도에 빠지지 않을까 우려할지 모른다. 자신이 가진 것에 만족하는 것은 분명 축복이지만, 그 결과 조금의 야망도 없는 상태에 빠지는 것은 아닌가 하고 말이다.

이런 염려에 대해 스토아철학자들은 실제로 큰 야망을 품었다는 점을 지적해야 한다. 보았듯이 세네카는 철학자, 극작가, 투자가, 정치 고문역으로 활동적인 삶을 살았다. 무소니우스 루푸스와 에픽테토스도 자신의 철학 학파를 성공적으로 운영했다. 마르쿠스도 철학을 하지 않을 때면 제국 통치에 전념했다. 이들은 누구보다 열정적인 성취가였다. 흥미로운 것은 그들은 아무것이 없어도 만족했지만 그럼에도 무언가를 얻으려고 노력했다는 점이다.

스토아철학자들은 언뜻 역설적으로 보이는 이 현상을 이렇게 설명했다. 스토아철학은 가진 것에 만족하라고 하면서도 삶에서 추구해야 하는 것이 있다고 조언한다. 우리는 고대적 의미에서 '덕' 있는 사람이 되고자 노력해야 하며 일상에서 스토아철학을 실천하고자 노력해야 한다. 그리고 9장에서 보겠지만 사회적 의무를 다하기 위해 노력해야 한다. 이 때문에 세네카와 마르쿠스는 로마 정치에 참여해야 한다고 생각했다. 또 무소니우스와 에픽테토스도 이런 이유로 스토아철학을 가르쳐야 한다고 생각했다. **나아가 스토아철학자들은 우리가 처한 좋은 상황을 즐기는 것은 잘못이 아니라고 보았다. 세네카는 삶을 장식하는 모든 유익에 관심을 가지라고 했다.**[6] **결혼을 하고 아이를 낳으며 친구와 우정을 맺고 즐기라고 했다.**

그렇다면 세속적 성공은 어떤가? 스토아주의자라면 명성과 부를 추구하지 않을 것이다. 그들은 진정한 가치를 갖지 않는 세속적 성공을 추구하는 것은 어리석다고 보았다. 특히, 명성과 부를 추구하느라 평정심이 흐트러지거나 덕에서 멀어지는 행동을 한다면 명성과 부는 더욱 추구할 가치가 없는 것이 된다. 부를 얻기 위해 무던히 애쓰는 현대인에게 세속적 성공에 무심한 스토아철학자들의 삶은 의욕 결핍의 삶으로 보일 것이다. **그런데 흥미로운 점은 스토아철학자들은 세속적 성공을 추구하지 '않았음에도' 세속적으로 성공했다는 사실이다.**

실제로 지금까지 살펴본 스토아철학자 모두 그들이 살았던 시대에서 성공한 개인들이었다. 세네카와 마루쿠스는 부와 명예를 얻었으며, 무소니우스와 에픽테토스도 인기 있는 철학 학파의 수장으로 명성을 날리며 경제적으로 안정된 생활을 누렸다. 스토아철학자들은 성공을 추구하지 않았지만 성공을 얻은 흥미로운 상황에 놓였다. 명성과 부를 이야기하는 14장과 15장에서 그들이 이 흥미로운 상황에 어떻게 대응했는지 살펴보자.

7
극기 또는 자기 통제,
쾌락의 함정을 피하라

부정적 시각화는 우리에게 일어날 수 있는 안 좋은 일을 떠올리는 것이다. 세네카는 이 기법을 더 밀고 갈 것을 권한다. **"안 좋은 일이 일어날 수 있다는 생각에서 나아가 그 일이 '실제 일어난' 것처럼 살라."** 재산을 잃을 수 있다는 생각에서 나아가 가끔씩 실제로 가난하게 살아 보아야 한다. 거친 음식과 해진 옷에 만족할 줄 알아야 한다.[1]

세네카에 따르면, 스토아철학의 경쟁자인 에피쿠로스도 가난한 삶을 살았다.[2] 그런데 에피쿠로스가 가난하게 산 이유는 세네카와 달랐다. 세네카가 가진 것의 소중함을 알기 위해 가난하게 살았다면, 에피쿠로스는 무엇 없이 살 수 있는지 알아보려고 가난하게 살았다. 에피쿠로스에 따르면 우리가 어떤 것을 얻으려고 애쓰는 이유는 그것이 없으면 삶이 비참해진다고 믿기 때문이다. 문제는 실제로 그것 없이 살아보기 전에는 그것이 무엇인지 알 수 없다는 것이다. 에피쿠로스가 가난하게 산 이유는 그것을 알기 위해서였다.

무소니우스는 부정적 시각화를 한 단계 더 밀고 간다. 그에 따르면 안 좋은 일이 실제로 일어난 것처럼 사는 데서 나아가 '일부러' 그런 일을 일으켜야 한다. 평소 같으면 간단히 피하고 마는 불편함을 일부러, 주기적으로 겪어야 한다. 추운 날씨에 옷을 벗고 지내거나 신발을 벗고 다녀야 하며, 물과 음식이 있어도 목마르고 배고픈 상태에 자신을 밀어 넣어야 한다. 푹신한 침대를 마다하고 딱딱한 바닥에서 자야 한다.[3]

◆

현대의 독자들은 이런 말을 들으면 스토아철학에 자기 학대의 요소가 있다고 생각할지 모른다. 그러나 스토아철학자들은 자기를 가혹하게 채찍질하지 않았다. 그들이 스스로에게 가한 불편은 어느 정도 사소한 것이었다. 더구나 그들이 불편한 삶을 산 이유는 자신을 벌주기 위해서가 아니라 삶을 더 즐기기 위해서였다. 이 점에서 그들이 자신에게 '불편을 가했다'는 표현은 적절하지 않다. 이 표현은 자신에게 만족하지 못하고 무엇이든 억지로 하는 사람이라는 인상을 준다. **스토아철학자들은 삶의 불편을 오히려 반겼다. 그들이 내건 것은 '자기 학대' 프로그램이 아니라 '자발적 불편'이라는 프로그램이었다.**

불편에 대한 스토아철학자들의 이런 태도를 설명한다 해도 현대의 독자들은 여전히 의아할 것이다. "완벽한 편안을 누릴 수 있는데 굳이 사소한 불편을 자초할 필요가 있을까?" 이 질문에 무소니우스는 자발적 불편으로 얻게 되는 세 가지 유익함에 대해 말했다.

우선, 자발적 불편을 실천하면, 예컨대 따뜻하게 잘 먹을 수 있는데도 일부러 춥고 배고픈 상황에 처하면, 앞으로 일어날지 모르는 불행에 단단히 대비할 수 있다. 안락함밖에 모르는 사람은 이후 겪을지 모르는 고통과 불편이(누구에게나 그런 때가 온다) 더 괴롭게 다가올 것이다. **자발적 불편은 일종의 백신과 같다. 미량의 약한 바이러스에 자신을 노출시켜 심각한 질병을 미리 예방하는 면역을 형성한다는 점에서다.** 또 자발적 불편은 보험료를 미리 지불하고 보험 자격을 얻는 것과도 같다. 자발적 불편을 먼저 경험하면 그것을 경험하지 않았을 때보다 불행에 닥쳐 겪어야 하는 불편이 크게 준다.

자발적 불편으로 얻는 두 번째 유익함은 나중이 아니라 지금 얻는 유익함이다. 그것은 사소한 불편을 자주 경험하면 큰 불편을 견디는 자신감이 생긴다는 것이다. 앞으로 불편을 겪을지 모른다는 예상은 그가 지금 불안해할 이유가 되지 않는다. 무소니우스에 따르면 사소한 불편을 경험하는 것은 용기를 연습하는 것이다.[4] 불편이 낯선 사람, 추위와 배고픔을 한 번도 겪지 않은 사람은 언젠가 닥칠 춥고 배고픈 날이 두려울 것이다. 지금 육체적으로 편안하다 해도 정신적으로는 불편할 것이다. 미래가 무엇을 준비해 두고 있는지 몰라 불안할 것이다.

자발적 불편으로 얻는 세 번째 유익함은 지금 가진 것의 소중함을 깨닫게 된다는 것이다. 의도적으로 자신을 불편하게 하면 지금 가진 안락함이 더 소중해진다. 물론 차가운 바람이 부는 추운 날씨에는 따뜻한 방에서 지내는 것이 더 좋다. 그러나 집의 안락함을 제대로 즐기고 싶다면 잠시 바깥에 있다가 들어오는 방법도 괜찮다. 디오게네스가 말했듯이 배고플 때를 기다렸다 먹는 식사가 더 맛있고, 목마를 때를 기다렸다 마시는 음료가 더 시원하다.

여기서 자발적 불편을 때로 견디라는 조언을 개화한 쾌락주의자의 조언과 비교해 볼 필요가 있다. 개화한 쾌락주의자는 안락을 극대화하는 가장 좋은 방법이 어떻게든 불편을 피하는 것이라고 말할 것이다. 그런데 무소니우스에 따르면 불편을 무조건 피하는 사람은 때로 불편을 받아들이는 사람보다 편안할 확률이 오히려 낮다. 왜 그런지 보자. 때로 불편을 받아들이는 사람의 안락 지대(comfort zone)는 어떻게든 불편을 피하려는 사람의 안락 지대보다 넓다. 그래서 안락 지대가 넓은 사람은 무조건 불편을 피하려는 사람(안락 지대가 좁은 사람)이 힘들어하는 상황에도 편안할 수 있다. 결코 불편을 겪지 않는 방법이 있다면 좋겠지만 그런 방법은 존재하지 않으므로 어떻게든 불편을 피하려는 전략은 오히려 우리를 더 불편하게 만드는 역효과를 낸다.

스토아철학자들에 따르면 우리는 자발적으로 불편을 겪어야 할 뿐 아니라 쾌락을 경험하는 기회도 자주 포기해야 한다. 쾌락에는 어두운 면이 있다. 세네카는 쾌락을 좇는 것은 맹수를 좇는 것과 같다고 경고한다. 맹수에게 잡히면 우리를 산산조각 찢어놓을 것이다. 세네카는 맹수의 비유를 살짝 바꿔 강렬한 쾌락에 사로잡히면 쾌락이 우리의 주인이 된다고 한다. 쾌락을 더 많이 추구할수록

더 많은 주인을 모셔야 한다.[5]

쾌락을 미덥지 않게 여기는 스토아철학자들에서 키니코스학파의 흔적을 확인할 수 있다. 키니코스철학자 디오게네스는 누구도 피할 수 없는 가장 중요한 전투가 쾌락과 벌이는 전투라고 했다. 쾌락과의 전투에서 승리하기는 특히 어렵다. '쾌락은 눈에 보이는 힘을 사용하지 않기 때문이다. 마녀 키르케가 오디세우스의 부하들에게 약을 먹였다는 호머의 말처럼 쾌락은 사악한 마약으로 마법을 걸어 우리를 홀린다.' 디오게네스는 이렇게 경고한다. '쾌락은 아무 계획도 품지 않으면서 온갖 계획을 꾸민다. 쾌락은 광경, 소리, 냄새, 맛, 감촉으로 사람들을 망친다. 음식과 마실 것, 육욕으로 사람들을 망치며 깬 사람이든 잠든 사람이든 유혹한다.' 쾌락은 '마술지팡이를 휘둘러 자신의 제물이 된 자를 손쉽게 돼지우리에 가둔다. 그때부터 그는 돼지나 늑대처럼 산다.'[6]

스토아철학자들은 반드시 삼가야 하는 몇 가지 쾌락을 들었다. 그중에서도 한 번의 접촉으로 우리를 제물로 만드는 쾌락은 멀리해야 한다. 특정 약물로 얻는 쾌락이 여기 포함된다. 고대에 필로폰이 있었다면 스토아철학자들은 절대 사용하지 말라고 경고했을 것이다.

쾌락을 미덥지 않게 여기는 스토아철학자들의 태도는 여기서 끝이 아니다. 그들은 상대적으로 무해한 쾌락도 때로 멀리하라고 한다. 와인을 마실 기회를 그냥 지나치라고 한다. 알코올 중독을 걱정해서가 아니라 자기 통제력을 키우기 위해서다. 스토아주의자에게 있어(아니 삶의 철학을 실천하려는 모든 사람에게 있어) 자기 통제력은 중요한 자질이다. 자기 통제력이 부족하면 삶이 던지는 온갖 쾌락에 마음이 흔들릴 것이고 마음이 흔들린 상태에서는 삶의 철학이 추구하는 목표에 이르기 어렵다.

쾌락을 참지 못하면 마르쿠스의 말처럼 자기 이익에 이리저리 끌려 다니는 노예의 삶을 살게 된다. 오늘을 불평하고 내일을 걱정하며 삶을 낭비할 것이다. 이런 운명을 피하려면 고통과 쾌락이 우리의 이성적 능력을 마비시키는 일이 없어야 한다. 이 점에서 마르쿠스는 육체의 속닥거림에 저항하는 법을 배워야 한다고 했다.[7]

스토아주의자는 추운 날씨에 옷을 적게 입는 것처럼, 기분 좋지 않은 일을 일부러 해야 한다. 그 외에 그는 아이스크림 한 컵을 먹는 것처럼 기분 좋은 일을 때로 의도적으로 '하지 않아야' 한다. 이렇게 말하면 스토아주의자들이 무조건 쾌락에 반대했다고 여기겠지만 실은 그렇지 않다. 스토아주의자들은 우정, 가족, 식사, 심지어 부의 쾌락을 그 자체로 문제 삼지 않았다. 다만 이것들을 즐길 때 주의해야 한다고 조언했다. 사실, 식사를 즐기는 것과 과식에 빠지는 것은 경계가 모호하다. 어떤 것을 즐길 때 거기에 집착할 위험은 늘 존재하므로 에픽테토스의 조언대로 즐거운 대상을 즐길 때도 유의해야 한다.[8] 세네카에 따르면 스토아의 현자는 쾌락에 대한 스토아적 관점과 보통 사람의 관점을 이렇게 설명한다. "보통 사람이 자신의 양껏 쾌락을 즐긴다면 스토아의 현자는 쾌락에 사슬을 채운다. 평범한 사람은 쾌락을 즐기기 위해 무엇이든 하지만 스토아의 현자는 쾌락을 즐기기 위한 목적이라면 아무것도 하지 않는다."[9]

✦

2부에서 말한 스토아철학의 심리 기법 중에 7장에서 말하는 극기 또는 자기 통제 기법이 가장 실천하기 어렵다. 자동차를 탈 수 있지만 가난을 실천하기 위해 버스를 타는 것은 스토아주의자에게도 즐거운 일이 아니다. 추운 겨울에 얇은 재킷만 걸치고 밖에 나가는 것도 별로 내키지 않는다. 누군가 내민 아이스크림을 다이어트 때문이 아니라 쾌락을 거부하는 연습을 하는 중이라며 거절하는 일도 썩 유쾌하지 않다. 초보 스토아주의자가 이렇게 하려면 자신의 의지력을 남김없이 동원해야 한다.

그러나 스토아철학자들은 의지력이 근력과 비슷하다는 사실을 알았다. 많이 사용할수록 근육이 튼튼해지듯이 의지력도 사용할수록 강해진다. **실제로 스토아철학의 자기극복 기법을 오랜 기간 수련하면 엄청난 용기와 절제를 갖추게 된다. 사람들이 두려워하는 일을 할 것이며, 사람들이 절제하지 못하는 일을 절제할 것이다. 그 결과 자기를 더 잘 통제할 것이며 이런 자기 통제력으로 삶의 철학이 설정한 목표에 더 수월하게 이를 것이다. 이로써 좋은 삶을 살 가능성도 크게 높아질 것이다.**

스토아철학자들은 자기 통제에 노력이 필요하다는 사실을 누구보다 잘 안다. 그런데 그들은 자기 통제력을 발휘하지 '않는' 데도 노력이 필요하다는 점을 지적한다. 무소니우스는 자기 통제력이 있었다면 하지 않았을 부정한 연애에 사람들이 들이는 시간과 노력을 생각해 보라고 했다.[10] 비슷한 맥락에서 세네카는 이렇게 말했다. "순결에는 시간이 필요하나 색욕에는 시간이 필요 없다."[11]

스토아철학자들에 따르면 자기 통제를 발휘하는 데는 언뜻 분

명해 보이지 않지만 일정한 유익함이 존재한다. **이상하게 들리겠지만 의식적으로 쾌락을 절제하는 것은 그 자체로 쾌락일 수 있다.** 다이어트 중 갑자기 냉장고 아이스크림을 먹고 싶은 갈망이 일어났다고 하자. 이때 아이스크림을 먹으면 미각적 쾌락을 경험하겠지만 아이스크림을 먹고 말았다는 후회도 함께 밀려올 것이다. 아이스크림을 먹지 않고 참았다면 미각적 쾌락은 경험할 수 없겠지만 다른 종류의 쾌락을 경험할 것이다. 에픽테토스의 말처럼 아이스크림을 먹지 않은 자신에게 기뻐하며 그런 자신을 칭찬할 것이다.[12]

이 쾌락은 아이스크림을 먹는 쾌락과 완전히 다른 종류의 참된 쾌락이다. 아이스크림을 먹기 전에 잠시 신중하게 비용과 편익을 비교해 보면 어떨까? 참된 쾌락을 극대화하고자 한다면 아이스크림을 먹지 않는 편이 더 타당한 선택임을 알게 될 것이다. 에픽테토스는 쾌락의 기회를 잡을지 말지 숙고할 때 이렇게 분석할 것을 권했다.[13]

비슷한 맥락에서 스토아철학자들의 조언을 따라 아주 소박한 식사를 한다고 하자. 소박한 식단은 풍부한 미각적 쾌락은 줄 수 없지만 전혀 다른 종류의 쾌락의 원천이 된다. "물과 거친 보릿가루, 보리빵 껍질이 즐거운 식사는 아니지만 이런 음식에서 기쁨을 느낄 수 있다는 사실이야말로 최상의 기쁨이다."[14] 쾌락을 포기하는 행동이 그 자체로 쾌락일 수 있다는 스토아철학자들의 깨달음을 믿어 보자. 말했듯이 그들은 당대 최고의 통찰을 보여준 심리학자였으니까.

명상,
스토아철학을 실천하는 자신을 돌아보라

세네카는 스토아철학의 실천을 독려하기 위해 일상에서 일어나는 일에 자신이 어떻게 대응하는지 돌아보라고 했다. 또 스토아철학의 원칙에 부합하려면 어떻게 행동했어야 했는지 자신을 돌아보라고 했다. 세네카는 이 기법을 스승 섹스티우스에게 배웠다. 섹스티우스는 잠자리에 들며 자신에게 이렇게 물었다고 한다. "오늘 그대의 어떤 병을 고쳤느냐? 오늘 그대의 어떤 단점을 이겼느냐? 오늘 그대의 무엇이 더 향상되었느냐?"[1] 세네카는 자신의 잠자리 명상에 대해 들려주며 자신이 숙고한 몇 가지 사건 목록과 그 사건에 대한 자신의 반응, 이와 관련해 내린 자신의 결론을 이렇게 소개한다.

• 나(세네카)는 다른 사람에게 충고할 때 지나치게 공격적이었다.

나의 충고는 상대를 바로잡기보다 그를 불편하게 만들었다. 이때 나는 자신에게 이렇게 조언했다. '상대를 비판할 때는 비판의 타당성만이 아니라 상대가 비판을 받아들일지도 고려해야 한다. 훌륭하지 못한 사람은 건설적 비판을 받아들이지 못한다.'

- 파티에서 사람들이 나(세네카)를 조롱하자 별일 아닌 듯 넘기지 못하고 가슴에 담아두었다. 이때 나는 자신에게 이렇게 조언했다. '비열한 자들을 멀리하라.'

- 연회에서 나(세네카)는 내가 앉아야 마땅하다고 생각한 자리에 앉지 못했다. 연회가 열리는 내내 나는 좌석 배치를 준비한 사람에게 화를 내냈다. 또 나보다 좋은 자리에 앉은 사람을 부러워했다. 이때 나는 자신의 행동을 이렇게 평가했다. '이런 정신 나간 사람 같으니. 자네 몸을 소파의 어느 부분에 눕히든 무슨 상관인가?'

- 나(세네카)는 누군가 내 글을 험담한다는 말을 듣고 당장 그를 적으로 간주했다. 그러나 바로 다음 순간, 그동안 내가 헐뜯은 다른 사람의 글을 떠올리며 스스로에게 물었다. '그들 모두가 자네를 적으로 간주하길 바라는가?' 아니었다. 나의 결론은 이랬다. '자신의 글을 발표하려면 사람들의 비판을 감내할 용의가 있어야 한다.'[2]

세네카가 작성한 불편한 일의 목록을 보면 지난 2천 년간 인간의 본성이 크게 변하지 않았다는 사실이 놀랍다. 세네카가 권하는 잠자리 명상은 선불교의 명상과는 완전히 다르다. 선불교 명상은 몇 시간이고 자리에 앉아 마음을 비우려 애쓰지만 잠자리 명상을 하는 스토아철학자의 마음은 매우 활동적이다. 그는 그날 일어난 일에 대해 생각한다. '어떤 일로 나의 평정심이 흐트러졌나? 그 일로 나는 화가 났나? 시기와 욕심이 일어났나? 그 날의 사건은 왜 나를 화나게 만들었나? 화를 내지 않으려면 어떻게 했어야 했나?'

에픽테토스는 세네카의 잠자리 명상을 한 단계 더 밀고 간다. 그는 우리에게 일상생활에서 참여자 역할과 관중 역할을 동시에 수행하라고 권한다.[3] **우리 내면에 '스토아적 관찰자'를 세워 자신을 지켜보며 자신의 스토아철학 실천을 평가하라는 것이다. 비슷한 맥락에서 마르쿠스는 우리가 하는 모든 일을 살피며 그 일에 임하는 동기가 무엇인지, 이루려고 노력하는 일의 가치가 무엇인지 생각하라고 했다.** 자신이 이성에 지배받고 있는지, 다른 것의 지배를 받고 있는지 끊임없이 질문해야 한다. 이성이 아니라면 무엇이 우리를 지배하고 있는지 물어야 한다. 아이의 영혼인가, 폭군인가, 덩치만 큰 바보인가, 난폭한 야수인가? 타인의 행동도 신중히 관찰해야 한다.[4] 그들의 실패와 성공에서 배움을 얻어야 한다.

'스토아 명상 시간'에는 그날 일을 되새겨보는 외에 다음처럼 체크리스트를 점검해야 한다. '나는 스토아철학자들의 심리 기법을 실천하고 있는가? 주기적으로 부정적 시각화를 하는가? 완벽히 통제할 수 있는 일과 통제할 없는 일, 일부 통제할 수 있는 일을 분류하고 있는가? 외면적 목표가 아니라 내면의 목표를 세웠는가? 과거에 빠져 있기보다 미래에 관심을 기울이고 있는가? 극기와 자기 통제를 의식적으로 실천하고 있는가?' 또 3부에서 살펴볼 스토아철학자들의 조언을 일상생활에서 실천하고 있는지 스토아 명상 시간에 물어야 한다.

스토아 명상 시간에 해야 하는 일은 또 있다. 스토아주의자로서 자신이 얼마나 향상되었는지 평가하는 일이다. 스토아주의자로서의 향상을 평가하는 몇 가지 척도가 있다. 우선, 스토아철학이 내면에 스며들면 당신이 맺는 인간관계가 변할 것이다. 에픽테토스에 따르면, 스토아철학이 내면에 스며든 당신을 향해 사람들은 현실을 모르는 바보라고 평가할 것이다. 그렇더라도 당신은 감정의 상처를 받지 않는다. 사람들의 모욕과 무시, 칭찬을 별것 아닌 듯 넘길 것이다. **에픽테토스에 따르면 사람들의 존경은 스토아주의자로서 향상을 보여주는 믿을 만한 지표가 아니다. "사람들이 당신을 대단한 사람으로 여긴다면 그런 당신을 믿어서는 안 된다."**[5]

에픽테토스에 따르면 스토아주의로서의 향상을 나타내는 지표에는 이런 것도 있다. 그는 타인에 대한 비난과 검열, 칭찬을 멈추고 자기 자랑도 그칠 것이다. 욕망이 좌절되어도 외부 환경을 탓하지 않고 자신을 탓할 것이다. 욕망을 어느 정도 극복한 그는 에픽테토스의 표현대로 '모든 것을 향한 충동이 줄어든' 자신을 보게 될 것이다. 또 향상된 스토아주의자는 자신을, 일어나는 모든 욕망을 채워 주어야 하는 친구가 아니라 자신을 잡아먹으려고 호시탐

탐 노리는 적으로 여길 것이다.[6] 스토아철학자들에 따르면 스토아철학을 실천하면 깨어 있는 동안 일어나는 생각과 욕망뿐 아니라 잠자는 동안 일어나는 생각과 욕망에도 영향을 준다. 제논은 스토아철학을 제대로 실천하면 꿈속의 부끄러운 일에서 쾌락을 구하는 일이 없어진다고 했다.[7]

스토아철학을 제대로 실천하고 있음을 나타내는 또 하나의 지표는 삶의 철학을 말이 아닌 행동으로 실천한다는 점이다. 에픽테토스에 따르면 중요한 것은 스토아철학의 원칙을 입으로 내뱉는 것이 아니라 그 원칙에 따라 사는 것이다. 연회에 참석한 초보 스토아주의자는 철학적 깨달음을 얻은 자는 무엇을 어떻게 먹어야 하는지 떠벌일 것이다. 그러나 스토아철학의 실천이 향상한 사람은 그저 말없이 그 방식에 따라 음식을 먹을 것이다. 마찬가지로, 초보 스토아주의자는 와인 대신 물을 마시는 소박한 삶에 우쭐대지만, 향상한 스토아주의자는 와인 대신 물을 마시는 자신의 삶에 대해 말할 필요를 느끼지 않는다. 에픽테토스에 따르면, 스토아철학을 실천하는 자는 사람들의 눈에 띄지 않아야 한다. 사람들이 그에게 '스토아주의자'나 '철학자'라는 이름을 붙이는 일이 없어야 한다.[8]

스토아주의자로서의 향상을 보여주는 가장 중요한 지표는 자신의 감정적 삶에 일어나는 변화다. 이것은 스토아철학의 참된 성격에 무지한 자들이 믿듯이, 아무것도 못 느끼는 상태에 빠지는 것이 아니다. **향상한 스토아주의자는 '부정적' 감정이 줄어드는 것을 경험할 것이다. 상황이 지금과 다르기를 바라기보다 지금 이대**

로의 것을 즐기면서 전에 없던 평온을 경험할 것이다. 놀랍게도 스토아철학을 수련하면 사소한 기쁨을 더 잘 알아볼 것이다. 지금 이대로의 '나'에게, 지금 이대로의 삶에, 지금 살고 있는 이 세상에 기쁨을 느낄 것이다. 그런데 스토아주의자로서 향상을 나타내는 가장 확실한 증거는 죽음에 직면했을 때다. 세네카는 죽음에 이르러서야 우리의 스토아철학이 진짜인지 가짜인지 알 수 있다고 했다.[9]

✦

스토아주의자로서 자신의 향상이 예상보다 느릴 수도 있지만 스토아주의자는 자신의 스토아철학을 하룻밤에 완성시킬 수 없다는 사실을 잘 안다. 평생 스토아철학을 실천하더라도 완벽에 이르지 못한다는 점을 그는 알고 있다. **향상의 여지는 늘 남는다는 점에서 세네카는 스토아철학을 실천하는 목적은 현자가 되는 것이 아니라고 했다. 그에 따르면 "매일 자신의 악덕이 줄고 자기 실수를 돌아보는 한"** 스토아주의자로서 향상하고 있는 것이다.[10]

스토아철학자들은 스토아철학의 실천 과정에서 언제든 퇴보할 수 있음을 알고 있었다. 에픽테토스는 제자들에게 스토아철학을 실천하라고 한 뒤 자신의 조언을 따르지 못하는 경우에 어떻게 해야 하는지도 덧붙였다.[11] 그는 초보 스토아주의자는 자주 퇴보할 것이라고 했으며 마르쿠스도 우리의 실천이 스토아철학의 기준에 못 미쳤다고 낙담해서는 안 되며 실천의 시도를 포기해서도 안 된다고 했다. 거듭 시도해야 하며, 스토아철학의 관점에서 옳게 행동한다면 대부분의 경우 더 잘 될 것이라고 했다.[12]

스토아주의자의 향상에 관해 마지막으로 덧붙일 말이 있다. 평생을 스토아철학을 실천하며 지낸 마르쿠스는 그 자신 스토아철학에 적합한 기질을 가졌음에도 제대로 실천하지 못하는 경우가 종종 있었다. 그럴 때 스토아철학은 그가 구하는 평정심을 주지 못하는 듯 보였다. 마르쿠스는 『명상록』에서 이렇게 조언한다. "평정심을 얻을 가망이 보이지 않는가? 그렇더라도 꾸준히 스토아철학을 실천하라."[13]

PART 3

스토아
철학의
조언
STOIC
ADVICE

"무화과나무의 기능은 무화과나무의 일을 하는 것이고,
개의 기능은 개의 일을, 벌의 기능은 벌의 일을 하는 것이다.
마찬가지로, 인간의 기능은 인간으로서 해야 하는 일,
즉 신이 인간에게 맡긴 기능을 수행하는 것이다."
-마르쿠스 아우렐리우스

9

의무,
인간을 사랑하는 것에 관하여

보았듯이 스토아철학자들은 평정심을 찾으라고 조언했다. 그런데 이 조언이 그 자체로 그다지 유용하지 않음을 알았던 그들은 평정심을 얻는 최선의 방법도 함께 소개했다. 스토아철학자들은 2부에 소개한 심리 기법을 실천할 것을 권하는 동시에 일상생활에 관한 구체적인 조언도 건넸다. 가령 명예와 부는 평정심을 방해하므로 추구하지 말라고 했고, 주변 사람은 우리의 평정심을 흩트리므로 사람을 신중히 사귀라고 했다. 모욕, 분노, 슬픔, 유배, 노년을 대하는 법을 조언했으며 심지어 어떤 상황에서 섹스를 해야 하는지도 알려줬다. 지금부터 일상생활에 관한 스토아철학자들의 구체적인 조언을 살펴보자. 먼저 9장과 10장에서는 인간관계를 만들고 유지하는 법에 관한 스토아철학의 조언을 살펴본다.

우리의 삶을 살펴보면 주변 사람은 사랑과 우정 등 삶의 큰 기쁨을 주는 원천이기도 하지만 우리가 경험하는 많은 부정적 감정의 원인이기도 하다. 꽉 막힌 도로에서 내 앞에 끼어드는 운전자는 나를 화나게 하고, 친척들은 골치 아픈 문제로 우리를 성가시게 한다. 나를 모욕한 상사는 나의 하루를 엉망으로 만들고 무능력한 동료는 스트레스를 배가시킨다. 나를 파티에 초대하는 걸 깜빡 잊은 친구는 무시당했다는 쓰라린 느낌을 안긴다.

설령 사람들이 아무 행동을 하지 않아도 우리의 평정심은 방해받는다. 우리는 친구, 친척, 이웃, 동료, 심지어 낯선 사람도 우리를 좋은 사람으로 생각해 주길 바란다. 그래서 시간과 노력을 들여 적절한 옷을 입고, 적절한 차를 몰며, 적절한 동네에서 적절한 집에 살고자 한다. 그런데 이런 노력에는 불안이 따른다. 잘못된 선택을 내려 사람들이 우리를 좋지 않게 생각할까봐 걱정된다.

사회적으로 인정받는 집과 차, 옷을 장만하려면 일을 해서 벌이가 있어야 한다. 적절한 일을 갖지 못하면 불안하다. 설령 열심히 일해 사람들의 존경을 받는다 해도 성공을 얻지 못한 자들이 보내는 시기심에 우리의 평정심은 또 한 번 흐트러진다. 세네카는 이렇게 말했다. **"얼마나 많은 사람이 당신을 질투하는지 알고 싶은가? 그렇다면 당신을 존경하는 사람의 수를 세어보라."**[1] 그뿐인가. 나보다 성공한 사람을 향해 보내는 나의 시기심도 적절히 다루어야 한다.

평정심을 중시한 스토아철학자들은 주변 사람이 우리의 평정심을 쉽게 깨뜨린다는 사실을 잘 알고 있었다. 그렇다면 그들은 은둔자로 살았을 것이며, 그렇게 살라고 조언했을 것이라고 짐작할 수 있다. **그러나 스토아철학자들은 은둔자로 살지도, 그렇게 살라고 조언하지도 않았다. 그들은 인간은 사회적 동물이므로 인간관계의 갈등에도 불구하고 주변 사람과 관계를 맺고 유지할 의무가 있다고 보았다.**

마르쿠스는 『명상록』에서 이런 사회적 의무의 본질에 대해 이야기한다. 그는 신이 인간을 만든 이유가 '일정한 의무를 다하기 위해서'라고 했다. **무화과나무의 기능은 무화과나무의 일을 하는 것이고, 개의 기능은 개의 일을, 벌의 기능은 벌의 일을 하는 것이다. 마찬가지로, 인간의 기능은 인간으로서 해야 하는 일, 즉 신이 인간에게 맡긴 기능을 수행하는 것이다.**[2]

그러면 인간으로서 해야 하는 일은 무엇인가? 스토아철학자들은 인간이 해야 하는 일차적 기능은 이성에 따라 사는 것이라고 보았다. 그렇다면 인간의 이차적 기능은 무엇인가? 그것을 알려면 우리가 가진 이성의 능력을 사용해야 하는데 그때 알게 되는 것은 인간이 다른 사람과 어울려 살도록, 그리고 서로를 이롭게 하고 주변과 상호작용 하도록 만들어졌다는 사실이다. 무소니우스는 이렇게 말했다. "인간의 본성은 벌의 본성과 비슷하다. 벌은 혼자서 살 수 없다. 무리에서 떨어지면 죽는다."[3] 무소니우스에 따르면 인간도 마찬가지다. "함께 살아가는 유대감이야말로 인간이 창조된 목적이다." 인간의 기능을 제대로 수행하는 사람이란 이성적 존재인 동

시에 사회적 존재이다.[4]

동료 인간에 대한 사회적 의무를 다하려면 모든 인간에 관심을 기울여야 한다. 인간은 서로에게 이익을 주도록 만들어졌다는 사실도 기억해야 한다. **마르쿠스에 따르면 손과 눈꺼풀이 하나만 있으면 소용이 없듯이 인간도 서로 협력하도록 태어났으므로 자신이 하는 모든 일에서 모든 사람을 위해, 모든 사람 사이에 조화를 이루는 것을 목표로 해야 한다. 동료 인간에게 선을 베풀어야 하며 그들을 참고 견뎌야 한다.**[5]

마르쿠스에 따르면 우리는 사회적 의무를 다할 때도 조용히, 효과적으로 해야 한다. 이상적으로, 스토아주의자는 타인에게 봉사한다는 생각을 조금도 품지 않아야 한다. 포도나무는 농장주에게 포도송이를 내주고도 그것을 의식하지 않으며, 포도송이를 맺고 나면 더 많은 포도를 맺는다. 마찬가지로 스토아주의자도 자신의 봉사를 자랑하지 않으며 이내 다음 봉사에 착수한다. 마르쿠스는 인간이 수행하도록 만들어진 의무를 단호한 의지로 실행하라고 권한다. 우리가 의무를 다하는 데 방해가 되는 것은 아무것도 없다. 아침에 일어나면 침대에 누워 있지 말고 인간으로서 해야 하는 일을 해야 한다.[6]

✦

마르쿠스는 사회적 의무를 선택적으로 수행하는 데 반대했다. 불편을 안기는 사람을 상대하지 않으면 편하겠지만 그렇게 해서는 안 된다. 상대와의 불협화음을 피하려고 무조건 순응해서도 안 된다. 그들과 마주하며 공동의 이익을 위해 함께 노력해야 한다. 운명을 함께하는 사람들을 향해 참된 사랑을 보여 주어야 한다.[7]

마르쿠스가 이런 조언을 주었다는 사실은 놀랍다. 스토아철학자들마다 스토아철학의 실천에서 힘들어하는 면이 조금씩 달랐는데 어떤 스토아철학자는 과거에 빠지지 않는 것을 힘들어했고, 어떤 이는 명예와 부에 대한 욕망을 극복하는 것을 어려워했다. 마르쿠스가 스토아철학의 실천에서 어려워했던 부분은 인간에 대한 반감이었다. 실제로 마르쿠스는 『명상록』 곳곳에서 자신이 동료 인간을 얼마나 경멸하는지 분명히 밝힌다. 하루를 시작할 때 오늘 만나게 될 사람들이 우리를 성가시게 할 것을 떠올리라는 그의 조언을 앞서 인용했다. 사람들의 간섭과 배은망덕, 무례함, 불신, 악의, 이기심을 떠올리라는 조언이었다. 인간에 대한 이런 평가가 너무 가혹해 보이는가? 이보다 더한 평가를 그의 글에서 찾기는 어렵지 않다. 마르쿠스는 아무리 유쾌하고 싹싹한 동료라도 그를 상대하는 일은 고되다고 했다. 또 우리에게 백퍼센트 솔직하다고 말하는 자는 칼을 숨기고 있으므로 조심하라고 했다.[8]

마르쿠스는 우리가 세상을 떠날 때 죽음의 고통을 더는 방법도 알려줬다. 죽으면 지금까지 우리를 귀찮게 하던 자들을 상대하지 않아도 된다는 사실을 떠올리라고 했다. 죽으면 우리가 지금껏 열심히 도왔던 많은 사람이 우리의 죽음을 기뻐한다는 사실도 떠올리라고 했다. 다음 구절은 동료 인간에 대한 마르쿠스의 반감을 잘 보여준다. "먹고 자고 교미하고 싸는 일밖에 하지 않으니 얼마나 한심한 무리들인가!"[9]

주목할 점은 마르쿠스가 동료 인간에 대한 반감에도 불구하고 그들에게 등을 돌리지 않았다는 사실이다. 가령 제국 통치의 의무를 부하에게 일임한 채 내버려뒀다면 훨씬 수월한 삶을 살았을 것이지만 마르쿠스의 의무감은 언제나 그런 생각을 이겼다. 실제로 마르쿠스는 높은 지위에 따르는 의무를 성실히 수행하는, 지칠 줄 모르는 열정으로 명성을 얻었다.[10] 한편으로 마르쿠스는 사람들과 관계를 맺고 유지하기 위해, 또 그들을 사랑하기 위해 부단히 노력했다.

현대의 독자들은 마르쿠스가 어떻게 동료 인간에 대한 반감을 극복하고 그들을 위해 일할 수 있었는지 궁금할 것이다. 우리가 마르쿠스의 성취에 놀라는 이유는 '의무'에 관한 견해에 있어 그와 우리의 시대가 다르다는 점도 작용한다. 오늘날 우리가 어떤 일을 하는 동기는 많은 부분 두려움 때문이다. 특정한 행동을 하지 않으면 하나님과 정부, 고용주에게 벌을 받을지 모른다는 두려움 말이다. 그러나 마르쿠스가 의무를 행한 동기는 벌이 두려워서가 아니라 어떤 보상을 기대했기 때문이다.

여기서 '보상'이란 우리가 도와준 사람이 보내는 감사의 마음이 아니다. 마르쿠스는 자신의 봉사에 사람들이 고마워해 주기를 기대하지 않았다. 마치 경주마가 경주를 뛴 것에 감사를 요구하지 않는 것과 같다. 마르쿠스는 사람들의 존경과 공감을 구하지 않았다.[11] 그에게 사회적 의무를 다하는 데 따르는 보상은 사람들의 감사와 존경, 공감보다 우월한 어떤 것이었다.

앞서 보았듯이 마르쿠스는 신이 특정 기능을 염두에 두고 인간을 만들었다고 보았다. 또 신이 인간에게 심어준 기능을 충실히 수행하면 평정심을 누릴 수 있어 어떤 일에도 싫어하는 마음이 일어나지 않는다고 보았다. 인간이 처음에 만들어진 대로 행동하면 '인간의 참된 기쁨'을 누릴 수 있다고 했다.[12] 보았듯이 인간의 중요한 기능 중 하나가 동료 인간과 함께 살며 그들을 위해 일하는 것이다. **따라서 마르쿠스는 인간이 사회적 의무를 다할 때 참된 기쁨을 누리는 좋은 삶을 살 가능성이 높아진다고 보았다. 마르쿠스에게 있어 사회적 의무를 다하는 데 따르는 보상이란 곧 '좋은 삶'을 의미했다.**

그러나 이런 주장은 독자에게 호응을 얻지 못할 것이다. 오늘날 독자들은 의무란 우리의 행복을 방해하는 적이며, 따라서 좋은 삶을 살려면 온갖 의무에서 최대한 벗어나야 한다고 말할 것이다. '해야 하는' 일이 아니라 '하고 싶은' 일을 하며 하루하루를 보내야 한다고 생각할 것이다. 이 질문은 20장에서 더 살펴볼 테지만 여기서는 다만 이렇게 말하고자 한다. **수천 년에 걸쳐 다양한 문명에서 욕망에 대해 깊이 생각한 사람들이 내린 결론은 한결같았다. 원하는 것을 얻으려 애쓰며 하루하루를 보낸다면 행복도, 평정심도 얻을 수 없다는 것이다.**

10
인간관계,
사람을 대하는 것에 관하여

이제 스토아철학자들은 딜레마에 빠졌다. 사람들과 어울리면 평정심이 깨지고, 사람들을 피해 평정심을 지키려면 인간관계를 맺으라는 사회적 의무를 다할 수 없기 때문이다. 따라서 그들에게 주어진 질문은 '어떻게 하면 사람들과 교류하면서도 평정심을 지킬 수 있는가'였다. 그들은 이 질문에 대해 오랜 시간 숙고하며 답하는 과정에서 사람들을 대하는 법에 관한 다양한 조언을 내놓았다.

우선 스토아철학자들은 사람들을 대하기 전에 일정한 준비를 하라고 했다. 에픽테토스는 혼자 있을 때 우리 스스로 '특정한 성품과 유형'을 형성하라고 권했다. 그런 다음 사람들과 실제로 교류할 때 자신의 본모습에 충실하라고 했다.[1]

보았듯이 스토아철학자들은 사회적 의무를 선택적으로 수행할 수 없다고 보았다. 우리를 성가시게 하는 사람, 나쁜 의도를 가진

사람과도 공동의 이익을 위해 교류해야 한다. 그렇지만 누구를 친구로 사귈 것인가는 선택할 수 있다. 스토아철학자들은 예컨대 타락한 가치관을 지닌 사람을 친구로 사귀지 말라고 했다. 그들의 타락한 가치관에 우리의 가치관이 오염될 수 있기 때문이다. 대신 스토아철학의 가치관을 우리와 공유하는 사람을 찾아야 한다. 특히, 나보다 스토아적 가치관을 더 잘 실천하며 사는 사람을 친구로 사귀며 배워야 한다.

세네카는 악덕에 전염성이 있다고 경고했다. 악덕을 지닌 사람과 접촉하면 자기도 모르게 전염된다.[2] 에픽테토스도 말했다. "깨끗하지 않은 사람과 함께하면 자신도 깨끗하지 않게 된다."[3] 특히, 건전하지 못한 욕망을 가진 사람과 사귀면 머지않아 자신에게도 똑같은 욕망이 일어나 평정심이 방해받을 것이다. 독감에 걸린 사람과 입을 맞추지 않듯이 가치관이 타락한 사람과도 어울리지 말아야 한다.

세네카는 악덕을 지닌 사람뿐 아니라 투덜대는 사람도 피하라고 했다. 음울함에 빠져 신세타령하는 사람, 기회만 있으면 불평하는 사람을 피하라고 했다. 늘 불만에 찬 사람은 우리의 평정심을 흩트리는 적이다.[4](영국의 문학가 새뮤얼 존슨은 자신의 유명한 사전에 이런 사람을 가리키는 적절한 단어를 등록했다. '슬픔을 좇는 사람(seeksorrow)' 즉 자신을 괴롭히는 방법을 찾아다니는 사람이 그것이다.)[5]

스토아철학자들에 따르면 우리는 친구를 골라 사귀는 것 외에 어떤 모임에 참가할지도 스스로 결정해야 한다. 예컨대 에픽테토스는 철학자가 아닌 사람이 주관하는 모임에는 참석하지 말라고 조언한다. 그리고 모임에서 어울릴 때도 대화에 신중해야 한다. 사람들은 특정 주제에 대해 말하기를 좋아한다. 에픽테토스 시대 사람들은 검투사, 경마, 운동선수, 먹고 마시는 것에 관한 이야기를 좋아했다. 무엇보다 다른 사람에 관한 이야기를 많이 했다. 에픽테토스는 이런 이야기를 하는 무리와 어울릴 때는 침묵하거나 가능한 적게 말하라고 했다. 또는 대화 주제를 보다 '적절한' 것으로 슬쩍 돌리라고 했다.[6]

확실히 구시대적인 조언이다. 오늘날 사람들은 검투사에 대해 이야기하지 않는다(경마, 운동선수, 먹고 마시는 것, 다른 사람에 관한 이야기는 여전히 많이 한다). 그럼에도 현대의 개인은 인간관계에 관한 에픽테토스 조언에서 그 핵심을 찾아낼 수 있다. 오늘날 '철학자가 아닌 사람' 즉 스토아철학의 가치관을 나와 공유하지 않는 사람과 교류하는 것은 허용될 뿐 아니라 불가피하게 어울려야 하는 경우도 있다. 그러나 그들과 어울릴 때는 그들의 가치관에 오염되어 우리의 스토아철학의 실천이 퇴보하지 않도록 유의해야 한다.

✦

그렇다면 사회적 의무를 위해 성가신 사람을 상대해야만 하는 경우에는 어떻게 해야 할까? 어떻게 하면 그들이 우리의 평정심을 방해하지 않게 할까? **마르쿠스는 성가신 사람을 대할 때는 '나를'**

성가시게 여기는 사람도 존재한다는 사실을 기억하라고 했다. 상대의 잘못에 짜증이 날 때는 잠시 멈춰 자신의 결점에 대해 생각하라. 그러면 상대의 결점에 공감하며 관대하게 대할 수 있다. 또 성가신 사람을 대할 때면 나에게 더 해를 입히는 주범은 언제나 상대의 행동이 아니라 그것을 성가시게 여기는 나 자신이라는 점을 기억하라.[7] 나의 성가신 느낌 자체가 나에게 가장 해를 입힌다는 사실을 기억하라.

마르쿠스에 따르면 다른 사람에 관한 나의 생각을 통제하면 그들이 우리 삶에 미치는 부정적 영향을 줄일 수 있다. 예컨대 주변 사람의 행동과 말, 생각과 계획에 대해 추측하는 데 시간을 낭비하지 말아야 한다. 그들에 관해 제멋대로 상상하고 질투하고 시기하고 의심해서는 안 된다. 마르쿠스에 따르면 훌륭한 스토아주의자는 공공의 이익을 위해서가 아니면 다른 사람의 생각에 대해 생각하지 않는다.[8]

마르쿠스는 무례한 사람이 없는 세상은 존재하지 않는다는 사실을 기억하면 사람을 대하는 일이 조금은 쉬워질 거라고 했다. 그는 사람들은 자기 결점을 스스로 선택할 수 없으므로 우리를 괴롭히는 사람은 '어쩔 수 없이' 그렇게 하는 것이라고 했다. 마르쿠스에 따르면, 사람들이 우리를 괴롭히지 않으리라 기대하는 것은 무화과나무에서 무화과주스가 아닌 다른 것이 나오기를 기대하는 것과 같다. 따라서 무례한 사람의 무례한 행동에 충격을 받거나 놀란다면 탓할 사람은 우리 자신이다. 세상을 제대로 모르는 자신을 탓해야 한다.[9]

보았듯이 마르쿠스도 다른 스토아철학자처럼 운명론을 지지한다. 그런데 앞에 인용한 마르쿠스의 주장은 조금 특별한 운명론으로서 **사회적 운명론**(social fatalism)이라 부를 수 있다. 우리는 사람들이 특정 방식으로 행동할 '운명'이라는 가정 하에 그들을 대해야 한다. 그들이 우리를 괴롭히지 않을 것이라는 바람은 소용이 없다. 마르쿠스는 사람은 바뀔 수 있을 뿐 아니라 사람들을 바꾸기 위해 노력해야 한다고 했는데,[10] 그 말의 참뜻은 사람을 바꿀 수는 있지만, 그들이 그런 행동을 할 운명이라고 여기면 그들을 대할 때 겪어야 하는 괴로움을 줄일 수 있다는 의미였다.

만약 이 조언을 따랐는데도 누군가 우리를 괴롭히는 데 성공한다면? 마르쿠스는 이 경우에는 이번 생이 한순간밖에 지속되지 않는다는 사실을 떠올리라고 했다. 오래지 않아 우리가 죽음에 이른다는 사실을 떠올리라는 것이다.[11] 우주적 맥락에서 보면 우리를 괴롭히는 일은 지극히 사소한 일임이 어렵지 않게 드러난다. 그것이 사소한 일임을 알 때 우리가 느끼는 괴로움도 함께 줄어들 것이다.

마르쿠스에 따르면 우리를 괴롭히는 사람을 대할 때 생기는 가장 큰 위협은 그들이 우리로 하여금 그들을 미워하게 만든다는 점이다. 이것은 우리에게 해를 주는 미움이므로 그들이 우리의 자애심을 파괴하지 못하게 할 필요가 있다(마르쿠스는 말하길, 훌륭한 사람은 결코 다른 사람에게 미움을 품지 않는다). 따라서 우리를 비인간적으로 대하는 자에 대해, 그가 사람들에게 느끼는 것과 똑같은 느낌을 품어서는 안 된다. **마르쿠스는 우리 내면에 분노와 증오, 복**

수심이 일어날 때 할 수 있는 최상의 복수는 그 사람과 똑같이 되기를 거부하는 것이라고 했다.[12]

✦

아마도 우리가 맺는 가장 중요한 인간관계는 이성(異性)과의 관계일 것이다. 스토아철학자들은 이성 관계에 대해 할 말이 많았다. 무소니우스는 현명한 남자는 결혼 관계 바깥에서 성관계를 하지 않는다고 했다. 결혼 관계 내에서도 오직 자녀를 갖는 목적으로만 성관계를 해야 한다고 했다. 그 밖의 상황에서 성관계를 하는 것은 자기 통제의 부족을 의미할 뿐이다.[13] 에픽테토스는 혼전 성관계를 피해야 한다고 했다. 혼전 순결을 유지한다 해도 자신의 순결을 은근히 자랑해서는 안 되며, 순결을 못 지킨 사람을 비난해서도 안 된다.[14]

　마르쿠스는 무소니우스나 에픽테토스보다 성관계에 더 회의적인 시선을 보냈다. 『명상록』에서 마르쿠스는 사물의 진정한 가치를 알아보는 방법을 제안했다. 어떤 것을 구성 요소로 분석하면 그것의 정체를 알 수 있고 그에 따라 적절한 가치를 매길 수 있다는 것이다. 이렇게 분석하면 예컨대 고급 와인은 포도주스를 발효한 것에 불과하고, 로마인들이 귀하게 여기는 자줏빛 법복도 조개 응혈을 묻힌 양모에 지나지 않는다. 마르쿠스는 이 분석법을 성관계에 적용하면서 성관계는 '남성의 성기를 비벼 정액을 방출하는 행위'에 불과하다고 말한다.[15] 따라서 성관계에 큰 가치를 부여하는 것은 어리석다. 또 그런 관계를 경험하려고 자신의 삶을 어지럽히는 것은 더욱 어리석은 짓이다.

우연인지 몰라도 불교 역시 이런 분석법을 권한다. 예를 들어 한 남자가 어느 여성에게 욕정을 품었다고 하자. 이때 불교는 남자에게 그 여자를 한 사람의 '여자'로 생각하지 말고 허파, 똥, 가래, 고름, 침 등 그녀의 몸을 구성하는 부분들로 나누어 생각하라고 권한다. 이렇게 하면 욕정을 꺼뜨리는 데 도움이 된다는 것이다. 만약 이렇게 해도 욕정이 꺼지지 않으면 그녀의 몸이 부패되어 가는 과정을 상상하라고 조언한다.[16]

성적 절제를 권하는 스토아철학자들의 태도가 현대의 독자에게는 고결한 척하는 것처럼 보일지 모른다. 그럼에도 그들의 말은 일리가 있다. 우리는 성적으로 방종한 시대에 살고 있다. 많은 사람이 성적인 방종으로 마음의 평화를 어지럽힌다. 성적 유혹을 극복하지 못한 젊은 여성이 한 부모의 어려움에 처한 상황을 생각해 보라. 또 성적 유혹에 굴복해 양육비 등 아이에 대한 책임으로 자신의 꿈을 포기해야 하는 젊은 남성을 떠올려 보라. 성적 자제력이 있었다면 삶이 지금보다 나았을 거라고 생각하는 사람은 오늘날에도 얼마든지 있다. 반대로, 성적 자제력이 없었다면 삶이 지금보다 나았을 거라고 생각하는 사람은 찾기 어렵다.

성관계의 파괴적 영향을 지적한 고대인은 스토아철학자들만이 아니었다. 스토아학파의 철학적 경쟁자였던 에피쿠로스 역시 성관계에 회의적 생각을 품었다. "성관계는 결코 좋은 것을 주지 않는다. 성관계로 해를 입지 않았다면 그는 아주 운이 좋은 사람이다."[17]

그렇다 해도 스토아철학자들이 결혼을 적극 지지했다는 점을 말해야 한다. 무소니우스는 현명한 남자는 결혼을 하며, 결혼한 뒤 남편과 아내는 서로에게 기쁨을 주려 노력해야 한다고 했다. "좋은 결혼 속에서 두 사람은 사랑으로 하나 되어 서로를 배려한다.[18] 이런 결혼은 매우 행복할 것이다. 현명한 남성은 결혼한 뒤 아이들을 세상에 데리고 나간다. 어떤 종교 행사도 부모 손을 잡고 도시 이곳저곳을 다니는 아이들의 모습보다 아름답지 않다."[19] 무소니우스는 다정한 배우자와 착한 자녀를 둔 사람보다 행복한 사람은 없다고 했다.

11
모욕,
깔아뭉개는 말에 뭉개지지 않기

어떤 독자는 모욕에 대처하는 법을 이야기하는 데 많은 시간을 들인 로마의 스토아철학자들이 의아할 것이다. 그는 물을 것이다. "모욕에 대해 이야기하는 것이 철학자가 할 적절한 일인가?" **스토아철학자들은 삶의 철학을 마련하는 것을 철학의 적절한 기능이라 보았고, 그렇다면 모욕이 난무하는 세상에서 모욕에 대해 이야기하는 것은 철학자의 적절한 일이라고 말할 수 있다.**

보았듯이 스토아철학자들은 평정심을 찾으라고 조언했다. 그런데 평정심을 얻고 유지하는 데 방해되는 것 중 하나가 사람들이 던지는 모욕이다. 스토아철학자들은 삶의 철학을 실천하는 방법으로 타인의 모욕에 화내지 않는 법을 찾고자 했다. 11장에서 이중 몇 가지를 살펴본다.

지금부터 사용하는 '모욕'이라는 단어는 매우 넓은 의미다. 모욕에는 욕과 같은 언어적 학대뿐 아니라 무시와 냉대 등 사람을 왕따 시키는 모욕, 몸을 때리는 등의 신체적 모욕도 포함된다. 사람들은 모욕에 민감하다. 무소니우스가 지적하듯이 특정 상황에서는 단 한 번의 눈길도 모욕으로 해석될 수 있다.[1] 비신체적 모욕도 고통스럽기는 마찬가지다. 우리는 상사나 교사 등 권위를 지닌 자가 공개석상에서 몰아세우면 분노와 굴욕감을 느낀다. 오래 전에 당한 모욕도 괴로움을 안긴다. 십 년도 더 지난 일이 어느 날 갑자기 떠올라 굴욕감에 몸서리를 치는 일도 있다.

일상에서 우리를 화나게 만드는 일을 살펴보면 모욕이 우리의 평정심을 얼마나 방해하는지 알 수 있다. 우리를 화나게 하는 일의 상위에는 친구, 친척, 동료의 모욕이 있다. 때로 그들은 공개적이고 직접적으로 우리를 모욕한다. "이런 바보 같으니." 그런데 애매하고 간접적으로 모욕을 주기도 한다. 우리를 조롱거리로 삼아 이렇게 말한다. "모자 좀 써주시겠어요? 정수리에 비친 햇빛에 눈이 멀 지경이에요." 또 우리의 성공을 가볍게 축하한 뒤 과거의 사소한 실패를 수백 번도 넘게 상기시킨다. 칭찬인데 모욕으로 들리는 칭찬도 있다. "그 옷을 입으니 당신의 똥배가 가려지네요." 우리를 당연한 존재로 여겨 무시하기도 하고, 마땅히 받아야 할 존경을 주지 않기도 한다. 우리를 힐뜯는 말을 다른 이에게 흘려 우리 귀에 다시 들어오는 경우도 있다. 이런 일은 그 자체로 우리의 하루를 망치기에 충분하다.

유독 현대에 들어 사람들이 모욕에 민감해진 것은 아니다. 세네카에 따르면 고대 로마인들도 이런 말을 모욕으로 간주했다. "아무개가 나를 만나주지 않았어. 다른 사람은 만나주면서." "내 말에 건방지게 퇴짜를 놓았어. 내 말을 공개적으로 비웃었어." "나를 상석에 앉히지 않고 테이블 끝자락에 앉혔어."[2] 오늘날에도 사람들은 분명 이런 일을 모욕으로 여길 것이다.

✦

사람들은 모욕을 당하면 대개 화를 낸다. **그런데 스토아철학자들은 화가 평정심을 흩뜨리는 부정적 감정이므로 모욕에 화내지 않는 법을 찾아야 한다고 생각했다. 그들에게는 모욕이 주는 따끔하고 얼얼한 아픔을 없애는 방법이 필요했다.** 그중 하나가 모욕을 당했을 때 잠시 멈춰 모욕을 준 사람의 말이 사실에 부합하는지 따져 보는 것이다. 그의 말이 사실이라면 화낼 이유가 없다. 누군가 대머리인 우리를 대머리로 놀린다고 하자. 세네카는 이렇게 묻는다. "자명한 사실을 들었다면 그것이 왜 모욕인가?"[3]

에픽테토스가 권하는, 모욕의 따끔한 아픔을 없애는 다른 방법이 있다. 그것은 모욕을 준 자가 정말 제대로 알고 있는지 잠시 생각해 보는 것이다. 우리를 안 좋게 말하는 상대는 우리의 기분을 상하게 하려는 의도가 아닐 수 있다. 자신의 말이 진실이라고 믿거나 자신에게 정말로 그렇게 여겨지기 때문일 수 있다.[4] 그렇다면 그의 '정직함'에 화를 내기보다 차분한 마음으로 그의 생각을 바로잡아 주어야 한다.

모욕의 아픔을 제거하는 또 하나의 강력한 방법은 모욕의 원천에 대해 생각해 보는 것이다. 모욕을 준 상대를 존중하고 그의 의견을 인정한다면 상대의 비판에 화를 낼 이유가 없다. 가령 내가 밴조(미국의 민속 악기)를 배우려고 숙련된 연주자에게 과외 수업을 받는다고 하자. 수업 도중 선생님이 내 연주가 불만족스러워 꾸중을 한다면 나는 지금 '돈을 주고' 선생님이 나를 꾸중하게 만들고 있는 것이다. 이때 선생님의 꾸중에 기분 나빠하며 발끈하는 것은 어리석은 일이다. 밴조를 제대로 배우려면 오히려 선생님의 꾸중에 감사해야 한다.

그렇다면 나에게 모욕을 주는 원천을 존중할 수 없을 때는 어떻게 해야 할까? 모욕을 준 상대가 형편없는 인간으로 여겨지는 경우에 말이다. 이 경우에는 상대의 모욕에 상처 입을 게 아니라 다행으로 여겨야 한다. 경멸할 만한 자가 인정하지 '않는' 나의 행동은 틀림없이 옳은 행동일 것이다. 오히려 그가 '인정하는' 나의 행동을 걱정해야 한다. 그의 모욕에 답하는 가장 적절한 말은 이것이다. "나를 그렇게 여겨 주다니 정말 고맙습니다."

세네카에 따르면, 모욕의 원천에 대해 생각하는 가장 좋은 방법은 덩치 큰 아이가 모욕한다고 생각하는 것이다.[5] 아장아장 걷는 아기가 엄마에게 '모욕'을 준다고 여기는 엄마는 세상에 없을 것이다. 마찬가지로, 유치한 어른이 주는 모욕에 화를 내는 것도 어리석은 일이다. 게다가 우리를 모욕하는 자가 심각한 성격 결함을 가진 경우도 있다. 마르쿠스에 따르면 이런 사람에게는 분노가 아니라 연민을 보내야 한다.[6]

스토아철학의 실천이 조금씩 향상하면 우리에 관한 다른 사람

의 의견에 영향을 적게 받는다. 주변의 인정을 구하고 불인정을 피하는 것이 더 이상 삶의 목표가 아니게 된다. 사람들의 의견에 초연해지며 그들이 던지는 모욕에 아픔을 적게 느낀다. 스토아의 현자는 주변 사람의 모욕을 '개 짖는 소리' 쯤으로 여긴다. 개가 짖으면 속으로 '저 개가 나를 좋아하지 않는구나' 하고 짐작하지만 심란한 마음으로 종일 이렇게 고민하지는 않는다. "맙소사! 저 개가 나를 좋아하지 않다니!" 얼토당토않은 일이다.

✦

모욕의 얼얼한 아픔을 제거하는 스토아철학의 중요한 전략은 또 있다. 모욕으로 인한 괴로움의 원천이 우리 자신이라는 사실을 상기하는 것이다. 에픽테토스는 말한다. **"당신에게 모욕을 안기는 주범은 당신을 학대하고 때린 사람이 아니다. 그것은 모욕을 당했다고 여기는 당신 자신의 생각이다."** 따라서 **"해를 입고자 하지 않는다면 상대는 결코 당신을 해칠 수 없다. 상대에게 해를 입었다고 생각할 때만 당신은 해를 입는다."**[7] 이로써 다음의 결론을 얻는다. 상대가 나를 모욕해도 내가 해를 입지 않았다고 생각하면 상대의 모욕은 조금도 아프지 않다.

이 조언은 스토아철학의 다음과 같은 일반적 신념을 응용한 것이다. 에픽테토스는 말한다. **"우리를 화나게 만드는 것은 어떤 일 자체가 아니라 그 일에 대한 우리의 생각이다."**[8] 이 주장을 제대로 이해하기 위한 예를 보자. 누군가 내 물건을 훔쳤다. 이 경우 그가 내게 해를 입히는 것은 내가 그 물건을 정말 소중히 여겼을 때만이다. 새에게 물을 주는 우리 집 뒤뜰의 콘크리트 대야를 누가 훔쳐갔다고 하자. 만약 내가 이 물대야를 소중히 여겼다면 나는 이 일에 크게 화를 냈을 것이다. 이웃은 화가 난 나를 보고 의아할 것이다. "별것 아닌 물대야를 가지고 웬 난리지?" 한편 내가 물대야에 무관심했다면 누가 훔쳐가도 크게 상관하지 않았을 것이다. 나는 이 사건에 스토아적 사고를 적용하며 이렇게 말할 것이다. '사소한 물대야에 흥분하는 것은 쓸데없는 짓이야.' 그러면 나의 평정심이 방해받는 일도 없을 것이다. 급기야 내가 물대야를 싫어하는 경우를 떠올릴 수도 있다. 친척이 선물한 물대야를 뒤뜰에 '전시'하지 않으면 섭섭할까봐 어쩔 수 없이 둔 경우다. 이때 나는 물대야가 사라진 일이 더없이 기쁠 것이다.

스토아철학자들에 따르면 나에게 일어난 일이 도움이 되는지 해가 되는지는 내가 그 일에 어떤 가치를 두느냐에 달려 있다. 그리고 그 일에 어떤 가치를 두느냐는 내가 완벽히 통제할 수 있는 문제다. 그러므로 외부의 어떤 일이 나에게 해를 입혔다면 그것은 나의 잘못이다. 나는 그와 다른 가치를 택할 수도 있었기 때문이다.

◆

모욕의 아픔을 성공적으로 제거한다 해도 모욕에 최선으로 대응하는 법에 관한 물음은 남는다. 많은 사람이 상대의 모욕에 재치 있는 모욕으로 응수하는 것이 최선이라 생각하지만 스토아철학자들은 모욕을 모욕으로 되갚는 것에 반대했다. 모욕에 모욕이 아니라면 어떻게 응대해야 할까? 스토아철학자들에 따르면 모욕에 응대하는 가장 멋진 방법은 유머를 사용하는 것이다.

세네카는 심한 모욕을 유머로 비켜간 카토(고대 로마 공화정 말기의 정치가)의 예를 든다. 카토가 사건을 변호하는 중에 상대편인 렌툴루스가 카토의 얼굴에 침을 뱉었다. 카토는 화를 내거나 모욕을 되갚는 대신, 가만히 침을 닦고는 이렇게 말했다. "렌툴루스, 자네가 입을 못 놀린다고 말하는 자가 있다면 완전히 잘못 아는 거라고 내 장담하네."[9] 또 세네카는 이보다 훨씬 심한 모욕을 당한 소크라테스의 경우를 든다. 어떤 사람이 다가오더니 느닷없이 소크라테스의 따귀를 갈겼다. 소크라테스는 화내지 않고 이렇게 응대했다. "밖에 나갈 때마다 투구를 써야 하다니 거참 성가신 일이군."[10]

모욕에 대응하는 유머 중 특히 효과적인 것이 자기비하 유머다. 세네카는 목에 혹이 나고 발에 병이 난 바티니우스의 경우를 소개했다. 바티니우스는 자신의 신체 기형에 대해 공공연히 사람들에게 떠벌이고 다녔다. 사람들이 더 보탤 말이 없을 정도로 말이다.[11] 에픽테토스도 자기비하 유머의 지지자다. 누군가 당신에 대해 안 좋은 말을 퍼뜨리고 다닌다고 하자. 이때 에픽테토스는 방어적으로 행동하기보다 그의 '모욕의 능력'에 의문을 제기할 것을 권한다. 예컨대 이렇게 말할 수 있다. "나를 비난할 만큼 속속들이 나를 안다면 지금 떠벌리는 것보다 훨씬 더한 나의 결점까지 말했어야 하네."[12]

상대의 모욕을 웃어넘기는 것은 그 사람과 그가 던지는 모욕을 진지하게 받아들이지 않는다는 의미다. 그리고 상대와 그가 던지는 모욕을 진지하게 여기지 않는 것은 간접적으로 그에게 모욕을 주는 일이며 이것은 상대에게 깊은 좌절감을 안길 것이다. 이처럼 모욕에 유머로 응대하는 것이 모욕으로 되갚는 것보다 효과적일 수 있다.

✦

그런데 모욕에 유머로 응대하는 것에는 한 가지 문제가 있다. 위트에다 침착한 마음까지 갖춰야 한다는 점이다. 위트와 침착함을 모두 갖춘 사람은 그리 많지 않다. 모욕을 당하면 우리는 그 자리에서 말문이 막히고 어안이 벙벙해진다. 모욕을 당했다는 사실을 알고도 당장 어떻게 해야 할지 모른다. 몇 시간이 지나서야 적절한 말이 떠오른다. 모욕을 당한 다음 날에 일부러 상대를 찾아가 전날 당한 모욕을 일일이 상기시키며 할 말을 쏟아내는 사람이 있다면 얼마나 병적으로 보일까.

이 사실을 알았던 스토아철학자들은 모욕에 응대하는 두 **번째** 방법을 소개한다. 그것은 상대의 모욕에 무응대로 일관하는 것이다. 무소니우스는 '방금 받은 모욕을 말없이 평온하게 견디라'고 했다. 이것이야말로 도량이 넓은 사람의 적절한 행동이다.[13] 응대하지 않는 것, 즉 모욕한 자가 아예 입을 열지 않았다고 여기면 내 편에서 어떤 생각도 할 필요가 없다. 세상에서 가장 위트 없는 사람도 모욕에 대한 '무응대'는 얼마든지 할 수 있다.

세네카는 카토가 공중목욕탕에서 자신을 친 사람을 응대한 이야기를 들려준다. 남자가 카토를 알아보고 사과하자 화를 내거나 벌을 내리는 대신 이렇게 답했다. "나를 쳤었나요? 기억나지 않습니다."[14] 카토는 상대가 자신을 친 일을 처음부터 인정하지 않는 방법으로, 상대를 용서했을 때보다 더 훌륭한 정신을 보여 주었다.[15]

역설적이게도 상대의 모욕에 대한 무응대야말로 가장 효과적인 모욕 응대법이다. 그 이유는 이렇다. 세네카가 지적하듯이 모욕에 대한 무응대는 모욕을 준 상대를 당황하게 만든다. 그는 우리가 모욕을 제대로 이해하기나 했는지 의아할 것이다. 더욱이 상대는 우리를 괴롭히는 기쁨을 빼앗긴 나머지 오히려 마음이 괴로울 수 있다.[16]

모욕을 준 자에게 응대하지 않는 것은 그의 유치한 행동에 시간을 내줄 의사가 없다는 뜻을 비치는 것이다. 모욕에 유머로 응대하는 방법이 상대를 진지하게 받아들이지 않는다는 의사를 전한다면, 모욕에 대한 무응대는 상대의 존재 자체를 인정하지 않는다는 뜻이다. 무시당하고 싶은 사람은 없으므로 모욕을 준 자는 심지어 유머로도 응대하지 않는 우리의 무응대에 깊은 굴욕감을 느낄 것이다.

✦

이상의 논의로 볼 때 스토아철학자들은 모욕과 관련해 철저한 평화주의자라는 인상을 준다. 즉, 그들은 모욕을 준 자에게 모욕으로 응대하는 일도, 벌을 주는 일도 없었다고 생각할 수 있다. 그러나 사실은 그렇지 않다. 세네카에 따르면 모욕에 적극 대응하는 것이 적절한 경우도 있다.

상대의 모욕에 유머나 무응대로 답했을 때 빠질 수 있는 함정이 있다. 머리가 둔한 사람은 우리가 우리에 관한 그의 생각을 무시하고 있음을 알아채지 못할 가능성이 있다는 점이다. 상대는 우리의 농담과 침묵에 굴욕감을 느끼기는커녕 더욱 기가 살아 우리에게 모욕의 '융단 폭격'을 퍼부을지 모른다. 모욕을 주는 이가 (고대의 경우) 자신의 노예이거나 (현대의 경우) 부하직원, 제자, 자녀라면 이런 상황은 더욱 난처해진다.

이 점을 알았던 스토아철학자들은 이를 다루는 법에 관한 조언을 내놓았다. 엄마의 머리카락을 잡아당기는 아이를 훈계하거나 벌주는 것처럼 우리도 유치한 모욕을 안기는 자에게 주의를 주거나 벌을 주고 싶을 때가 있다. 어떤 학생이 학급 전체가 보는 곳에서 선생님을 모욕했다고 하자. 이때 선생님이 학생을 못 본 체한다면 현명한 처사가 아니다. 이 학생과 친구들은 교사의 무응대를 말 없는 인정으로 여기고는 선생님을 계속 모욕할 것이다. 교실 분위기가 어수선해지고 학습 분위기도 흐려질 것이다.

스토아주의자라면 이런 상황에서 이것을 기억해야 한다. **모욕을 준 자를 벌하는 이유는 그가 나를 부당하게 대했기 때문이 아니라 그의 부적절한 행동을 바로잡기 위해서라는 것이다.** 세네카는 이것을 동물 길들이기에 비유한다. 훈련 중인 말을 벌주는 이유는

말이 지시를 따르지 않은 게 화가 나기 때문이 아니라 앞으로 지시를 잘 따르게 만들기 위해서다.[17]

✦

그러나 우리가 사는 지금 시대에는 유머와 무응대로 모욕에 대응하는 사람을 찾기 어렵다. 정치적 올바름*을 주장하는 사람들은 모욕에 대한 가장 적절한 대처로 모욕을 준 자를 처벌해야 한다고 여긴다. 그들은 신체적, 정신적, 사회적, 경제적으로 불리한 입장의 '사회적 약자'를 향한 모욕에 매우 민감하다. 그들의 주장에 따르면 심리적으로 취약한 사회적 약자가 모욕을 당하도록 놓아두면 엄청난 심리적 고통을 당하게 된다. 이에 정치적 올바름의 주창자들은 사회적 약자를 모욕하는 자가 있다면 그를 처벌하도록 정부와 기업주, 교육 당국에 압력을 가한다.

그런데 에픽테토스는 이런 식의 모욕 대처법은 비효과적이라고 보았다. 우선, 정치적 올바름 운동은 의도치 않은 부작용이 있다. 그중 하나가 사회적 약자를 모욕에서 보호하는 동안 그들이 모욕에 매우 민감해진다는 사실이다. 그 결과 사회적 약자는 자신을 향한 직접적 모욕뿐 아니라 암묵적인 모욕에도 괴로워한다. 다른 부작용으로는 사회적 약자 스스로 사람들의 모욕에 대처할 수 없다

---

*   정치적 올바름(political correctness, PC)은 인종과 성별, 종교, 성적지향, 장애, 직업 등과 관련해 소수 약자에 대한 편견이 섞인 표현을 쓰지 말자는 정치사회 운동. 한국의 '차별금지법'도 그 한 사례다.(옮긴이)

고 믿게 된다는 점이다. 그들은 관련 당국이 대신 개입해 주지 않으면 모욕을 방어할 능력이 자신에게 없다고 여긴다.

에픽테토스에 따르면 사회적 약자를 향한 모욕에 대처하는 가장 좋은 방법은 모욕하는 자를 벌하는 것이 아니라 약자 스스로 모욕을 다루는 법을 익히는 것이다. 사회적 약자는 자신을 향한 모욕의 아픔을 줄이는 법을 배워야 한다. 그러지 않으면 계속해서 모욕에 민감한 상태로 남아 모욕을 당할 때마다 커다란 괴로움을 겪을 것이다.

절름발이 노예였던 에픽테토스는 오늘날 기준으로 보면 이중의 사회적 약자였다. 이런 불리한 입장에도 불구하고 에픽테토스는 자신을 향한 모욕을 이겨냈다. 그는 자신의 불행에 아랑곳하지 않고 기쁨을 느끼는 법을 찾았다. 오늘날의 사회적 약자는 에픽테토스에게 많은 배움을 얻을 수 있을 것이다.

12
슬픔,
이성으로 눈물을 이기는 것에 관하여

자녀가 죽으면 부모는 마음이 무너진다. 며칠몇날 울음이 그치지 않고 일상생활도 한동안 손에 잡히지 않는다. 죽은 지 한참 지난 자녀를 떠올리며 계속해서 슬픔에 빠져 있는 부모도 있다. 자녀의 사진을 보며 눈물을 흘린다. 스토아주의자라면 자녀의 죽음에 어떻게 응대할까? 아무 반응도 보이지 않거나 감정을 억누를까? 슬픔을 느끼지 않도록 마음을 다잡을까?

스토아주의자는 결코 슬퍼하지 않는다는 일반적인 생각은 사실과 다르다. 스토아철학자들은 슬픔 등의 감정이 어느 정도 자동 반응이라는 점을 알았다. 갑작스럽고 시끄러운 소리를 들으면 몸이 놀라듯(신체적 반사 작용), 사랑하는 사람을 예상치 못하게 잃었을 때 우리는 슬픔에 빠지지 않을 수 없다(감정적 반사 작용). 세네카는 동생의 죽음으로 비탄에 잠긴 역사가 폴리비오스에게 보낸 편지에서 그를 위로하며 말했다. "자연이 우리에게 안기는 일정한 슬픔 이상의 것은 모두 허영이라네. 그렇지만 자네에게 결코 슬퍼하지 말라고 말하지 않겠네."[1]

그렇다면 스토아주의자는 어디까지 슬퍼해야 할까? 세네카는 폴리비오스에게 말한다. "적절한 슬픔 속에서 우리의 이성은 무관심도 광기도 아닌 중용을 유지할 걸세. 중용을 유지할 때 균형에서 벗어나지 않은 사랑의 마음에 머물 수 있네." 세네카는 폴리비오스에게 말했다. "그대의 눈물이 흐르도록 두게. 하지만 조금 뒤 그쳐야 하네. 가슴속 깊은 회한을 끌어올리게. 그러나 그 역시 조금 뒤 그쳐야 하네."[2]

세네카가 보기에 삶에서 슬픔을 완전히 제거하기는 어려워도 평생 경험하는 슬픔의 양을 줄이는 방법은 얼마든지 있으며 우리는 그 방법을 실행해야 한다. 세네카는 슬퍼할 일이 너무도 많은 세상에 사는 우리는 눈물에 인색해져야 한다며 이렇게 말했다. "눈물보다 자주 필요한 것은 없으므로 아껴둘 필요가 있다."[3] 이렇게 생각한 세네카를 비롯한 스토아철학자들은 과도한 슬픔에 빠지지 않고 신속히 이겨내는 방법을 개발했다. 그들이 개발한 슬픔 예방법과 극복법을 살펴보자.

✦

스토아철학자들이 만든 슬픔 예방법 가운데 중요한 것으로 부정적 시각화가 있다. 사랑하는 이의 죽음을 미리 그려봄으로써 그들이 실제 죽었을 때 받는 충격을 줄이는 방법이다. 사랑하는 이의 죽음을 상상으로 먼저 겪는 것이라고 할 수 있다. 사랑하는 이의 죽음을 먼저 겪으면 그와의 관계가 더 소중해져 살뜰히 활용할 것이다. 그러면 막상 그들이 죽었을 때 '이렇게 할 걸' 하는 후회도 줄 것이다.

부정적 시각화는 아직 일어나지 않은 슬픔을 예방할 뿐 아니라 이미 일어난 슬픔을 꺼뜨리는 데도 사용할 수 있다. 세네카는 아들이 죽은 지 3년이 지난 뒤에도 아들을 묻은 날처럼 비탄에 빠져 있는 마르키아라는 여자에게 조언을 건넸다. "아들의 죽음 때문에 행복을 빼앗겼다는 생각으로 하루하루를 보내지 마세요. 대신 아들과 함께하는 시간을 아예 갖지 못했다면 오늘이 얼마나 더 비참할지 생각해 보세요." 아들이 목숨을 다했다는 사실을 슬퍼하기보다 어쨌거나 아들이 이 세상에 살았다는 사실에 감사하라는 것이다.[4]

이것은 과거형의 부정적 시각화다. 부정적 시각화는 대개 지금 가진 것을 앞으로 잃을 가능성을 생각한다는 점에서 미래형이다. **그런데 과거형의 부정적 시각화는 잃어버린 그것을 애당초 갖지 못했을 가능성에 대해 생각하는 것이다. 세네카에 따르면 과거형의 부정적 시각화를 통해, 무언가를 잃었다는 슬픔을 한때나마 그것을 가졌다는 고마움으로 대체할 수 있다.**

◆

세네카는 동생을 잃은 폴리비오스를 위로하며 슬픔을 극복하는 방법을 조언한다. 세네카에 따르면, 슬픔에 맞서 싸우는 최선의 무기는 이성이다. "이성이 우리의 눈물을 그치게 하지 못한다면 운은 더욱 그렇게 하지 못한다." 세네카는 이성으로 슬픔을 완전히 잠재우지 못한다 해도 '지나치고 불필요한' 슬픔은 제거할 수 있다고 보았다.[5]

다음으로 세네카는 과도한 슬픔에 빠진 폴리비오스를 이성으로 치유하는 작업에 나선다. 세네카는 폴리비오스가 형의 죽음을 슬퍼하지만 형은 그가 눈물로 괴로워하길 바라지 않을 거라고 말한다. 만약 형이 폴리비오스가 괴로워하길 바란다면 형의 죽음을 슬퍼할 가치가 없다. 그러므로 폴리비오스는 울음을 그쳐야 한다. 만약 형이 폴리비오스가 괴로워하길 바라지 않는다면, 그리고 그가 형의 뜻을 존중한다면, 이때도 울음을 그쳐야 한다. 세네카는 형은 이미 죽었으므로 더 이상 슬퍼할 수 없다는 말도 덧붙인다. 그러므로 폴리비오스가 계속 슬픔에 빠져 있는 것은 이상한 일이다.[6]

세네카는 어머니 헬비아에게도 위로문을 썼다. 폴리비오스가 사랑하는 동생의 죽음을 슬퍼했다면 헬비아는 아들의 유배를 슬퍼했다. 세네카가 어머니를 위로한 논리는 폴리비오스에게 했던 주장(형은 폴리비오스가 자신의 죽음을 슬퍼하길 바라지 않는다는 주장)과 비슷하다. 지금 어머니 헬비아가 슬퍼하는 대상은 아들이 처한 상황이다. 그런데 스토아주의자인 세네카는 자신의 상황을 슬퍼하지 않으므로 어머니도 슬퍼할 필요가 없다는 것이다(세네카는 어머니에게 전하는 자신의 위로문이 특별하다고 말한다. 그가 읽은 위로문 중에 저자를 가엾게 여기는 사람을 위로하는 경우는 한 번도 없었다).[7] 이처럼 이성에 호소하는 방법은 잠시나마 슬픔을 덜어줄 수 있다. 그러나 슬픔이 이성을 완전히 장악하고 있는 아주 큰 슬픔에는 이 방법이 통하지 않을 것이다. 그럼에도 그는 이성의 힘으로 지금 자신의 지성이 감정에 포획되었음을 깨닫고 지성의 마땅한 역할을 되찾을 수 있다.

✦

에픽테토스도 슬픔 관리법을 조언했다. 그는 타인의 슬픔을 덥석 받아 물지 말라고 했다. 슬픔에 빠진 여인을 만났다고 하자. 에픽테토스에 따르면 이때 우리는 그녀를 동정해야 하며 우리의 곡소리로 그녀의 곡소리에 장단을 맞춰야 한다. **하지만 이때도 우리의 '내면은' 곡하지 않도록 유의해야 한다.**[8] **겉으로 슬픔을 표하되 우리 자신이 슬픔에 빠져서는 안 된다.**

어떤 사람은 이런 조언에 반감을 보인다. 타인이 비탄에 빠졌을 때 그저 동정하는 '척해서는' 안 되며 그의 상실감을 내 것처럼 느끼며 애통해 해야 한다는 것이다. 그러나 에픽테토스는 이런 비판에 이렇게 응수한다. 친구의 비탄에 내가 똑같이 비통해 하라는 조언은 독을 마신 사람을 도우려고 나 자신이 독약을 먹는 것과 같다. 또 독감에 걸린 사람을 위해 일부러 독감에 걸리는 것처럼 어리석은 짓이다. 슬픔은 부정적 감정이므로 가능한 피해야 한다. **친구가 비탄에 빠졌을 때 우리의 목표는 그가 슬픔을 이기도록 돕는 것이거나 친구가 슬픔을 이기도록 나의 최선을 다하겠다는 내면의 목표를 세우는 것이어야 한다. 만약 진심이 아닌 애도를 통해 이**

목표를 달성할 수 있다면 그렇게라도 해야 한다. 친구의 슬픔을 덥석 받아 무는 것은 친구에게 도움이 안 될 뿐더러 자신도 상처를 입는 일이다.

이 지점에서 어떤 독자는 부정적 감정을 대하는 스토아철학자들의 기법에 담긴 지혜와 효과성에 의문을 가질지 모른다. 요즘 시대에는 건강 전문가와 일반인 모두가 자기 감정과 접촉하는 것이 감정 건강을 돌보는 방법이라고 생각한다. 주저하지 않고 자기 감정을 드러내야 한다는 것이다. 반면, 스토아철학자들은 때로 자신의 감정을 가장하거나 내면의 감정을 꺼뜨려야 한다고 주장한다. 따라서 감정과 관련한 스토아철학자들의 조언을 따르는 것은 감정 건강에 좋지 않다고 여길지 모른다. 더구나 감정과 관련한 조언이 스토아철학의 핵심을 이룬다면 사람들은 스토아철학을 삶의 철학으로 받아들이길 꺼릴 것이다.

스토아철학에 대한 이런 비판에 대한 나(저자)의 대답은 20장에서 자세히 다룬다. 거기서 나는 감정 건강을 유지하는 법에 관한 지금의 합의된 견해에 의문을 제기할 것이다. 커다란 슬픔에 빠진 사람이 심리 상담으로 도움을 받을 수도 있지만 많은 사람이 상담의 도움 없이도 감정 건강을 유지할 수 있다는 것이 내 생각이다. 특히 스토아철학의 실천을 통해, 우리를 괴롭히는 심각한 감정상 문제를 피할 수 있다. 부정적 감정에 휩싸였을 때에도 스토아철학의 조언을 따른다면 많은 경우 혼자서 충분히 감정을 다스릴 수 있다.

13

화,
기쁨을 갉아먹는 화를 극복하는 것에 관하여

그냥 두면 우리의 평정심을 무너뜨리는 또 하나의 부정적 감정이 있으니 그것은 화다. 화는 실제로 우리의 기쁨을 갉아먹는다. 그래서 스토아철학자들은 화의 양을 줄이는 방법을 개발했다. 화를 예방하고 다루는 법에 관한 스토아철학의 최고 원전을 꼽으라면 단연 세네카의 에세이 〈화에 관하여〉다. 세네카는 '순간의 광기'인 화가 미치는 피해가 어마어마하다고 했다. "어떤 역병도 화만큼 인류에게 피해를 입힌 것은 없다." 사람들이 살인을 당하고 독약으로 죽고 소송을 당하는 이유는 화 때문이며, 도시와 국가가 망하는 원인도 화 때문이다. 우리는 화낼 것이 너무 많은 세상에 살고 있다. 화를 통제하는 법을 모르면 계속해서 화를 낼 것이다. 세네카가 보기에 화를 내는 것은 귀중한 시간을 낭비하는 것이다.[1]

어떤 사람은 화를 동기부여로 삼을 수 있다는 점에서 화가 나름의 쓸모가 있다고 주장한다. 그러나 세네카는 이 주장을 거부한다. 그는 말하길, 화를 냄으로써 유익함을 얻는 경우도 있지만 화를 우리의 삶에 일부러 반겨야 하는 것은 결코 아니다. 배가 조난당했을 때 뜻밖의 발견을 하는 경우도 있지만 제정신인 사람은 고의로 조난당할 일을 만들지 않을 것이다. 화를 동기부여 도구로 삼는 것에 대해 세네카는 일단 화가 일어나면 끄기 어렵다는 점을 지적한다. 또 화가 처음에 유익함을 준다 해도 평균을 내면 뒤이어 일어나는 화의 해악에 상쇄되고 만다는 점을 짚으며 이렇게 경고한다. "이성은 고삐 풀린 화의 무모한 충동에서 어떤 도움도 얻지 못한다. 이성은 화의 충동 앞에 무력하다."[2]

그렇다면 세네카는 아버지가 죽임을 당하고 어머니가 강간을 당해도 화를 내지 말라는 걸까? 아무것도 하지 말고 그냥 지켜보라는 것인가? 그렇지 않다. 이때는 잘못을 저지른 자를 벌하며 부모를 지켜야 한다. 그러나 이렇게 할 때도 마음의 평정을 유지해야 한다. 화를 내지 않아야 잘못한 자를 더 잘 벌할 수 있고, 부모를 더 잘 지킬 수 있다. 세네카에 따르면, 누군가 우리에게 부당한 행동을 저질렀다면 그를 타이르는 동시에 강제력으로 바로잡아야 한다. 때로 부드럽게 때로 거칠게 바로잡아야 한다. 그러나 화난 상태에서 바로잡아서는 안 된다. **그를 벌하는 목적은 잘못된 행동에 복수하기 위해서가 아니라 그를 위해, 그가 또 다시 그 행동을 하**

지 않게 하려는 것이다. 벌을 주는 목적은 분노를 보이는 것이 아니라 경고를 전하는 것이어야 한다.[3]

앞서 모욕에 대해 이야기할 때 세네카는 모욕에 유머와 무응대로 대하라고 했다. 그런데 이 규칙에는 한 가지 예외가 있었다. 아이처럼 유치하게 모욕하는 어른은 벌해야 한다는 것이었다. 그렇게 해야 알아듣기 때문이다. 어떤 사람은 아무리 부드럽고 합리적으로 요청해도 무례한 행동을 바꾸지 못한다. 이런 시시한 사람을 상대로 진심으로 화를 내는 것은 온당치 않다. 우리의 하루를 망칠 뿐이다. 세네카는 이때는 화를 내는 '척하는' 것도 괜찮다고 한다.[4] **짐짓 화를 내는 척함으로써 상대의 행실을 고치는 동시에 우리의 평정심은 최소한으로 흐트러진다. 세네카에 따르면 자신에게 동기를 부여하기 위해 상대의 모욕에 화를 내는 것은 바람직하지 않지만 상대를 바로잡기 위해 화를 내는 '척하는' 것은 괜찮다.**

✦

세네카는 화를 막는 법에 관한 조언을 다수 내놓았다. 그는 화를 예방하는 방법으로 타인에 관해 나쁘게 생각하는 우리의 성향에 맞서야 한다고 했다. 또 타인의 동기를 섣불리 결론짓는 경향에도 저항해야 한다고 했다. 바라는 대로 되지 않았다고 상대가 우리를 부당하게 대했다고 결론내릴 수 없다는 점도 잊어서는 안 된다. 세네카에 따르면, 우리의 화를 일으키는 상대가 실은 우리를 도와주고 있는 경우도 있음을 기억해야 한다. 이때 우리가 화를 낸다면

그것은 상대가 더 많이 도와주지 않았다고 화를 내는 것이나 마찬가지다.[5]

우리 자신이 지나치게 민감한 상태에 있을 때도 화를 내기 쉽다. 세네카는 쾌락에 젖어 지내면 그 무엇도 참지 못하게 된다고 했다. **우리가 어떤 것을 참지 못하는 이유는 대상이 '딱딱해서가' 아니라 우리가 너무 '무르기' 때문이다. 이 점에서 세네카는 너무 편하게 지내지 말라고 조언했다**(이것이 스토아철학자들이 안락을 피하는 유일한 이유는 아니다. 그 밖의 다른 이유는 7장에서 살펴보았다). 이런 식으로 스스로를 단련한다면 부하직원이 대들어도, 자녀가 쾅 하고 문을 닫아도 크게 마음이 흔들리지도, 화를 내지도 않을 것이다. 다른 사람의 말과 행동에 예민하게 반응하지 않을 것이다. 뜨뜻미지근한 물을 마셔도, 소파가 엉망으로 어질러져도 그런 '범속한 사소함'에 발끈하지 않을 것이다.[6]

세네카는 화를 내지 않기 위해서는 우리를 화나게 하는 일들이 대개 조금 성가실 뿐 실제로 우리에게 해를 입히지 않는다는 사실을 기억하라고 했다. 사소한 일에 화를 낸다면 하루 중 일어나는 대수롭지 않은 일들에 평정심이 자꾸 흐트러질 것이다. 나아가 세네카는 이렇게 말한다. "우리가 일으키는 화는 실제로 입은 해보다 언제나 더 오래간다."[7] 사소한 일로 평정심이 흐트러진다면 얼마나 어리석은 일인가.

보았듯이 스토아철학자들은 유머로 모욕을 비껴가라고 권했다. 카토는 누군가 얼굴에 침을 뱉자 농담을 했고 소크라테스도 따귀를 갈긴 사람에게 유머를 던졌다. 세네카는 유머가 모욕에 대한 효과적인 대응일 뿐 아니라 화를 예방하는 데도 유용하다고 했다. "우리를 눈물로 몰아가는 것들에 대한 올바른 대응은 웃음, 그 중에서도 커다란 웃음이다."[8] **우리에게 일어나는 안 좋은 일을 부당한 일이 아니라 재미있는 일이라고 생각해 보라. 그러면 자칫 우리를 화나게 만들 수 있었던 일이 재미의 원천으로 바뀔 것이다.** 카토와 소크라테스는 모욕에 유머로 응대해 모욕을 비켜갔다. 뿐만 아니라 모욕을 준 사람에게 화를 내지 않을 수 있었다.

마르쿠스도 화를 일으키지 않는 법에 관한 조언을 주었다. **보았듯이 그는 영원하지 않은 세상의 속성에 대해 숙고할 것을 권했다. 그렇게 한다면 우리가 중요하게 여기는 많은 것들이 사물의 거대한 계획에서 볼 때 그리 중요하지 않음을 깨달을 것이다.** 마르쿠스는 백 년 전 베스파시아누스 황제(서기 70~79년) 시대를 돌아본다. 당시 사람들도 결혼을 하고 아이를 키우고 농사를 짓고 사랑을 하고 서로 시기하고 싸우고 잔치를 벌이는 등 여느 곳과 다름없는 일상을 살았다. 그러나 마르쿠스는 "오늘날 그 삶의 조그마한 흔적도 남아 있지 않다"고 지적한다.[9] 그렇다면 우리 세대의 운명도 크게 다르지 않을 것이다. 우리 세대에게 매우 중요해 보이는 것들이 우리 손자 세대에게는 중요하지 않을 것이다. 따라서 어떤 것에 화를 내는 자신을 보았을 때는 그것의 우주적 (비)중요성에 대해 잠시 숙고해야 한다. 그렇게 하면 애당초 화의 싹을 자를 수 있다.

✦

화를 막으려고 노력했음에도 상대의 행동이 어쨌든 우리를 화나게 했다고 하자. 세네카는 이런 때는 우리의 행동이 다른 사람을 화나게 하는 경우도 있다는 사실을 기억하면 화를 이기는 데 도움이 된다고 했다. "우리는 나쁜 사람들 사이에 살아가는 나쁜 사람이다. 이런 상황에서는 서로 관대하게 대해야 한다는 데 동의하는 수밖에 없다." 세네카가 조언하는 분노 관리법은 불교와 유사한 면이 있다. 세네카는 화가 나면 화로 인해 일어난 말과 행동을 반대의 것으로 바꾸라고 했다. 경직된 얼굴 근육을 이완하고 목소리를 부드럽게 하며 걸음걸이를 늦추라는 것이다. 이렇게 하면 우리의 내면이 외면을 닮아갈 것이고, 그러면 화도 사라질 거라고 한다.[10] 불교도 이와 비슷한 '생각 바꾸기' 기법을 수련한다. 불선한 생각이 일어났을 때 불교인은 반대되는 선한 생각을 떠올리고자 노력한다. 화가 일어나면 사랑을 떠올리는 식이다. 서로 반대되는 두 생각은 동시에 한 마음에 존재할 수 없으므로 선한 생각이 불선한 생각을 몰아낸다는 것이다.[11]

그런데 만약 화를 통제하지 못하고 터뜨렸다면 어떻게 해야 할까? 우리를 화나게 만드는 사람에게 실제로 발끈한 경우에는? 이때는 사과를 해야 한다. 발끈한 데서 입은 대인관계의 피해는 사과만으로 즉각 복구할 수 있다. 사과는 사과를 한 사람에게도 도움을 준다. 사과를 함으로써 스스로 마음이 진정될 뿐 아니라 화나게 한 일에 계속 빠져 있지 않는다. 발끈한 자신에 대해 사과하면 더 훌륭한 사람이 된다. 자기 실수를 인정함으로써 이후 같은 실수를 반복할 확률이 줄어들기 때문이다.

누구나 때로 화를 경험한다. 슬픔과 마찬가지로 분노도 어느 정도 자동적으로 일어나는 감정이다. 그렇지만 거의 언제나 화를 내는 것처럼 보이는 사람도 있다. 그들은 사소한 일에도 화를 낸다. 심지어 특별한 자극이 없어도 늘 화난 상태에 있다. 이들은 시간 여유가 있으면 자신을 화나게 한 과거 사건과 평소 자신을 화나게 하는 일들을 떠올리며 즐긴다. 화에 집어 먹히는 동시에 화를 자신의 먹이로 삼는다.

스토아철학자라면 이런 상황을 비극이라고 할 것이다. 우선, 화난 상태로 살기에 우리 인생은 너무 짧다. 늘 화난 사람은 주변에도 불편을 끼친다. 세네카는 묻는다. "그보다는 살아 있는 동안 당신이 사랑받는 존재가 되는 것이 어떤가? 세상을 떠난 뒤 사람들이 그리워하는 존재가 되는 것이 어떤가?"[12] 기쁨을 경험할 수 있는데도 왜 기쁨과 반대되는 것을 겪으려 하는가? 정말로 왜 그러는가?

14
개인적 가치,
명성 추구에 관하여

스토아철학자들이 보기에 사람들이 불행한 이유는 가치 있는 것이 무엇인지 모르기 때문이다. 제대로 모르기 때문에 자신을 행복하게 해주는 것이 아니라 불안하고 비참하게 만드는 것을 좇으며 하루하루를 보낸다.

사람들이 잘못 좇는 것 중 하나가 명성이다. 사람들이 좇는 명성의 크기는 다양하다. 어떤 사람은 세계적 명성을 원하고 어떤 사람은 지역의 명망을 원한다. 지역적 명망을 좇지 않더라도 누구나 자기가 속한 집단에서 인기 있기를 바라며, 자신이 선택한 직업에서 인정받기를 원한다. 그리고 거의 모든 사람이 친구와 친척의 존중을 기대한다. 사람들은 (넓은 의미의) 명성을 얻으면 행복해진다고 믿는다. 그런데 세계적 명성이든 이웃의 존경이든 명성을 얻는 데는 일정한 대가가 따른다는 사실을 사람들은 깨닫지 못한다. 스토아철학자들에 따르면 명성을 좇을 때 치르는 대가는 명성으로 누리는 혜택보다 훨씬 크다.

✦

에픽테토스는 이런 예를 들어 명성을 좇을 때 치르는 대가를 보였다. 당신의 목표가 당신이 속한 사회 집단에서 **명성(fame)**을 얻는 것, 즉 **유명해지는(famous)** 것이라고 하자. 그리고 이 집단에 속한 어떤 사람이 연회를 열었는데 당신을 초대하지 않았다고 하자. 그가 당신을 무시한 데 화가 난다면 이것이 당신이 치러야 하는 대가다. 그런데 에픽테토스는 이렇게 지적한다. 만약 그가 당신을 초대했더라도 그것은 당신이 그에 대한 '값'을 이미 치렀기 때문이다. 당신은 연회 주최자에게 그간 관심을 보이며 칭찬을 퍼붓는 수고를 아끼지 않았을 것이다. 에픽테토스에 따르면 이 정도 대가도 치르지 않고 연회의 한 자리를 원한다면 당신은 욕심에다 어리석음까지 갖춘 사람이다.[1]

에픽테토스가 보기에 이 경우 당신은 사회적 지위에 무관심한 편이 훨씬 나았다. 사회적 지위에 무관심했다면 주최자의 비위를 맞추느라 시간을 쓸 필요도, 그가 당신을 연회에 초대하지 않은 것만으로 당신을 화나게 만들 일도 없었을 것이다.

스토아철학자들은 자유를 중시했다. 그래서 우리가 가진 힘을 타인에게 넘겨주는 행위는 무엇이든 꺼렸다. 사회적 지위를 좇는다는 것은 우리를 지배하는 힘을 다른 사람들에게 넘겨주는 것과

같다. 사람들이 우리를 존경하도록 계산된 행동을 해야 하며, 탐탁지 않게 여길 행동은 조심해야 한다. 이런 이유로 에픽테토스는 사회적 지위를 좇지 말라고 권한다. 타인을 기쁘게 하는 것을 목표로 삼으면 자신을 기쁘게 하는 자유를 잃는다. 에픽테토스는 이를 두고 자신을 노예로 만드는 것이라고 했다.[2]

에픽테토스에 따르면 자유를 지키려면 나에 관한 사람들의 평판에 무심해야 한다. 사람들의 불인정이 싫다면 그만큼 사람들의 인정에도 초연해야 한다. 에픽테토스는 나를 칭찬하는 사람들에 대한 가장 적절한 대응은 그들을 비웃어주는 것이라고 했다.[3](물론 소리 내어 웃어서는 안 된다! 스토아철학자들은 우리에 관한 타인의 의견에 무심하라고 조언했지만 무관심을 속으로 숨기라고 했다. 그들의 생각에 개의치 않는다고 겉으로 소리 내어 말하는 것은 그들에게 최악의 모욕을 안기는 일이다.)

마르쿠스도 에픽테토스의 생각에 동의한다. 다른 사람이 나에 대해 어떻게 생각하는지 걱정하는 것은 어리석은 일이다. 나와 가치관이 다른 사람들의 인정을 구하는 것은 더욱 어리석다. 우리의 목표는 나에 관한 타인의 의견에 무심해지는 것이어야 한다. 마르쿠스는 타인의 의견에 무심해질 수 있다면 삶의 질이 향상될 것이라고 말한다.[4]

나에 관한 사람들의 생각에 개의치 말라는 조언은 내가 통제할 수 없는 것에 관여하지 말라는 스토아철학의 조언과도 일관된다. 내게는 다른 사람이 나를 비웃지 않게 할 힘이 없으므로 나를 비웃지 않게 만드는 데 시간을 쓰는 것은 어리석다. 대신 마르쿠스는

이 시간을 내가 통제할 수 있는 일, 즉 타인의 비웃음을 살 일을 하지 않는 데 써야 한다고 말한다.[5]

마르쿠스는 많은 사람이 궁극의 명성으로 간주하는, 죽은 뒤의 명성에 관해서도 조언한다. 그에 따르면 죽은 뒤의 명성은 '공허한' 명성이다. 죽은 뒤 사람들에게 기억되기를 바라는 것이 얼마나 어리석은지 생각해 보라. 우선, 죽은 자는 명성을 '누릴' 수 없다. 또 미래 세대가 그들이 한 번도 본 적 없는 사람을 칭찬할 것이라고 기대하는 것도 부질없다. 자주 얼굴을 맞대는 동시대 사람을 칭찬하기도 쉽지 않은 일이다. 마르쿠스는 미래의 명성을 구하기보다 자신의 현재 상황을 다루는 편이 낫다고 말한다. '오늘을 최대한 활용하라'는 것이 그의 조언이다.[6]

나에 관한 사람들의 의견에 무심하라는 스토아철학자들의 권고가 옳다 해도 대부분 사람에게 그것을 실천하기란 쉽지 않다. 우리는 대개 자신에 관한 사람들의 의견에 집착한다. 사람들의 존경을 얻기 위해 노력하며 존경을 얻은 뒤에는 잃지 않으려고 애쓴다.

스토아철학자들은 타인의 의견에 대한 집착을 이기는 방법을 소개한다. 그것은 타인의 존경을 얻으려면 그들이 중시하는 가치를 따라야 한다는 점을 깨닫는 것이다. 더 정확히 말하면, 성공에 관한 사람들의 견해에 따라 '성공적인' 삶을 살아야 한다(그들이 성공으로 여기지 '않는' 삶을 산다면 그들이 우리를 존경할 이유가 없다). **따라서 사람들의 존경을 얻고자 하기 전에 성공에 대한 그들의 견해가 우리의 견해와 일치하는지 살펴야 한다. 더 중요한 것은, 그들이 자신들이 중시하는 가치를 좇음으로써 우리가 구하는 평정심을**

실제로 얻고 있는지 확인해야 한다. 만약 그들이 평정심을 얻지 못하고 있다면 우리는 기꺼이 그들의 존경을 포기해야 한다.

타인의 존경에 대한 집착을 극복하는 방법은 또 있다. 사람들이 경멸할 만한 행동을 의도적으로 하는 것이다. 이 점에서 카토는 일부러 유행의 명령을 거스르고는 했다. 모든 사람이 밝은 자주색 옷을 입는데 카토는 짙은 자주색 옷을 입었다. 또 고대 로마인들은 대개 신발을 신고 튜닉(고대 그리스나 로마인들이 입던, 소매가 없고 무릎까지 내려오는 헐렁한 웃옷-옮긴이)을 입고 다녔지만 카토는 신발도 신지 않고 튜닉도 입지 않았다. 플루타르크에 따르면 카토가 이렇게 한 이유는 헛된 명예를 좇기 위해서가 아니라 '정말 부끄러운 것만을 부끄러워하기' 위해서였다. 또 그 나머지 것에 관한 사람들의 저속한 의견을 무시하는 데 익숙해지기 위해서였다.[7] 카토가 사람들의 경멸을 살 만한 행동을 의도적으로 한 이유는 사람들의 경멸을 무시하는 연습을 하기 위해서였다.

많은 사람이 시달리는 두려움 가운데 우리의 자유를 크게 제약하는 두려움이 있다. 그것은 실패에 대한 두려움이다. 사람들이 용기와 결심, 능력을 시험하는 일을 시도하다가 포기하는 이유는 실패에 대한 두려움 때문이다. 어떤 것을 시도하다 실패하느니 차라리 시도하지 않는 편이 낫다고 생각하는 것이다.

물론 상식 있는 사람이라면 누구나 피하려는 실패가 있다. 죽음이나 신체적 손상이 그것이다. 그런데 많은 사람이 피하는 실패는 그런 것과는 무관하다. 실패로 인해 실제로 치러야 하는 대가는 당신의 실패에 보내는 공개적인 조롱과 말없는 연민을 견디는 일이다. 실패를 회피하는 사람들은 공공연한 놀림감이 되느니 아예 시도하지 않는 편이 낫다고 생각한다.

당신의 친구와 친척을 포함한 많은 사람이 당신이 하는 일에서 당신이 실패하기를 바란다는 점을 알아야 한다. 면전에서 그렇게 말하지는 않아도 속으로는 당신이 실패하기를 바라고 있다. 왜냐하면 당신이 성공한다면 그들 자신이 무가치한 존재로 보일 것이며 따라서 그들의 마음이 불편할 것이기 때문이다. 그들은 이렇게 생각한다. '그는 성공했는데 나는 왜 성공하지 못했나?' 따라서 당신이 대담한 시도를 하면 그들은 당신을 비웃으며 당신의 실패를 예견할 것이다. 그러면서 당신에게 목표를 단념하라고 할 것이다. 만약 그들의 경고에도 불구하고 당신이 시도해 성공한다면 그들은 당신을 축하할 수도 있고 축하하지 않을 수도 있다.

5장에서 예를 든 소설가 지망생을 생각해 보라. 그녀의 목표는 자신의 소설을 쓰는 것이었다. 그녀가 친구와 친척, 직장동료에게 자신의 문학적 야망을 털어놓았다고 하자. 어떤 이는 진정으로 그녀에게 용기를 북돋아 줄 테지만 어떤 이는 그녀의 말에 고소한 비관론으로 답할 것이다. 그녀가 소설을 쓰지 못할 것이라고 예견할 것이다. 아니면 소설 쓰기가 어떻게 되어가고 있는지 시계추처럼 정확한 간격으로 성가시게 물을 것이다. 그녀가 소설을 완성했다면 출판사를 찾지 못할 거라 말할 것이고, 출판사를 찾았다면 소설이 잘 안 팔릴 거라 말할 것이다. 소설이 잘 팔리면 독자의 수준이 낮아 성공한 거라고 둘러댈 것이다.

물론 소설가 지망생이 습관적 비관론자들의 인정을 얻는 방법도 있다. 소설가의 꿈을 접기만 하면 된다. 그러면 이 '태클러'들은 두 팔 벌려 그녀를 자신들의 동지로 받아들일 것이다. 자신들의 편안한 소파에 그녀를 앉히고는, 실패에 아랑곳하지 않고 여전히 꿈을 좇는 사람들을 함께 조롱할 것이다. 그녀는 진심으로 이런 사람을 곁에 두고 싶을까? 이들의 인정을 얻기 위해 자신의 꿈을 정말 포기하고 싶을까? 스토아철학자들에 따르면 이 경우 그녀는 타인의 생각에 무심한 편이 낫다. 분명한 것은 그녀가 무엇보다 먼저 태클러들의 의견을 무시하는 법을 배워야 한다는 것이다.

✦

역설적이게도 스토아주의자는 타인의 존경을 거부함으로써 그들의 (마지못한) 존경을 얻기도 한다. 예컨대 사람들은 스토아주의자가 대중의 견해에 무심한 것을 자신감의 징표로 해석한다. 자신이 누구인지 아는 사람, 자신을 괜찮게 여기는 사람만이 이런 종류의 무관심을 보일 수 있기 때문이다. 그들은 자기도 타인의 의견을 무시할 수 있기를 바랄 것이다.

어떤 경우 사람들은 그를 존경하면서 타인의 의견에 초연할 수 있는 비결을 묻기도 한다. 여기에 "스토아철학을 실천해서"라고 답한다 해도 그들이 스토아주의자로 '개종'할 가능성은 높지 않다. 그들은 그가 농담을 한다고 여길 것이다. 요즘 세상에 누가 스토아철학을 실천하며 사는가? 아니면 스토아철학이 그에게는 효과가 있을지라도 개인적 차이로 자신들에게는 효과가 없다고 판단할 것이다. 아니면 더 많은 경우, 그들은 스토아주의자가 누리는 자신감도 좋지만 명성이나 윤택한 생활처럼 그보다 훨씬 좋은 것들을 추구하는 것이 더 낫다고 결론지을 것이다.

15
개인적 가치,
사치스러운 생활에 관하여

명성 외에 사람들이 중요하게 여기는 것으로 부(富)가 있다. 언뜻 명성과 부는 별개로 보인다. 그런데 따져보면 부를 얻는 주된 이유는 명성을 얻기 위함이라고 할 수 있다.[1] 사실, 우리가 부를 추구하는 이유는 부를 가지고 구매하는 물질이 타인의 감탄을 얻고 그 결과 우리에게 명성을 얻어 준다고 여기기 때문이 아닌가. 그런데 만약 명성이 추구할 가치가 없는 것이라면? 또 우리가 명성 때문에 부를 얻고자 하는 것이라면? 그렇다면 부는 추구할 가치가 없는 것이 된다. 그리고 앞 장에서 보았듯이 스토아철학자들에 따르면 명성은 추구할 가치가 확실히 없다.

세네카는 어머니 헬비아에게 보낸 위로문에서 인간의 몸이 얼마나 왜소한지 상기시키며 이렇게 묻는다. "우리 몸에 담을 수 있는 양이 이렇게나 적은데 그렇게나 많은 것을 원하는 게 제정신일까요?" 세네카는 또 이렇게 말한다. "돈의 액수가 마음 상태보다 중요하다고 여긴다면 어리석은 짓이다."[2] 무소니우스도 여기에 동의한다. **그에 따르면 부를 가진다고 슬픔 없는 삶을 살 수 없으며, 늙으면 부가 우리를 위로할 수도 없다. 부는 물질적 사치를 얻고 감각적 쾌락을 누리게 하지만 진정한 만족을 가져다주지도, 슬픔을 물리치지도 못한다.** 무소니우스는 큰 부를 가진 수많은 부자들이 슬픔과 비참을 겪은 사실을 들며 이 주장을 뒷받침한다.[3] 비슷한 맥락에서 에픽테토스는 이렇게 주장한다. "화난 상태로 풍요에 빠져 사느니 괴로움과 두려움이 없는 상태로 배고픔으로 죽는 편이 낫다."[4] 에픽테토스에 따르면 부가 필요하지 않은 상태가 부 자체보다 더 가치 있다.[5]

부를 얻었지만 행복하지 않다면 불행한 일이다. 무소니우스는 이런 상황이 안 좋은 이유를 이렇게 말한다. "부는 사람을 비참하게 만드는 힘을 가졌다. 누군가를 비참하게 만들고 싶다면 그에게 돈을 퍼부어라." 한번은 무소니우스가 철학자 행세하는 사람에게 큰돈을 빌려주었다. 사람들은 그가 악덕 사기꾼이라고 수군댔지만 무소니우스는 빌려준 돈을 돌려받지 않고 그냥 줘버렸다. 무소니우스는 웃으며 말했다. "정말 나쁜 사람이라면 그 돈을 받을 자격이 충분하네."[6]

✦

대부분의 사람은 부를 통해 호화로운 생활을 꾸리며 사람들의 부러움을 산다. **그러나 그저 '잘 사는' 것이 아니라 '좋은 삶을 사는' 것이 목적이라면 스토아철학자들은 사치스런 생활이 오히려 역효과를 부른다고 보았다.** 사치스런 생활과 관련해 호화로운 음식을 생각해 보자. 값비싼 음식을 먹으면 소박한 음식을 먹을 때보다 더 큰 쾌락을 느낄까? 무소니우스는 그렇지 않다고 본다. 무소니우스에 따르면 호화로운 음식을 달고 사는 사람은 무딘 날을 계속 갈아야 하는 대팻날과 같다. 그는 최고급 와인과 자극적인 소스로 맛을 돋운 식사가 아니면 만족하지 못할 것이다.[7]

일단 사치스런 생활을 맛보고 나면 단순한 것에서 기쁨을 느끼기가 어렵다. 마카로니 한 그릇과 치즈 한 조각, 우유 한 잔이면 충분했던 식사는 몇 달 간의 사치스런 생활에 길들여진 까다로운 입맛을 만족시키지 못한다. 이제 우리는 마카로니를 거부하고 페투치니 알프레도(길고 납작한 파스타를 버터, 치즈, 크림에 버무려 맛을 낸 이탈리아 요리)에 브랜드 생수를 함께 마셔야 한다. 또 머지않아 우리는, 경제적 여유가 된다면 이것마저 거부하고 메인 새우와 주키니(서양호박) 꽃을 얹은 리조또를 음식 평론가가 극찬하는 리슬링 백포도주와 함께 먹고 싶어 한다. 물론 그 전에 삶은 아티초크(국화과 식물. 꽃봉오리의 속대를 식용)와 누에콩, 발랑세 치즈(염소 생젖으로 만든 명품 치즈), 방울토마토 콩피(기름에 재료를 넣어 낮은 온도에서 오랜 시간 조리하는 요리)를 얹은 근사한 꽃상추 샐러드도 먹어야 한다.[8]

이때 흥미로운 일이 일어난다. 사람들은 소박함을 즐기는 능력을 잃어버린 데 슬퍼하기보다 '최고'가 아니면 즐기지 못하는, 새로 얻은 자신의 능력을 뿌듯해한다. 스토아철학자는 이런 사람을 불쌍히 여긴다. 왜냐하면 마카로니와 치즈처럼 쉽게 얻을 수 있는 소박한 음식을 즐기는 능력을 잃은 그는 삶을 즐기는 능력이 크게 손상되었기 때문이다. **스토아철학자들은 이런 '높은 눈'의 희생자가 되지 않도록 유의했다. 그들은 평범한 삶, 기본만 갖춘 생활에서 기쁨을 찾는 능력을 중시했다.**

무소니우스가 소박한 식사를 중시한 것도 이런 이유였다. 그는 과일, 녹색야채, 우유, 치즈처럼 조리하지 않아도 되는 음식을 먹는 것이 좋다고 했다. 또 육류를 피했는데, 야생동물이 먹는 음식이라고 생각했기 때문이다. 무소니우스는 쾌락이 아니라 영양을 고려해 먹어야 한다고 했다. 혀를 기쁘게 하는 것이 아니라 몸을 튼튼히 하는 목적으로 먹을 것을 골라야 한다. 무소니우스는 키니코스학파인 크라테스의 선례를 따르라고 한다. 먹기 위해 살지 말고 살기 위해 먹으라는 것이다. 미각의 쾌락을 좇으며 삶을 낭비해서는 안 된다.[9]

언뜻 무해해 보이는 미각의 쾌락을 무소니우스가 멀리한 이유는 무엇일까? 그가 보기에 미식의 쾌락은 결코 무해하지 않다. 무소니우스는 미식에 길드는 것을 경계하라는 제논의 말을 상기시키며 거기에 빠지면 멈추기가 어렵다고 했다. 몇 달, 몇 년마다 한 번씩 접하는 쾌락과 달리, 먹는 것은 매일 먹어야 한다. 먹을 때마다 쾌락의 유혹을 받는다면 거기에 굴복할 위험이 더욱 커진다. 무소니우스는 이렇게 말했다. "음식의 쾌락은 우리가 맞서 싸워야 하는 쾌락 가운데 가장 힘든 상대다."[10]

사치스런 생활을 하는 사람들은 값비싼 음식을 즐기는 외에도 비싼 옷을 입고 호화로운 저택에 산다. 그러나 스토아철학자들에 따르면 소박한 음식을 먹어야 하는 것과 동일한 이유로 우리의 옷과 주거, 가구도 소박해야 한다. 무소니우스는 사람들의 부러움을 사기 위해서가 아니라 몸을 보호하기 위해 옷을 입어야 한다고 했다. 마찬가지로, 우리가 사는 집도 기능에 중점을 두어야 한다. 극심한 추위와 더위를 막고, 햇볕과 바람을 막아주는 걸로 충분하다. 동굴에서 이것이 가능하다면 동굴에서 살아도 상관없다. 무소니우스는 화려한 정원과 천장에 금박을 입힌 대저택은 유지관리가 어렵다고 했다. 소박한 집은 가구도 단순하게 갖추어야 한다. 부엌에는 금은 그릇이 아니라 도기나 철 그릇이면 충분하다. 무소니우스에 따르면 도기와 철 그릇은 요리가 수월할 뿐 아니라 누가 훔쳐갈 염려도 없다.[11]

호화로운 생활을 경험하고 나면 무엇이든 쉽게 만족하지 못한다는 것도 문제다. 사치를 누리면 더 호화로운 삶을 향한 욕망이 일어난다. 세네카는 이 주장을 지지하며 친구 루킬리우스에게 큰 부자가 된 장면을 상상해 보라고 한다. 그가 사는 집에 대리석 바닥을 깔고 금장식을 했다고 하자. 귀족의 자주색 옷도 걸쳤다고 하자. 세네카는 루킬리우스가 모든 것을 갖추어도 행복하지 않을 거라고 말한다. "자네는 이제 더 큰 갈망을 일으킬 것이네." 이것은 사치의 욕망이 인간의 자연스런 욕망이 아니기 때문이다. 자연스러운 욕망은 가령 목이 마를 때 물을 마시고 싶은 욕망이다. **자연스러운 욕망은 충족이 가능하나 자연스럽지 않은 욕망을 완전히 충족시키기란 불가능하다.**[12] 그러므로 무언가를 원할 때는 잠시 멈춰 이것이 자연스러운 욕망인지 아닌지 물어야 한다. **자연스럽지 않은 욕망이라면 이것을 충족시켜야 하는지 다시 생각해야 한다.**

세네카는 사치가 자신의 간계를 이용해 악덕을 조장한다고 경고한다. "사치에 빠지면 처음에는 우리에게 필요하지 않은 것을 원하고, 다음에는 해로운 것을 원하게 된다. 사치에 빠진 마음은 육체적 변덕과 쾌락의 노예가 된다."[13] 이런 맥락에서 무소니우스는 사치에 빠져 사느니 차라리 병에 걸리겠다고 했다. 그에 따르면 병은 우리 몸에 해를 입히지만, 사치는 우리를 무절제한 겁쟁이로 만들어 영혼에 해를 입힌다. 그의 결론은, 사치스러운 생활은 어떤 일이 있어도 피해야 한다는 것이다.[14]

스토아철학자의 조언을 새기며 사치스런 생활을 포기할 때 자신의 필요를 더 수월하게 충족할 수 있다. **세네카의 말처럼, 삶에 반드시 필요한 것은 값싸고 쉽게 얻을 수 있다.**[15] **사치를 탐하는 자는 그것을 얻기 위해 많은 시간과 노력을 들여야 하나, 사치를 삼가는 자는 그 시간과 노력을 더 가치 있는 일에 쓸 수 있다.**

✦

그렇다면 우리는 얼마만큼의 부를 가져야 하는가? 세네카에 따르면 우리의 재정적 목표는 완전한 빈곤의 나락에 떨어지지 않는 것이면 된다. 빈곤에서 아주 멀지 않은 정도만 가지면 된다는 것이다. 세네카는 사치를 삼가고 검약을 실천하며 공평한 눈으로 가난을 보라고 했다.[16] 그는 스토아주의자의 생활은 현자의 생활과 일반인의 생활 중간 즈음에 있어야 한다고 했다.[17] 에픽테토스의 조언은 더 소박하다. 그는 몸에 필요한 최소한의 것만 가지라고 했다. 몸에 필요한 최소한의 것은 무엇인가? 굶어죽지 않을 만큼의 음식, 몸을 덮을 정도의 옷, 몸을 에워쌀 정도의 집이 그것이다.[18] 부정적 시각화를 연습하는 스토아주의자는 간소한 생활에도 사치와 안락에 빠진 자보다 가진 것에 더 만족할 수 있다.

에픽테토스는 자존감, 자기 신뢰, 고결함이 부보다 가치 있음을 잊지 말라고 했다. 부를 얻기 위해 이런 개인적 품성을 포기하는 것은 어리석은 짓이다. 부유하다고 해서 반드시 한 인간으로서 더 훌륭하지 않다는 점도 기억해야 한다.[19] 세네카는 루킬리우스에게 이렇게 말했다. "보잘것없는 벌이에 자신을 맞추는 자, 적은 돈으로도 스스로 부자인 자, 그가 진정한 부자이네."[20] 이렇게 말한 사람은 스토아철학자들만이 아니었다. 지구 반대편 노자도 비슷한 말을 했다. "만족하는 자가 곧 부자다."[21]

✦

스토아주의자는 부를 좇지 않음에도 부를 얻을 수 '있다'. 왜냐하면 스토아주의자는 동료 인간에게 유익한 존재가 되기 위해 자신이 할 수 있는 일을 다 하기 때문이다. 그는 자기 절제와 성실의 미덕을 발휘할 것이고 이 품성들은 그가 임무를 달성하는 데 도움이 될 것이다. 그는 사람들에게 실질적인 도움을 줄 것이며, 사람들은 이에 대해 보상할 것이다. 이처럼 스토아주의자는 스토아철학을 실천함으로써 경제적인 보상까지도 얻을 수 있다.

그런데 이 스토아주의자가, 역시 스토아철학을 실천한 덕분에 사치스런 생활에 흥미를 잃었다고 하자. 그는 소비재 물건에 대한 갈망이 더 이상 일어나지 않는다. 그러면 수입의 상당 부분이 남아 돌 것이고 따라서 부자가 될 것이다. 부를 낮잡아보는 스토아주의자가 부의 획득을 중요한 목표로 삼는 자보다 더 부자가 되는 아이러니가 발생한다. 앞서 살펴본 로마의 스토아철학자들도 이런 '번영의 역설'을 경험했다. 세네카와 마르쿠스는 큰 부자였고, 무소니우스와 에픽테토스도 유명한 철학 학파의 수장으로 경제적으로 안정된 생활을 누렸다(보았듯이 무소니우스는 철학자 행세하는 사기꾼에게 큰돈을 빌려줄 정도로 수입이 넉넉했다).

그렇다면 부를 추구하지 않았음에도 부자가 된 경우에 스토아주의자는 어떻게 해야 할까? 이때 스토아철학은 부를 포기하지 말고 즐기라고 한다. 자신과 주변사람을 위해 부를 사용하라고 한다. **그러나 이때도 부를 누리는 데 신중해야 한다. 내가 쌓은 부가 언제든 사라질 수 있다는 사실을 유념해야 한다. 한발 나아가, 부를 잃을 '준비를 하며' 지내야 한다. 자주 가난을 체험해야 한다. 또 부를 누리는 중에 자칫하면 자신의 품성이 망가질 수 있고, 삶을 즐기는 능력도 손상될 수 있음을 잊지 말아야 한다.** 이런 이유로 그는 사치스런 생활을 멀리할 것이다. 스토아주의자가 부를 누리는 모습은 막 로또에 당첨된 사람과 완전히 다르다.

이 점에서 스토아학파는 키니코스학파와 달랐다. 키니코스학파는 추종자들에게 극도의 빈곤 생활을 요구하지만 스토아학파는 그렇지 않았다. 세네카의 말처럼 스토아철학은 '고행이 아닌 평범한 삶'을 요청한다.[22] 세네카는 타인에게 해를 입히지 않는 한, 스토아주의자가 부를 쌓는 것은 용인할 수 있다고 보았다. 부에 집착하지 않는 한, 스토아주의자는 얼마든지 부를 누려도 좋다. 핵심은 어떤 것을 즐기되 거기에 무심할 수 있느냐는 것이다. 세네카는 이렇게 말했다. "나는 부를 가졌을 때나 잃었을 때나 그것을 낮잡아 본다. 수중에 부가 없다고 의기소침하지 않으며, 곁에 부가 번쩍인다고 기고만장하지 않는다." 현명한 사람은 "부에 파묻혀 살지 않듯이 가난에 대해서도 심각하게 고민하지 않는다. 부를 주인이 아닌 하인으로 여긴다."[23] 부를 얼마나 진심으로 즐겨도 좋은지에 관해서는 스토아철학자들 사이에 조금씩 의견이 달랐다. 무소니우스와 에픽테토스는 사치스러운 생활에 조금만 노출되어도 스토아주의자의 품성이 오염된다고 보았다. 반면, 세네카와 마르쿠스는 궁궐에 살아도 얼마든지 품성이 오염되지 않을 수 있다고 보았다.

부에 관한 스토아철학의 견해와 유사한 관점은 불교에서도 찾아볼 수 있다. 스토아주의자와 마찬가지로 불교인도 부에 집착하지 않는 한 얼마든지 부자가 되어도 좋다고 보았다. 부처는 당시 거부였던 아나타삔디까에게 이렇게 조언했다. "부에 집착한다면 마음이 오염될 것이니 차라리 부를 버리는 편이 낫다. 그러나 부에 집착하지 않는다면, 그리고 소유한 부를 바르게 사용한다면 주변 사람에게 축복이 될 것이다."[24]

✦

부에 관한 이 말은 명성에도 그대로 적용된다. 보았듯이 스토아철학자들은 명성을 추구하지 않았다. 그들은 자신에 관한 사람들의 의견에 무심했음에도 유명해졌다. 실제로 앞서 살펴본 네 사람의 로마 스토아철학자 모두 명성을 누렸다.(무소니우스와 에픽테토스는 세네카와 마르쿠스만큼 유명하지 않았지만 자신들의 활동 영역에서 꽤 인정을 받았다. 무소니우스와 에픽테토스의 철학 학교에 다니지 않은 로마인들도 그들의 이름 정도는 들어보았다.)

그렇다면 명성을 좇지 않았음에도 명성을 얻은 스토아주의자는 어떻게 해야 할까? 자신이 얻은 부를 즐기듯이, 추구하지 않은 명성을 얻었다면 그것을 즐겨야 할까? 스토아주의자가 명성을 즐길 때는 부를 즐길 때보다 더 신중할 것이다. **사치스런 생활에 사용한 부도 우리를 타락시키지만 명성이 우리를 타락시킬 위험은 훨씬 크다. 유명세에 따르는 기분 좋은 느낌은 더 큰 명성에 대한 갈망을 일으킨다.** 그리고 더 큰 명성을 성취하는 확실한 방법은 사람들의 존경을 얻는 식으로 계산된 말을 하고 그에 따라 사는 것이다. 그런데 이렇게 하려면 스토아철학의 원칙을 어기는 수밖에 없다.

스토아주의자는 자신에게 다가온 명성을 즐기고만 있지 않을 것이다. 그는 자기에게 주어진 사회적 의무를 다하는 데 자신의 명성을 활용할 것이다. 무소니우스와 에픽테토스가 사람들에게 이름이 알려지는 것을 마다하지 않은 이유도 이것이었다. 그들은 유명해지면 자신들의 학파에 많은 사람이 모여 더 효과적으로 스토아 철학을 세상에 전할 수 있다고 보았다.

16

유배,
사는 곳이 바뀌어도 살아남는 법

고대 로마에서 사람들은 실제와 추정상의 여러 범죄로 유배형을 선고받았다. 특히 철학자는 유배를 갈 확률이 더 높았다. 실제로 로마에서 철학자들이 추방당한 사례가 세 번이나 있었다. 기원전 161년, 베스파시아누스 황제 시대(서기 70~79년), 도미티아누스 황제 시기가 그것이다.

철학자는 일반인보다 추방 가능성이 높았다. 그런데 스토아철학자가 추방당할 확률은 일반 철학자보다 더 높았다. 권력의 실세에 아랑곳하지 않고 자신들의 사회적 의무를 고집스레 실천한 스토아철학자들은 많은 정적을 만들었다. 네 명의 위대한 로마 스토아철학자 가운데 황제였던 마르쿠스 아우렐리우스만이 추방을 면했다. 세네카와 에픽테토스는 한 차례, 무소니우스는 두 차례 유형을 당했다. 그 밖에 유배당한 스토아철학자로 루틸리우스 루푸스,

포시도니우스, 헬비디우스 프리스쿠스, 파코니우스 아그리피누스가 있다. 이들은 그나마 운이 좋은 축에 속했다. 권력자의 심기를 건드려 사형을 당한 스토아철학자도 있었다. 트라세아 파이투스, 바레아 소라누스의 운명이 그랬다.(역사가 타키투스에 따르면, 이 두 사람의 스토아철학자를 죽이려는 네로 황제의 욕망은 '덕을 뿌리 뽑으려는' 시도와 다름없었다.)[1]

유형에 대한 파코니우스의 반응은 사람들이 개인적 수난으로 여기는 것에 스토아철학이 어떻게 응대했는지 보여준다. 누군가 파코니우스에게 그에 대해 원로원에서 재판 중이라고 했다. 파코니우스는 관심을 보이지 않으며 매일 하던 운동과 목욕을 평소처럼 했다. 이윽고 선고가 내려졌다는 소식을 듣고는 이렇게 물었다. "유형이오, 사형이오?" 유형이라는 대답에 그는 아리키아(이탈리아 라치오주 로마현에 위치한 코무네. 고대 로마와 로마 이전의 전설과 종교에서 중요한 지역이었다)에 있는 자신의 별장도 몰수당했는지 물었다. 몰수당하지 않았다는 대답을 듣고는 이렇게 말했다. "그럼, 아리키아에 가서 함께 저녁이나 합시다." 에픽테토스는 파코니우스의 사례를 스토아적 행동의 모범으로 든다. "반복해 익혀야 하는 교훈을 익혔다는 것은 이런 것이다. 욕망과 혐오에서 완전히 벗어났다는 것은 이런 것이다. 나는 틀림없이 죽는다. 지금 죽는다면 나는 당장 죽을 것이다. 조금 뒤 죽는다면 지금은 점심시간이므로 점심을 먹은 뒤에 죽을 것이다."[2]

물론 오늘날 철학자들은 추방을 두려워하지 않는다. 과거에 비해 정부의 의식이 크게 향상되었다. 그렇지만 오늘날 철학자들이 추방을 걱정하지 않는 데는 철학자들이 정치인과 대중의 눈에서 사라졌다는 사정도 작용한다. 나는 어떤 때 우리나라 정부가 철학자를 추방하는 방안을 고려하면 어떨까 속으로 상상한다. 추방이 너무하다면 철학자들을 며칠간 한곳에 모아놓는 것은 어떨까. 그러면 철학자들 사이에 무언가 깨닫는 것이 있을 것이다. 나와 철학자 동료들이 추방당하기를 바라서가 아니다. 정부가 특정 집단을 추방한다는 것은 그 집단이 중요하다는 반증이다. 어쨌거나 그 집단이 사회 내에서 존재 의미가 있다는 뜻이며, 권력자들이 그들의 존재를 신경 쓴다는 뜻이다. 나의 바람은 철학이 고대 로마에서처럼 우리 사회에서도 중요한 역할을 했으면 하는 것이다.

✦

12장에서 세네카가 어머니 헬비아를 위로한 일에 대해 말했다. 헬비아는 아들의 유형을 슬퍼했으나 세네카는 유형이 사람들이 생각하는 것만큼 나쁘지 않다는 말로 어머니를 위로한다. 세네카가 보기에 유형이란 '사는 장소가 바뀐 것'에 불과하다. 더욱이 그는 최악의 유배지에도 자기 의사에 따라 그곳에 살아가는 주민이 있다고 말한다.[3]

유형으로 나라와 가족, 재산을 모두 잃었다고 여길지 몰라도 세네카에 따르면 유형을 가더라도 가장 중요한 것, 자연 속 자신의 자리와 자신의 미덕은 함께 가져간다. 세네카는 이렇게 말한다. "우리를 부자로 만들어 주는 것은 마음이다. 유형을 가더라도 마음은 함께 간다. 거친 자연에서도 생명 유지에 꼭 필요한 것은 무엇이든 구할 수 있으므로 자연이 가진 것을 얼마든 즐길 수 있다."⁴ 세네카는 유배지에서 읽고 쓰고 자연을 탐구하는 데 시간을 보냈다.

앞서 보았듯이 황량한 자이아로스 섬에 보내진 무소니우스는 가장 가혹한 유배를 당했음에도 그를 찾아간 사람들은 불평하거나 낙담하는 무소니우스를 본 적이 없었다. 무소니우스는 유배가 조국을 빼앗았을지 모르나 유배를 견디는 힘까지 빼앗지는 못한다고 했다. **무소니우스에 따르면 유배는 한 사람의 진정 가치 있는 것을 조금도 빼앗지 못한다. 유배는 그의 용기와 정의감을 앗아가지 못한다. 덕을 갖춘다면, 즉 올바른 가치를 지닌다면 유배는 우리에게 해를 주거나 우리를 비참하게 만들지 못한다. 반면에 덕을 지니지 못한다면 유배는 우리가 가치 있다고 (잘못) 여기는 것을 상당 부분 앗아갈 것이고 그로써 우리는 비참하다고 (잘못) 느낄 것이다.⁵**

무소니우스에 따르면 유배 생활을 견디며 잘 살려면 사는 곳이 아니라 자신이 중시하는 가치에 행복이 달려 있음을 기억해야 한다. 실제로 무소니우스는 자신을 로마 시민이 아니라 인간과 신이 사는 제우스 도시의 시민으로 여겼다.⁶ 그는 유배지에서도 사람을 사귈 수 있다며, 진정한 친구라면 우리가 유배당했다는 이유만으로 교류를 끊지 않을 거라고 했다. 그에 따르면 유배 중 무언가 결핍되었다는 느낌이 든다면 그것은 사치스런 생활을 원한다는 반증이다. 또 유배 간 사람은 로마 사람이 갖지 못한, 자기 속내를 터놓고 말할 수 있는 자유를 갖는다.

무소니우스는 유배가 사람을 좋은 방향으로 바꾼다고 말한다. 유배는 사치스런 생활을 줄여 건강을 호전시킨다. 또 유배를 통해 시노페의 디오게네스 같은 평범한 사람이 철학자로 변신하기도 한다.[7] 디오게네스는 키니코스학파 철학자가 되기 전에 은행가였던 아버지가(혹은 그 자신이) 주화에 불순물을 섞었다는 죄목으로 시노페를 떠나야 했다. 나중에 어떤 사람이 디오게네스에게 수치심을 주려고 이 사건을 꺼내자 디오게네스는 견유학파 특유의 위트로 응수했다. "시노페 사람들이 나에게 유형을 선고한 것은 사실이지만 반대로 나는 그들에게 시노페에 남는 형을 내렸다."[8]

✦

스토아철학자들이 유배에 관심이 많았던 이유는 분명하다. 말했듯이 권력의 눈치를 보지 않았던 그들은 유형을 당할 확률이 유독 높았다. 오늘날 사람들은 정부에 의해 유형 당하는 두려움을 느끼지 않는다. 그래서 유형에 관한 스토아철학자들의 조언이 이론적, 역사학적 흥밋거리에 불과하다고 여길 수 있지만 실은 그렇지 않다. 이 책을 읽는 독자들이 정부로부터 유형을 당할 확률은 거의 없다. 하지만 지금의 사회적 추세로 볼 때 자녀로부터 유형당할 가능성, 다시 말해 요양원에 보내질 가능성은 얼마든지 있다. 요양원에 들어가는 일은 마음의 평정을 크게 흩트리는 삶의 변화 가운데 하나다. 이 '유형'으로 우리는 소중한 마지막 날들을 즐기지 못하고 불평 속에 보낼 수도 있다. 다음 장에서 이 특별한 종류의 유형과 늙어감의 문제를 살펴본다.

17
노년,
요양원에 보내지는 것에 관하여

내가 대학교수로서 이십대 청년들과 함께하며 알게 된 사실이 있다. 그들은 세상에 못할 것이 없다고 믿는다. 그들은 실제든 비유든 자신이 언젠가 '스타'가 될 거라고 확신한다. 젊은 혈기의 이런 생각은 이해할 만하지만 놀라운 것은 스타가 되면 영원히 행복을 누린다고 믿는 그들의 생각이다. 그들은 연예계 뉴스를 자세히 볼 필요가 있다. 이상적인 이성 친구와 완벽한 배우자, 신의 직장, 주변의 사랑과 존경 등 세상에는 젊은이들이 가지고 누릴 것이 널렸다. 이런 상황에서 소박한 평정심 따위는 그들의 성에 차지 않는다. 젊은 이십대에게 스토아철학은 '루저의 철학'이다. 그들은 '루저'가 되기를 원치 않는다.

극단적인 경우 젊은이들은 삶의 좋은 것을 누리는 것을 당연하게 여긴다. 그들은 어떤 길을 택하든 자신의 앞길에 레드카펫이 깔리는 것을 필생의 과업으로 여긴다. 레드카펫이 깔리지 않으면, 즉 선택한 길이 울퉁불퉁하고 군데군데 바퀴 자국이 패었거나 막다른 골목이라면 그들은 놀라며 생각한다. '아냐, 이렇게 될 수는 없어! 누군가, 어딘가에서 끔찍한 실수를 저지른 게 분명해!'

그러나 한 해, 두 해 지나면 이십대들은 삶이 자신의 앞길에 장애물을 드리운다는 사실을 깨닫는다. 그러면서 장애물을 뛰어넘는 기술을 키운다. 세상이 명성과 부를 거저 주지 않으면 얻기 위해 노력해야 함을 깨닫는다. 그들은 명성과 부를 얻기 위해 노력을 경주한다. 세상은 종종 그들의 노력에 보상을 한다. 그 결과 삼십대가 되면 그들의 외적 상황은 이십대 때 기대했던 만큼은 아니어도 꽤 괜찮은 상태가 된다. 이제 그들은 조금 더 노력하면 그토록 꿈꾸던 완벽한 삶을 얻을 수 있다고 믿으며 자신의 외적 상황을 개선하는 노력을 배가한다.

그러나 이런 전략을 십 년 더 시도해 보아도 자신들이 원하던 삶에 가까워지지 않는다는 깨달음이 온다. 한때 받던 것보다 20배나 많은 월급을 받아도, 원룸이 아닌 침실 네 개짜리 집에 살아도, 나를 소개하는 신문 기사가 실려도 옛날보다 조금도 더 행복하다고 느끼지 않는다. 오히려 행복을 얻기 위한 계획이 복잡해진 탓에 불안, 분노, 절망을 더 크게 경험한다. 자신의 성공에 부정적인 면이 있다는 사실도 깨닫는다. 사람들이 보내는 시기심의 표적이 된다. 철학은 안중에도 없던 그가 '철학적인' 사람이 되어 이런 의문을 갖는다. "삶이 주는 것이 고작 이런 것인가? 이것이 정말 내가 원하던 삶인가?"

이런 철학적 성찰의 시기는 이른바 '중년의 위기'를 부른다. 중년의 위기에 맞닥뜨리면 그동안 '잘못된 것'을 원한 결과로 불행해졌다고 결론 내려야 마땅하나 많은 경우 사람들은 그렇게 하지 않는다. 자신이 불행한 이유가 장기적 목표를 위해 단기적 희생을 감내했기 때문이라 여기는 그들은 당장 새 차를 구입한다. 조강지처를 버리고 새로운 연인을 사귄다. 그러나 이 방법 역시 시간이 지나면 행복을 얻는 이전의 방법보다 좋지 않다는 것이, 아니 여러 면에서 더욱 나쁘다는 사실이 분명해진다.

　이 시점에서 그는 삶의 의미에 관한 질문으로 관심을 되돌린다. 만약 이것으로 이 질문에 관심을 갖지 못한다면 노화의 과정이, 또 그와 더불어 찾아오는 죽음에 대한 예견이, 그로 하여금 삶의 의미에 관한 질문에 관심을 갖게 할 것이다. **그는 삶의 의미에 관한 물음에 대해 숙고한다. 그 결과 젊었을 때 조금도 매력이 없던 스토아철학이 불현듯 삶의 철학으로 썩 괜찮다는 것을 발견한다.**

◆

젊었을 때 우리는 늙는다는 것이 어떤 것인지 궁금해 했다. 만약 스토아주의자라면 부정적 시각화를 연습하면서, 늙는다는 것이 어떤 것인지 미리 상상했을 것이다. 죽음이 불쑥 찾아오지 않아도 늙음을 궁금해 하거나 상상할 필요가 없는 날은 오게 마련이다. 늙는다는 것이 무엇인지 누가 말해주지 않아도 우리는 그것을 잘 안다. 한때 당연하게 여긴 능력이 사라진다. 과거에 수 킬로미터를 달렸지만 이제 복도만 걸어도 숨이 찬다. 한때 기업의 회계를 관리했지만 지금은 우리 집 가계부 지출을 맞추기도 버겁다. 한때 주변 사람의 생일을 모두 기억했지만 이제 내 생일도 잘 기억나지 않는다.

이런 능력 상실은 더 이상 혼자 힘으로 살아갈 수 없다는 것을 의미한다. 그 결과 우리는 요양원으로 옮겨진다. 물론 요양원은 무소니우스가 유배 갔던 황량한 섬에 비할 바는 아니다. 물리적으로 편안한 환경을 제공한다. 식사가 꼬박꼬박 나오고 세탁과 청소도 해준다. 심지어 목욕도 시켜준다. 요양원의 새 환경이 물리적으로 안락하다 해도 그곳의 사회적 환경은 결코 만만치 않다. 우리가 선택하지 않은 사람들과 지내야 한다. 아침식사 후 커피를 마시기도 전에 성질 고약한 사람을 매일같이 상대해야 한다. 한때 잘 나가던 사회적 지위에 있던 당신이지만 지금은 요양원의 '계급제도' 저 아래에 있다. 당신은 요양원 식당의 '좋은 자리'에 초대받지 못한다.

요양원에서 지내는 것은 많은 면에서 우리의 고등학교 시절과 비슷하다. 같은 패거리끼리 어울리며 다른 패거리를 헐뜯는다. 요양원 생활은 대학 기숙사 생활과도 비슷하다. 복도로 문이 난 1인실에서 사방 벽만 보고 지낼 수도 있지만, 그게 아니라면 방을 나가 사회적으로 도전적인 환경과 마주하는 수밖에 없다.

요양원 생활은 감염병 시대를 사는 것과도 비슷하다. 당신은 요양원을 찾아오는 구급차를 한 달에 몇 차례 목격한다. 큰 요양원이라면 한 주에 몇 차례씩 오기도 한다. 지난밤을 넘기지 못한 사람의 시체가 구급차에 실려 간다. 물론 요양원에서 지내지 않으면 들락거리는 구급차를 볼 일도 없다. 하지만 당신의 오랜 친구와 형제자매, 심지어 자녀의 죽음 소식에 귀를 틀어막을 방법은 없다.

스무 살 때는 세상 못할 것이 없다는 믿음으로 스토아철학을 거부했지만 여든이 되고 보니 세상은 '내 것'이 아니며 시간이 지날수록 상황은 더 악화될 뿐이라는 사실을 깨닫는다. **스무 살 때 죽지 않을 것처럼 살았던 그는 이제 죽음의 필연성을 뼈저리게 느낀다. 죽음에 닥쳐서야 '소박한 평정심'이 마음에 든 그는 마침내 스토아철학을 받아들일 준비가 된다.**

그러나 스토아철학을 비롯한 삶의 철학에 대한 고민 없이 늙는 일도 얼마든 가능하다. 실제로 많은 사람이 같은 실수를 반복하며 사는 나머지, 여든이 되어도 스무 살 때보다 조금도 더 행복하지 않다. 삶을 즐기지 못하고 인생의 쓴맛을 본 그들은 삶의 막바지에 이르러서도 주변 상황, 친척, 음식, 날씨 등 온갖 것에 대해 불평한다. 이런 상황은 비극이다. **기쁨을 경험할 수 있었음에도(지금도 경험할 수 있음에도) 잘못된 삶의 목표를 택했다는 점에서 비극이며, 목표를 바르게 택했어도 목표를 달성하는 수단에 문제가 있었다는 점에서도 비극이다. 이처럼 제대로 된 삶의 철학을 갖지 못할 때 우리는 한 번뿐인 삶을 낭비하게 된다.**

✦

세네카는 늙음에도 좋은 점이 있다고 했다. "노년을 소중히 여기고 사랑하자. 사용법을 알면 노년은 기쁨으로 가득한 시기다." 실제로 세네카는 자신의 삶에서 가장 큰 기쁨은 대부분 돌연한 쇠락에 이르기 전 삶의 내리막길에서 누렸다고 했다. 또 그는 '돌연한 쇠락'에도 나름의 기쁨이 있다고 했다. 가장 중요하게는, 돌연한 쇠락으로 특정 쾌락을 경험하는 능력을 잃으면 그 쾌락에 대한 욕망도 함께 사라진다는 점이다. "욕망을 다했다는 것, 욕망을 졸업했다는 것은 얼마나 큰 위안인가!"[1] 예컨대 성적 욕구를 충족하려는 욕망을 보자. 많은 사람, 특히 많은 남성에게 성욕은 일상을 사는 데 성가신 존재다. 성욕을 행동으로 옮기는 것은 자제할 수 있지만, 자기 안에 내장된 성욕의 느낌 자체는 어쩔 수 없다(애당초 성욕이 없었거나 쉽게 꺼뜨릴 수 있었다면 지금까지 인류가 생존하지 못했을 것이다). 마음을 흩뜨리는 성욕은 우리의 일상에도 영향을 미친다.

그러나 나이가 들면 성욕으로 흥분하는 일이 줄어든다. 어떤 이는 젊음의 쾌락 가운데 하나를 잃었다며 '안 좋은' 일이라 하겠지만 그리스 극작가 소포클레스는 다른 관점을 제시한다. 노년의 그에게 누군가 성관계를 맺을 수 있냐고 묻자 이렇게 대답했다. "성욕에서 벗어나 매우 기쁘오. 제정신이 아닌 잔혹한 주인에게서 해방된 노예처럼 말이오."[2]

세네카는 노년에 이르면 몸이 쇠약해져 우리의 악덕과 그에 딸린 부속물도 함께 시들해진다는 점을 지적한다. **거기다 노화를 겪는다고 우리의 마음마저 쇠락하는 것은 아니다. 세네카는 늙음에도 불구하고 마음만은 여전히 강인하며 몸과 '최소한으로' 연결되어 기쁘다고 했다. 노년에 이르러 마음의 무거운 짐을 내려놓은 것**

이 고맙다고도 했다.[3]

늙는 것에 부정적인 면이 있다면, 죽음이 가까워졌음을 알게 된다는 점이다. 젊었을 때는 죽음이 나와 무관한 일이라며 자신을 기만하며 살았다. 중년이 되면 죽는다는 사실은 알아도 수십 년은 더 살 거라고 예상했다. 그러나 노년에 이르면 당장 내일은 아니라도 머지않아 죽을 것임을 안다. 그래서 사람들은 죽음을 알게 되는 노년을 삶의 우울한 단계로 여긴다.

그러나 스토아철학자들은 죽음을 예견하면 우울해지기보다 남은 삶을 더 즐길 수 있다고 보았다. 부정적 시각화를 다룬 4장에서 역설적으로 보이는 이 현상을 살펴보았다. 삶이 지금보다 안 좋았을 가능성을 떠올리면(특히, 자신의 죽음에 대해 생각하면) 기쁨을 경험할 확률이 높아진다는 것이었다. 젊었을 때는 자신의 죽음에 대해 생각하기가 쉽지 않았지만 노년에 이르면 죽음을 생각하지 '않기가' 더 힘들다. 따라서 스토아철학자들에 따르면 노년은 우리가 반드시 해야만 했던 자신의 죽음을 생각하는 일을 하게 되는 시기다.

죽음이 가까워졌다는 사실에 낙담하기보다 그 사실을 우리에게 유익하게 활용할 수 있다. 영원히 산다고 여긴 젊은 시절엔 남은 날을 당연히 여기며 시간을 낭비했다면 노년에 이르면 매일 아침 잠에서 깨는 일이 축복이 된다. 세네카는 이렇게 말했다. "신이 우리에게 하루를 더 얹어준다면 기쁨으로 그것을 맞이해야 한다."[4] 더 살게 된 하루를 축복하며, 살아 있음에 감사하는 마음으로 그 날을 채운다. 건강이 쇠약해 어떤 것도 당연시하지 않는 팔십대 할

머니가, 완벽한 건강으로 모든 것을 당연시하며 삶을 지루해하는 스무 살 손녀보다 더 기쁘게 살 수 있다.

✦

여러 가지 삶의 철학 가운데 스토아철학은 노년에 더 적합하다. 많은 사람에게 노년은 인생의 가장 도전적 시기인데 스토아철학의 주된 목적은 삶의 도전에 맞서 평정심을 유지하는 것이기 때문이다. 게다가 노인은 젊은이보다 스토아철학이 제안하는 평정심을 더 중요시한다. 젊은이는 소박한 평정심에 머무는 것이 무엇인지 잘 이해하지 못한다. 그러나 팔십대가 되면 평정심이 얼마나 소중한지, 평생을 살며 실제로 평정심을 얻는 사람이 얼마나 적은지 깨닫는다.

이런 이유로 무소니우스는 젊었을 때 스토아철학을 시작하라고 권했다. 그에게 스토아철학은 노년을 준비하는 최상의 방법이었다. 그의 조언을 따라 젊었을 때 스토아철학을 삶의 철학으로 받아들인 사람은 나이가 들어 젊음과 기쁨을 잃더라도 불평하지 않을 것이다. 몸이 쇠약하고 건강이 나빠져도, 친척이 무시해도 불평하지 않을 것이다. 그는 이런 일에 대한 효과적인 해독제를 자신의 지성에, 그리고 그가 받은 교육에 갖고 있다.[5]

설령 젊었을 때 스토아철학을 공부하지 못했더라도 나중에 언제든 시작할 수 있다. 나이가 들면 미분방정식을 풀기 어려울지 몰라도 스토아철학을 실천하는 데 방해되는 것은 별로 없다. 나이 들어 몸이 쇠약해도 스토아철학자의 글을 읽고 사색할 수 있다. 부정적 시각화를 연습할 수 있고, 통제할 수 없는 일을 걱정하지 않으리라 다짐할 수 있다. 무엇보다 자신의 삶에 운명론적 태도를 취할 수 있다. 삶이 지금과 달랐기를 바라며 남은 인생을 허비하지 않을 수 있다.

18

죽음,
좋은 삶을 좋게 마치는 것에 관하여

무소니우스는 노년을 비참하게 만드는 것은 노쇠와 질병이 아니라 죽음에 대한 예견이라고 했다.[1] 그렇다면 젊은이나 노인 할 것 없이 죽음을 예견하면 불편한 느낌이 드는 이유는 무엇일까? 죽은 뒤의 일을 두려워하는 사람도 있지만, 더 많은 사람이 불편해하는 것은 자신이 잘못 살지 않았나 하는 의구심일 것이다. 진실로 가치 있는 것을 얻지 못한 것이 아닌가 하는 두려움 말이다. 죽고 나면 삶의 가치 있는 것을 얻기란 아예 불가능하기 때문이다.

역설적이게도 (스토아철학이든 다른 어떤 철학이든) 일관된 삶의 철학을 가지면 죽음을 더 잘 받아들일 수 있다. 일관된 삶의 철학이 있는 사람은 삶에서 얻어야 할 가치가 있는 것이 무엇인지 알고 그것을 얻으려 노력하며 살 것이다. 그는 아마 그것을 얻었을 것이고 따라서 죽음에 닥쳐 잘못 살았다고 느끼지 않을 것이다.

그는 무소니우스의 표현대로 '죽음의 두려움에서 벗어났을' 것이다.[2]

스토아철학자 줄리우스 카누스의 마지막 날들을 보자. 로마황제 칼리굴라를 화나게 한 일로 사형을 선고받은 카누스는 평정심을 유지하며 이렇게 말했다. "존경하는 왕이시여, 사형을 내려준데 감사합니다." 열흘 뒤 백인대장(고대 로마 군대에서 병사 백 명을 거느리던 지휘관)이 사형을 집행하러 왔을 때 그는 체스를 두고 있었다. 카누스는 자신의 운명을 불평하거나 살려달라고 간청하는 대신, 자신이 체스에서 한 수 앞서 있다는 사실을 백인대장에게 확인시켰다. 사형 집행 뒤 체스 상대가 자기가 이겼다며 거짓말하는 일이 없도록 하기 위해서였다. 또 사형장으로 향하는 길에 그의 마음을 묻는 질문에 카누스는 죽는 순간에 몸을 떠나는 영혼을 관찰할 준비를 하고 있다고 답했다. 세네카는 이렇게 말했다. "카누스는 폭풍 한가운데서 평정심을 유지했다. 죽는 순간까지 죽음을 관조한 카누스야말로 가장 오래 철학자로 산 사람이다."[3]

한편 일관된 삶의 철학이 없이 산 사람은 죽음을 최대한 미루려 할 것이다. 어떤 것의 가치를 드디어(!) 알게 된 그들은 그것을 얻을 때까지 죽음을 미룰 것이다. 너무 늦게 이런 깨달음이 찾아오는 것은 안타까운 일이나 세네카는 이렇게 말했다. "당신이 지금껏 행한 일의 의미는 마지막 숨을 거두는 순간에 비로소 분명해진다."[4] 그들이 죽음을 미루길 원하는 이유는 또 있다. 급조한 그들의 삶의 철학에 따르면 삶의 가치는 무엇이든 더 많이 갖는 것인데, 죽으면 더 이상 가질 수 없으므로 죽음을 최대한 뒤로 미뤄야 한다는 논리다.

✦

여기서 독자들은 스토아철학자들이 죽음에 너무 몰두해 있다고 생
각할지 모른다. 보았듯이 스토아철학자들은 자신의 죽음을 숙고하
라고 하며 하루하루를 생의 마지막 날인 듯 살라고 했다. 죽음을
두려워하지 않으려면 스토아철학을 실천해야 한다고도 했다.

　스토아철학자들이 부자연스런 죽음을 맞는 경향이 있었던 것은
불행하지만 사실이다. 그리스의 스토아철학자 제논과 클레안테스
는 자살한 것으로 추정되며[5] 카토는 의심할 바 없이 자살로 생을
마감했다. 무소니우스는 어떻게 죽음을 맞이했는지 분명하지 않지
만 자살에 찬성한 것은 사실이다. 그는 노인들에게 어떻게 죽음을
맞을지 잘 선택하라고 했다. "어정대다가는 자신의 죽음마저 고르
지 못할 수 있으니까." 무소니우스는 또 "하염없이 오래 사느니 훌
륭하게 죽음을 맞는 편이 낫다"고도 했다.[6]

　자살은 아니지만 스스로 죽음을 재촉하는 행동을 한 스토아철
학자도 있었다. 마르쿠스는 죽음이 가까워오자 아무것도 먹지 않
았다. 세네카도 스토아철학자 트라세아 파이투스, 바레아 소라누
스처럼 사형을 부르는 행동을 스스로 했다. 독자들은 이런 최후를
맞은 스토아철학자들을 보며 삶을 사랑하고 자연스러운 죽음을 바
란다면 스토아철학을 거부해야 한다고 여길 것이다.

　이런 우려에 대해 먼저 스토아철학자들의 부자연사 비율이 당

시에 비해 유독 높았는지 분명하지 않다는 점을 지적해야 한다. 꽤 노령까지 살았던 제논과 클레안테스는 자살이라기보다 스스로 안락사를 했을 가능성도 있다. 회복하기 어려울 정도로 아팠던 두 사람은 아마도 죽음을 재촉하는 조치를 자발적으로 취했을 것이다(마르쿠스가 이렇게 했다). 카토는 정치적 영향력이 가장 높을 때 자살했는데 삶이 허무해서가 아니라 자신이 살아 있으면 그가 타도하려 한 독재자 카이사르에게 정치적으로 유리했기 때문이었다. 스토아철학자 가운데 허무주의자들처럼 삶이 권태로워 즉흥적으로 자살한 이는 아무도 없다.

더욱이 스토아철학자들이 자신의 죽음을 숙고한 이유는 죽음을 원해서가 아니라 삶으로부터 최대한의 것을 얻어내기 위해서였다. 보았듯이 영원히 산다고 생각하는 사람은 살날이 한정되어 있음을 아는 사람보다 하루하루를 허비할 가능성이 크다. 그리고 삶의 유한성을 깨닫는 한 가지 방법이 자신의 죽음에 대해 자주 숙고하는 것이다. 스토아철학자들이 하루하루를 생의 마지막 날처럼 산 이유도 그날을 마지막 날로 삼기 위해서가 아니라 그날 하루에서, 또 그 다음 날에서 최대한의 가치를 끌어내기 위해서였다. **스토아철학자들은 또 죽음을 두려워하지 말라고 가르쳤는데 그것은 부정적 감정에 빠지지 않기 위해서였다. 결국 누구든 죽는다면 우리의 죽음이 두려움으로 얼룩지지 않는 편이 더 좋을 것이니까.**

스토아철학자들은 특정 상황에 한해 자살을 용인할 수 있다고 보았다. 예컨대 무소니우스는 자신이 살아 있는 것이 많은 사람에게 도움이 되는 경우에는 죽음을 택해서는 안 된다고 했다.[7] 더욱이 자신들의 사회적 의무를 다해 실제로 많은 사람에게 도움을 준 스토아철학자들이 자살을 용인할 상황에 처하는 일은 잘 없었다.

이 점에서 죽음이 가까워진 노인은 자살을 염두에 두어야 한다고 한 무소니우스의 말을 보자. 죽음이 가까운 노인의 사례는 방금 말한, 자살을 용인할 수 있는 조건에 부합한다. 사람들이 병든 노인에게 도움을 받는 일은 거의 없기 때문이다. 더욱이 이때 중요한 것은 노인이 곧 죽느냐보다 그의 죽음이 스스로 선택한 좋은 죽음인가 아니면 노화에 따른 고통스럽고 무의미한 죽음인가 하는 것이다. 무소니우스는 좋은 삶을 사는 데 필요한 조언과 함께, 좋은 삶을 좋은 죽음으로 마무리해야 한다고 했다.

✦

죽음에 관한 스토아철학자들의 관점에 대해 한 가지 더 말할 것이 있다. 스토아철학자들은 권력자들에게 지개 있는 입장을 취한 나머지 스스로 곤란에 처하는 경우가 종종 있었다. 그들이 그런 입장을 취한 이유는 우선 자신이 수행해야 하는 사회적 의무가 있다고 생각했기 때문이다. 또 그들은 죽음과 유배를 두려워하지 않았다. 절조 있는 입장으로 벌을 받더라도 그들은 보통 사람들이 주저하는 행동을 불사했다.

현대인들은 이런 행동을 납득하기 어려울 것이다. 오늘날 사람들은 목숨을 바쳐 지켜야 할 가치가 존재한다고 생각하지 않는다. 현대인이 노력을 집중하는 부분은 결과에 상관없이 의무를 다하는 것도, 지조 있는 입장을 견지한 나머지 곤란에 처하는 것도 아니다. 현대인들은 어떻게든 삶의 쾌락을 계속해서 즐기는 데 노력을 집중한다. 스토아철학자라면 이런 사고방식에 대해 이렇게 질문했을 것이다. '죽음으로 지켜야 할 가치가 아무것도 없는 삶이라면 과연 그런 삶을 살 가치가 있는가?'

19

스토아주의자 되기,
지금 시작하라. 그리고 주변의 놀림에 대비하라

스토아철학을 실천하는 일은 쉽지 않다. 부정적 시각화를 연습하려면 노력이 필요하며 극기와 자기 통제를 수련하는 데는 더 큰 노력이 요구된다. 명성과 부 같은 낡은 목표를 버리고, 평정심 같은 새로운 목표로 갈아타는 데도 의지와 노력이 필요하다.

어떤 사람은 삶의 철학을 수련하는 데 노력이 필요하다는 말에 즉각 거부감을 보인다. 스토아철학자들은 이에 대해 이렇게 말했을 것이다. "스토아철학을 수련하려면 노력이 필요하지만 수련하지 '않는' 데는 더 큰 노력이 요구된다." 앞서 본 것처럼 무소니우스는 사람들이 부정(不貞)한 연애에 들이는 시간과 노력이 스토아주의자로서 부정을 삼가는 자기 통제력을 키우는 것보다 시간과 노력이 더 든다고 말한다. 또 그에 따르면 부자가 되려고 힘들게 일하기보다 지금 가진 것에 만족하는 편이 낫다. 명성을 좇기보다 타인의 존경에 대한 갈망을 극복하는 편이 낫다. 부러운 사람을 해코지하려고 궁리하기보다 그 시간을 부러움의 감정을 극복하는 데 사용하는 편이 낫다. 사람들의 인기를 얻으려고 자신을 다그치기보다 진실한 친구와의 관계를 유지하고 개선하려고 노력하는 편이 더 바람직하다.[1]

삶의 철학을 가지면(스토아철학이든 어떤 삶의 철학이든) 일상의 삶이 단순해지고 그에 따라 의사 결정도 더 수월해진다. 삶이 제공하는 선택지에서 하나를 고를 때 자신의 삶의 철학이 정한 목표를 얻도록 선택하면 되기 때문이다. 반면, 삶의 철학이 없으면 비교적 간단한 선택도 삶의 의미에 관한 위기로 확장될 수 있다. 당신이 무엇을 원하는지 모른다면 무엇을 선택할지도 알기 어렵다.

삶의 철학을 가져야 하는 가장 중요한 이유는 삶의 철학이 없으면 삶을 잘못 살 위험이 있기 때문이다. 가치 없는 것을 추구하며 삶을 낭비할 위험이 있기 때문이다. 가치 있는 목표를 좇는다 해도 잘못된 방식으로 추구한다면 그것을 얻지 못할 위험이 있다.

◆

스토아주의자가 되려는 사람은 주변에서 알아보지 못하게 스토아주의자가 되어야 한다. 왜냐하면 당신이 스토아철학으로 '개종'했다는 소식을 듣고 사람들은 당신을 조롱할 것이기 때문이다.[2] 이런 괴롭힘을 피해가는 방법이 '비밀리에' 스토아철학을 수련하는 것이다. 이 점에서 소크라테스를 모델로 삼아야 한다. 소크라테스는 철학자로서 조금도 표를 내지 않았다. 그가 철학자임을 잊은 채 그에게 철학자를 소개해 달라고 부탁한 사람이 있을 정도였다. 에픽테토스에 따르면 소크라테스는 이런 무시를 참아냈다.[3] 스토아철학을 수련하는 사람은 이 정도로 인내해야 한다.

그렇다면 사람들은 왜 특정한 삶의 철학을 선택한 사람을 조롱할까? 그것은 스토아철학을 비롯한 삶의 철학을 가졌다는 자체가 사람들과 다른 가치관을 지녔음을 나타내기 때문이다. 자신과 다른 가치관을 접한 사람들은 자신의 가치관에 무언가 문제가 있다고 짐작한다. 사람들은 자신의 가치관이 틀렸다는 말을 듣기 싫어한다. 또 삶의 철학을 택한 사람은 다른 사람들로 하여금 그들의 삶의 방식을 돌아보게 만드는데 이때 새로 택한 삶의 철학을 그가 포기한다면 사람들에게 던져진 도전은 사라진다. 그래서 사람들은 그가 생각 없는 자신들의 무리에 다시 합류하기를 바라며 그를 조롱하는 작업에 나서는 것이다.

✦

스토아철학을 실천하는 대가가 조롱이라면 스토아철학을 수련할 때 얻는 보상은 무엇일까? 스토아철학자들에 따르면 스토아철학을 수련하면 (고대적 의미의) 덕 있는 사람이 된다. 그리고 분노, 슬픔, 실망, 불안 등 부정적 감정이 적게 일어나며 이에 따라 전에 얻지 못한 마음의 평정을 누릴 수 있다. 부정적 감정을 피하는 동시에 긍정적이고 의미 있는 감정을 경험할 확률이 높아진다. 일상의 작은 일에 기쁨을 느낄 수 있다.

사람들은 기쁨을 느끼려면 주변 환경이 바뀌어야 한다고 생각한다. 가령 신상품을 구매하면 기쁨을 느끼는 식으로 말이다. 그러나 스토아주의자는 외부의 변화가 없어도 기쁨을 누린다. 부정적 시각화를 연습하는 그들은 지금 가진 것에 감사한다. 많은 사람에게 있어, 그들이 느끼는 기쁨은 기쁨의 원천을 잃을지 모른다는 두려움에 쉽게 가려지지만 스토아주의자는 이런 두려움을 최소화하거나 피하는 전략을 3중으로 가지고 있다.

우선, 스토아주의자는 결코 앗아갈 수 없는 것, 가장 중요하게는 자신의 품성에서 최선을 다해 기쁨을 찾는다. 이 점에서 마르쿠스 아우렐리우스는 커다란 재앙이 닥쳐도 우리가 갖춘 품성이 있다면 비참해지지 않는다고 했다. 그리고 이 사실에서 기쁨을 찾으라고 했다.[4]

둘째, 스토아주의자는 자신에게서 앗아갈 수 '있는' 것을 즐길 때도(그는 앗아갈 수 있는 것을 즐기는 데 반대하지 않는다) 그것을 잃을 때를 준비한다. 그는 부정적 시각화를 연습하면서 지금 누리는 것들이 행운의 사건임을 기억한다. 지금 즐기는 것들이 갑작스레 사라질 수 있으며, 다시는 즐기지 못할 수 있다는 사실을 잊지 않는다. 그는 어떤 것을 즐기되 그것을 당연시하지도, 그것에 집착하지도 않는다.

셋째, 스토아주의자는 '눈이 높아지지' 않도록 유의한다. 최고가 아니면 기쁨을 못 느끼는 사람이 되지 않도록 조심한다. 이렇게 하면 쉽게 얻을 수 있는 많은 것을 즐길 수 있다. 스토아주의자는 세네카의 말을 가슴에 새긴다. "원하는 것을 모두 갖는 사람은 아무도 없다. 하지만 자신에게 다가오는 것은 누구라도 기꺼이 사용할 수 있다."[5] 삶에서 기쁨의 원천을 빼앗겼을 때 스토아주의자는 신속히 그것을 다른 것으로 대체한다. 스토아주의자의 즐김은 눈 높은 자의 즐김과 다르다. 그는 얼마든지 다른 것을 즐길 줄 안다. 섬에 유배당한 세네카와 무소니우스가 우울에 빠지지 않고 새로운 생활환경에 대한 연구를 시작한 것처럼 말이다.

스토아주의자들은 쉽게 얻을 수 있고 누구도 앗아갈 수 없는 것을 즐겼기 때문에 삶에서 즐길 것이 아주 많았다. 그들은 있는 그대로의 자신을 즐겼으며, 지금 이대로의 삶과 세상을 즐겼다. 이것은 결코 적은 성취가 아니다.

스토아주의자들은 삶의 많은 것을 즐겼을 뿐 아니라 살아 있다는 단순한 사실에서도 기쁨을 느꼈다. 그들은 '기쁨 자체'를 경험했다. 스토아의 현자는 이런 기쁨을 항시적으로 경험했다.[6] 스토아 철학의 수련이 현자의 수준에 미치지 못하는 우리는 항시적 기쁨을 느끼지 못한다. 우리가 경험하는 기쁨은 기껏해야 '간헐적' 기쁨이다. 하지만 이것은 우리가 전에 알던 것보다 훨씬 큰 기쁨으로 이 역시 사소한 성취가 아니다.

✦

그렇다면 스토아철학의 수련을 언제 시작해야 하는가? 에픽테토스에 따르면 지금 바로 시작해야 한다. 우리는 아이가 아닌데도 자꾸 뒤로 미룬다. 계속 미룬다면 삶의 철학을 갖지 못한 채 노년에 이르러 삶을 낭비했음을 깨달을 것이다. 에픽테토스는 스토아철학을 수련하는 것이 올림픽 훈련과 같다고 말한다. 중요한 차이점은, 올림픽 시합은 미래의 어느 날에 열리지만 삶이라는 시합은 이미 시작되었다는 점이다. 우리는 삶이라는 시합에 대비한 훈련을 미룰 여유가 없다. 오늘 바로 시작해야 한다.[7]

PART 4

오늘의

삶을

위한

스토아

철학

STOICISM

FOR

MODERN

LIVES

제대로 이해했을 때 스토아철학은
'질병 치료법'이라고 할 수 있다.
이때 '질병'이란
삶의 기쁨을 앗아가는 불안, 슬픔, 두려움 등
우리를 괴롭히는 부정적 감정을 말한다.
우리는 스토아의 심리 기법을 수련함으로써
마음의 질병을 치료해 평정심에 이를 수 있다.

20
스토아철학의
쇠퇴

마르쿠스 아우렐리우스는 스토아철학자인 동시에 서구에서 가장 큰 권력을 가진 로마황제였다. 철학과 정치의 합일은 스토아철학에 유리한 상황이었지만 마르쿠스는 로마인들을 스토아철학으로 전향시키려고 애쓰지 않았다. 19세기 역사가 W. E. H. 레키에 따르면, 마르쿠스는 로마 스토아철학 최후의 완벽한 대변자였다.[1] 마르쿠스의 사후 스토아철학은 침체기에 빠져 쉽게 회복하지 못했다.

여느 복잡한 사회 현상처럼 스토아철학이 쇠퇴한 데도 몇 가지 요인이 함께 작용했다. 예컨대 레키는 (지금은 크게 인정받지 못하는 의견인데) 부패와 타락이 심한 로마 사회에서 자기 통제력을 요구하는 스토아철학은 인기가 없었을 거라고 주장한다.[2] 한편 고전 연구가 M. L. 클라크에 따르면 스토아철학의 쇠퇴는 에픽테토스 사후 지도력 있는 스승이 없었기 때문이다.[3] 특정 철학의 원리를 논리적으로 설명하는 사람은 많지만 철학의 교의를 직접 실천하는 사람은 그리 많지 않다. 스토아철학의 진정한 생명력은 그 교의를 몸소 실천한 무소니우스와 에픽테토스 같은 스승에게 있었다. 그들은 스토아철학을 수련하면 그들이 약속했던 유익을 얻을 수 있다는 사실을 보인 산 증인이었다. 평범한 사람이 스토아철학을 가르치면 학생들은 별다른 감화를 받지 않았다.

스토아철학이 쇠퇴한 데는 기독교의 흥기도 영향을 미쳤다. 기독교의 주장은 스토아철학과 비슷한 점이 많았다. 예를 들어 스토아철학자들은 신이 인간을 만들었고, 인간의 행복을 돌보며, 이성이라는 신의 요소를 인간에게 부여했다고 주장했다. 마찬가지로 기독교도 신이 인간을 창조했고 개별 인간을 돌보며 영혼이라는 신적 요소를 인간에게 부여했다고 말했다. 스토아철학과 기독교 모두 부정한 욕망을 이기고 덕을 닦으라고 했다. 그뿐인가. 인간을 사랑하라는 마르쿠스의 조언은 기독교에도 똑같이 있었다.[4]

이런 유사성 때문에 스토아철학과 기독교는 동일한 잠재 신자를 놓고 경쟁을 벌였다. 그런데 기독교는 스토아철학이 못 가진 장점이 있었으니 영원히 만족하며 살 수 있는 내생(천국)을 약속했다는 점이다. 한편 스토아철학은 사후의 삶을 확신하지 못했으며 어떤 모습인지 딱 부러지게 보여주지도 못했다.

✦

마르쿠스의 사후에 스토아철학은 잠행을 하며 자신의 존재를 이따금씩만 드러냈다. 예컨대 17세기에 르네 데카르트는 『방법서설』에서 자신의 스토아적 성향을 드러냈다. 데카르트가 책에 소개한 행복한 삶의 원칙 중 세 번째는 에픽테토스의 말에서 따온 것으로 추정된다. "운을 정복하기보다 자기 자신을 정복하라. 기존의 질서를 바꾸기보다 자신의 욕망을 바꾸려고 노력하라. 자신의 생각 외에 어떤 것도 완벽히 통제할 수 없음을 믿으라. 문제 해결에 최선을 다했다면 더 이상 할 수 있는 일이 없다고 믿으라."[5] '최선을 다하라'는 데카르트의 말은 스토아철학이 권하는 '내면의 목표 설정' 기법을 떠올리게 한다.

19세기 독일 철학자 쇼펜하우어의 글에도 스토아철학의 흔적이 남아 있다. 그의 에세이 〈삶의 지혜〉와 〈조언과 격언〉은 스토아철학을 명시적으로 언급하지 않지만 스토아적 목소리가 깔려 있다. 대서양 건너 미국 뉴잉글랜드 초월주의자들의 글에서도 스토아철학의 영향이 확인된다. 예컨대 소로는 자신의 걸작 『월든』에서 스토아철학을 직접 언급하지 않지만 눈 밝은 사람이라면 그의 글에서 스토아철학의 영향을 알아볼 수 있다. 소로는 『일기』에서 이렇게 말한다. "스토아철학자 제논이 세상과 관계 맺는 방식은 나와 정확히 같다."[6]

스토아철학자들처럼 소로도 삶의 철학을 마련하는 데 큰 관심을 가졌다. 소로 연구가인 로버트 D. 리처드슨에 따르면 소로가 던진 질문은 일상의 삶을 잘 사는 방법과 같은 실제적인 것이었다. 소로의 삶은 자연을 지배하는 법칙이 인간에게도 적용된다는 스토아 사상의 실제적이고 구체적인 의미를 깨달으려는 꾸준한 시도였다.[7] 소로는 2년 동안 '단순한 삶'이라는 유명한 실험을 위해 월든 호수로 갔다. **삶의 철학을 마련함으로써 잘못 사는 일이 없도록 하기 위해서였다. 그가 월든 호수로 간 주된 동기는 제대로 살지 못했음을 죽음에 닥쳐 뒤늦게 깨닫는 일이 없도록 하기 위해서였다.**[8]

소로가 스토아철학에 끌린 것을 알았던(또는 몰랐던) 친구와 이웃들은 그가 우울하고 무감각한 사람이라고 비난했지만 리처드슨이 보기에 그런 비난은 근거가 없었다. 주변 사람들이 알아보지 못했지만 소로는 스토아철학자들이 추구한 기쁨을 경험했다. 소로는 이렇게 선언했다. "확실히, 기쁨은 우리가 살아가는 데 반드시 필요한 조건이다."[9] 리처드슨에 따르면 소로의 『일기』는 그의 열정과 경험에 대한 욕구, 생생한 감각, 살아있음에 대한 순수한 기쁨을 반영하는 표현들로 가득하다.[10]

20세기 내내 스토아철학은 사람들의 관심 밖에 있었다. 철학자 마사 누스바움에 따르면 기원전 4세기 이래 서양철학에서 스토아철학과 헬레니즘 철학(에피쿠로스철학, 회의주의철학)만큼 제대로 활용되지 못한 철학도 없다.[11] 그런데 21세기에도 스토아철학은 사람들의 삶의 철학의 후보에 오르지 못했다. 사람들은 특정 철학에 맞춰 살 필요를 느끼지 못했으며 삶의 철학을 구하는 사람들조차 스토아철학을 자기 삶의 철학으로 후보에 올리는 일은 잘 없었다. 사람들은 스토아철학에 대해 '안다고' 생각했다. 그들에게 스토아주의자란 유머가 없고 음울하며 무감각한 사람이었다. 사람들은 스스로 이런 무리에 끼고 싶지 않았다.

이 책이 제 역할을 했다면 독자들은 스토아철학에 대한 이런 평가가 터무니없음을 알 것이다. 스토아주의자(Stoics)는 스토아적이지(stoical)* 않다! 그들은 기쁨 없는 삶을 살지 않았다! 실제로 스토아주의자들은 스토아주의자가 아닌 대부분의 사람보다 더 큰 기쁨을 느꼈다.

이런 사실을 안다 해도 스토아철학에 대한 사람들의 반감을 극복하기는 쉽지 않다. 스토아주의자는 지극히 정상이고 기쁨을 느낄 줄 알며 사람들의 존경을 받는다고 인정하면서도 사람들은 스토아철학의 교의를 탐탁지 않게 여긴다. 지금부터는 오늘날 사람들이 스토아철학에 반감을 갖는 이유를 살펴보자. 우선 현대 심리학이 옳고 스토아철학은 잘못된 삶의 철학이라는 주장부터 보자.

◆

스토아철학자들은 중요한 심리적 통찰을 다수 터득했다. 예컨대 그들은 모욕이 고통스러운 이유는 모욕 자체가 아니라 모욕에 대한 해석이라는 사실을 알았다. 또 부정적 상황을 그려보는 방법으로 현재 가진 것에 만족할 수 있고, 끝없는 탐욕을 다스릴 수 있음을 깨달았다.

반(反)스토아주의자들은 이것이 의미 있는 통찰이라고 인정하면

---

* 영어에서 stoical은 우울, 무감각, 냉담을 의미.(옮긴이)

서도 로마 스토아철학자들이 인간 정신에 대해 숙고한 이래 2천 년 동안 큰 변화가 있었다고 지적한다. 특히 20세기에 이르러 심리학은 어엿한 '과학'으로 자리 잡았다. 반스토아주의자들에 따르면 지난 백 년 동안의 심리학적 발견으로, 스토아주의자가 하듯이 감정을 억압하는 것은 해롭다는 것이 밝혀졌다. 자신의 감정과 접촉해야 한다는 것이 심리치료사들의 공통된 견해다. 심리치료사들에 따르면, 우리 안에 특정 감정이 존재한다는 사실을 외면해서는 안 된다. 자신의 감정에 대해 곰곰이 생각해야 하며, 감정을 틀어막기보다 흘려보내야 한다. 부정적 감정에 빠졌다면 혼자 끙끙대지 말고 마음의 작동에 관한 이해를 업으로 삼는 심리상담사와 상담해야 한다.

예컨대 슬픔을 보자. 현대 심리학은 우리가 느끼는 슬픔이 개인적 비극에 대한 자연스러운 반응이라는 사실을 보였다(고 반스토아주의자들은 설명한다). 그들에 따르면 슬픔에 빠지면 틀어막지 말고 드러내야 한다. 울고 싶으면 울어야 한다. 친구와 가족에게 슬픔을 털어놓고 필요하면 슬픔 전문 상담가의 도움을 구해야 한다. 전문 상담가는 피상담자와 주기적으로 만남을 갖고 슬픔에 관해 이야기하며 슬픔을 이기도록 도울 것이다. 만약 스토아철학자들의 조언을 따라 슬픔을 억누른다면 단기적 고통은 덜지 몰라도 몇 달 후 심지어 몇 년 뒤에 **지연된 슬픔***을 겪을지 모른다.

물론 슬픔 상담으로 도움을 받는 사람도 있다. 그런데 심리학자

---

* 상실로 인한 슬픔을 뒤로 미루어 슬픔의 감정이 아직 해소되지 못한 상태.(옮긴이)

들의 공통된 견해는 '거의 모든' 사람이 슬픔 상담으로 도움을 받는다는 것이다. 이 견해는 관련 당국이 자연적, 인위적 재난에 대응하는 방식에도 영향을 주었다. 오늘날 당국은 생명을 구하는 조치를 취한 뒤, 재난에 살아남은 사람과 사랑하는 이를 잃은 사람들을 돕기 위해 서둘러 슬픔 상담가를 투입한다. 1995년 오클라호마시티에서 알프레드 P. 무라 페더럴 빌딩이 폭파되는 사건으로 168명이 사망했다. 당시 당국은 피해자들이 슬픔을 이기도록 슬픔 상담가들을 대거 투입했다. 1999년 콜로라도 리틀턴에서 컬럼바인 고등학교 학생 두 명이 저지른 총기 난사 사건으로 30여 명이 희생되었을 때도 생존 학생과 부모, 지역 주민이 슬픔에 대처하도록 한 팀의 애도 상담가가 투입되었다.[12]

20세기 중반만 해도 당국의 재난 대응 방식은 이와 달랐다. 1966년 사우스웨일스 애버판의 탄광 산사태로 마을 학교가 매몰되어 116명의 아이가 사망하는 사건이 있었다. 당시 사망 아동의 부모들은 이를 악물고 재앙을 견디며 스스로 슬픔을 극복했다.[13] 그러나 20세기 말에 이르면 이를 악물고 견디는 것을 재난에 대한 적절한 대응으로 권하는 심리치료사를 찾기 어려워졌다.

✦

스토아철학의 심리학에 대한 이런 비판에 대해 스토아철학자들은 감정을 틀어막으라고 권하지 않았다는 점을 기억해야 한다. 스토아철학자들은 부정적 감정을 막기 위해 필요한 일을 하라고 했다.

또 부정적 감정을 막는 데 실패할 경우 그것을 극복하라고 했다. 이것은 부정적 감정을 틀어막는 것과는 다르다. 감정이 일어나지 않도록 조치하거나, 일어났을 때 이겨낼 수 있다면 틀어막을 감정이 애당초 존재하지 않는다.

예컨대 사랑하는 사람을 잃어 슬픔에 빠진 스토아주의자가 있다고 하자. 그는 자기 안의 슬픔을 틀어막지 않는다. 슬픔을 느끼지 않는 척하지 않는다. 얼굴을 찡그리며 눈물을 참지 않는다. 그는 세네카가 폴리비오스에게 건넨 말, 즉 개인적 재앙에 슬픔을 느끼는 것은 당연하다는 말을 떠올리며 자연스런 슬픔을 경험할 것이다. 그런 다음 그는 남은 슬픔을 몰아내기 위해 노력할 것이다. 특히 세네카가 위로문에서 한 말을 떠올릴 것이다. "죽은 자가 내게 원하는 것이 슬픔인가? 그는 내가 행복하기를 바랄 것이다! 그러므로 죽은 자를 추모하는 가장 좋은 방법은 슬픔을 그치고 꿋꿋이 살아가는 것이다."

슬픔은 부정적 감정이라는 점에서 스토아철학자들은 슬픔에 반대했다. 동시에 그들은 불안, 분노, 증오, 수치, 부러움과 마찬가지로, 평범한 인간의 삶에서 어느 정도의 슬픔은 불가피하다는 사실을 알았다. **스토아철학자들의 목표는 슬픔을 완전히 없애는 것이 아니라 최소화하는 것이었다.**

◆

이 지점에서 스토아철학에 반대하는 이들은 '슬픔의 최소화'라는 목표가 슬픔을 억누르는 것보다는 낫지만 여전히 잘못된 목표라고 할 것이다. 심리 상담가에 따르면 우리는 슬픔을 '해결해야' 한다. 이성으로 슬픔에서 벗어나는 것도 좋지만, 슬픔을 해결하는 행동을 스스로 해야 한다는 것이다. 딱히 내키지 않아도 실컷 울어 본다던지 주변에 슬픔을 털어놓는 식이다. 감당하기 힘든 슬픔이라면 애도 상담가의 도움을 받아 애도 과정을 밟아야 한다고 한다.

이런 제안에 대해 나는 감정을 다루는 최선의 방법에 관한 현재 심리학계의 사고방식에 도전하려 한다. 특히 사람들이 스스로 슬픔에 대처할 능력이 없다는 많은 심리치료사의 주장에 의문을 제기할 것이다. **사람들은 생각만큼 허약하지 않다. 사람들은 심리치료사들이 생각하는 것보다 훨씬 큰 감정 회복력을 갖고 있다.**

내가 이렇게 말하는 이유를 이해하기 위해 애버판 재난사고를 다시 보자. 애버판 산사태에서 부모들은 자식들이 산 채로 묻히는 사고를 당했다. 당시 부모들이 겪은 개인적 비극은 어마어마했지만 이후 전문가의 도움은 조금도 받지 않았다. 현대 심리학의 합의된 견해에 따르면, 애도 상담을 받지 못한 부모들은 감정적으로 완전히 무너졌어야 맞다. 그러나 부모들은 스스로 슬픔을 잘 다루었다.[14] 이를 악무는 방법은 그들에게 큰 도움이 되었다.

부정적 감정을 스스로 다룬 또 다른 사례를 보자. 2차 세계대전 당시 영국인들이 당한 고초를 떠올려 보라. 전쟁이 발발하자 심리학자들은 전쟁에 대한 두려움에 빠진 사람들로 정신병원이 넘쳐날 것이라고 우려했다. 하지만 영국인들은 전문가의 도움 없이도 감정적으로 잘 대처했다. 정신병 발생 비율에 큰 변화가 없었던 것이다.[15] 전문 애도 상담가가 없었던 영국인들은 '스토아적 결의'로 스스로 역경에 대처하는 수밖에 없었고, 스토아철학의 이런 '자가 치료'는 큰 효과가 있었다.

애도 상담은 효과가 없는 것도 문제지만 슬픔을 키우거나 연장시켜 상황을 악화시키기도 한다. 애도 상담의 효과성에 관한 연구의 일환으로 영아 돌연사 증후군으로 자녀를 잃은 부모들을 조사한 일이 있다. 애도 치료 원칙에 따라 상실의 슬픔을 의식적으로 해결하려 한 부모들과 그러지 않은 부모들을 비교했다. 그 결과, 자녀가 사망한 지 3주가 지나 첫 번째 그룹이 두 번째 그룹보다 더 큰 괴로움을 겪었다. 심지어 18개월이 지나도 첫 번째 그룹의 부모가 두 번째 그룹보다 정서적으로 더 힘든 상태에 있었다. **이 연구가 보여주는 분명한 결론은, 애도 치료 원리에 따른 강제적 애도는 슬픔을 치료하기보다 자연적 치유를 오히려 지연시킨다는 점이다. 이것은 심리적 상처를 계속해서 긁는 것과 같다.** 홀로코스트 생존자, 학대당한 젊은 여성, AIDS로 배우자를 잃은 사람을 상대로도 유사한 연구를 수행했는데, 역시 비슷한 결과를 얻었다.[16]

그렇다면 지연된 슬픔은 어떤가? 애도 과정을 건너뛰고 뒤로 미루면 이후에 더 힘든 슬픔을 겪을까? 전문가들은 지연된 슬픔이라는 현상이 실제로 존재한다고 입을 모은다.[17] 그렇다면 나는 그들이 틀렸다고 주장하는 것인가? 그렇다. '지연된 슬픔' 개념은 정신과 의사 헬렌 도이치가 1937년 발표한 〈슬픔의 부재〉라는 논문에 처음 보인다. 그녀는 개인적 상실을 경험한 뒤 적절한 애도 과정을 거치지 않으면 상실 당시와 마찬가지의 강렬한 슬픔을 이후에 겪게 된다고 주장했다.[18] 불행히도 도이치는 자신의 이론을 경험적으로 증명하지 못했다. 이후 그녀의 이론을 증명하려 했던 연구자들은 실망했다. 지연된 슬픔의 실제 사례를 찾기 어려웠기 때문이다.[19]

조금 더 일반화시켜 보자. 정신과의사 샐리 사텔과 철학자 크리스티나 호프 소머스는 현대 심리치료의 일면을 반박하며 이렇게 말했다. "최근 연구에 따르면 감정을 절제하는 것은 심리 건강에 해가 되기보다 오히려 건강하고 적응적인 태도일 수 있다. 과한 자기 반성과 자기 폭로가 오히려 사람을 우울하게 만든다. 상실과 비극의 희생자들이 보이는 반응은 사람마다 다르다. 치료적 개입이 도움이 되는 사람도 있지만, 모든 사람이 '정답인' 감정 반응을 정신건강 전문가로부터 강요받을 필요는 없다. 이 점에서 트라우마 상담가와 애도 상담가들은 집단 오류를 범했다." 그러면서 두 저자는 거리낌 없는 감정 노출이 정신건강에 반드시 필요하다는 심리학계의 공통된 주장을 거부한다.[20]

부정적 감정에 대처하는 최선의 방법에 관한 스토아철학의 조언은 다소 구식임에도 여전히 훌륭하다. 세네카에 따르면 사람은 "자신이 비참하다고 믿는 만큼 비참해진다." 따라서 우리는 지난 고통에 대한 불평을 그쳐야 한다. 이런 말도 그만 해야 한다. '나보다 불행한 사람은 여태껏 없었어. 내가 견딘 고통과 악행이 얼마나 컸던가!' 한때 불행했다는 이유로 지금도 불행하다고 여기는 것은 아무 소용도 없는 한탄이다.[21]

스토아철학을 받아들이는 데 방해가 되는 또 다른 요인이 있으니 바로 현대의 정치다. 지금 세상은 우리가 불행한 이유가 우리 잘못이 아니라고 말하는 정치인들로 가득하다. 그들은 우리가 불행한 이유가 정부가 우리에게 행한(또는 행하지 않은) 일 때문이라고 주장한다. 시민으로서 우리는 철학이 아닌 정치에 기대 행복을 추구하도록 부추김을 받는다. 우리는 세네카나 에픽테토스의 글을 읽기보다, 가두행진을 벌이고 정치인에게 청원을 넣도록 독려 받는다. 또 정부가 가진 능력으로 국민을 행복하게 만들 수 있다고 주장하는 후보에게 표를 던지도록 고무 받는다.

스토아철학자들은 이런 생각을 거부했다. 그들은 우리의 행복을 가로막는 요인이 정부나 사회가 아니라고 보았다. **우리가 행복하지 않은 이유는 우리 삶의 철학에 문제가 있거나 삶의 철학을 갖지 못했기 때문이다. 정부와 사회가 우리의 외적 조건을 상당 부분 결정짓는 건 사실이지만 스토아철학자들은 외적 조건과 우리가 느끼는 행복의 크기 사이에 기껏해야 느슨한 관계밖에 없다고 보았다.** 황량한 섬으로 유배 간 사람이 사치스런 생활에 빠져 사는 사람보다 더 행복할 수 있다.

스토아철학자들은 정부가 시민을 부당하게 대할 수 있다는 것을 알고 있었다. 실제로 로마의 스토아철학자들은 당시 권력으로부터 자주 부당한 처벌을 받았다. 스토아철학자들은 사회의 불의에 맞서 싸울 의무가 자신들에게 있다고 보았다. 이 점에서 그들은 현대의 사회개혁가와 비슷하다. 스토아철학자들이 현대의 사회 개혁가와 다른 점이 있다면 그것은 인간 심리에 대한 이해다. 스토아철학자들에 따르면 사람들이 자신을 사회의 (또는 그 밖의 다른 것의) 희생양으로 여기는 것은 그들에게 도움이 되지 않는다. 자신을 희생자라고 여기면 좋은 삶을 살 수 없다는 점에서 그렇다. 자신을 희생자로 여기지 않을 때, 즉 내면의 자아가 외부 환경에 지배당하기를 거부할 때 우리는 외부 환경이 어떻게 바뀌든 좋은 삶을 살 가능성이 있다.(스토아철학자들은 사회를 개혁하려는 시도에 처벌을 받더라도 평정심을 지킬 수 있다고 보았다.)

다른 사람이 당신의 삶의 방식에 영향을 줄 수는 있어도 당신의 삶을 완전히 파괴할 힘은 그들에게 없다. 당신의 삶을 파괴할 힘은 오직 당신에게만 있다. 그리고 당신이 올바른 가치에 따라 살지 못할 때 당신은 당신의 삶을 파괴하게 된다.

스토아철학자들은 사회 개혁을 믿었지만 개인의 변화도 믿었다. 그들은 좋은 삶을 사는 사회를 만드는 첫걸음은 사람들이 외부 환경에 가능한 적게 의존하도록 가르치는 것이라고 보았다. 사람들이 처한 외부 환경을 바꾸는 것은 그 다음 단계다. 스토아철학자들에 따르면, 자신을 변화시키지 않으면 아무리 사회를 변화시킨다 한들 좋은 삶을 살 수 없다.

많은 사람이 행복을 심리치료사나 정치인 등 다른 사람이 가져다주는 것으로 여긴다. 스토아철학은 이런 생각을 거부한다. **스토아철학은 행복과 불행의 많은 부분을 우리 자신이 책임져야 한다고 가르친다. 자신의 행복에 스스로 책임질 때 비로소 행복을 얻을**

수 있다는 것이다. 이것은 심리치료사와 정치인에게 길들여진 사람들이 반기는 메시지가 아니다.

✦

스토아철학을 불친절하게 대한 것은 현대의 심리학과 정치만이 아니다. 현대 철학도 그렇다. 20세기 이전에는 철학을 한 사람이라면 누구나 스토아철학자의 글을 읽었다. 그러나 20세기가 되면서 철학자들은 스토아철학에 관심을 잃었다. 20세기 철학자들은 삶의 철학에도 관심이 없었다. 내 경험상, 스토아철학자의 글을 읽지 않고도 십 년 동안 철학 수업을 들을 수 있다. 또 삶의 철학을 택하기는커녕 그것에 대해 숙고해 보지 않고도 십 년간 철학 수업을 듣는 일도 얼마든지 가능하다.

철학자들이 스토아철학에 관심을 잃은 한 가지 이유는 20세기의 첫 십 년 동안 그들이 '발견한 바'가 있었기 때문이다. 그것은 많은 철학적 난제가 언어를 엉성하게 사용한 탓에 생긴다는 깨달음이었다. 따라서 그들은 철학의 난제를 해결하려면 스토아철학자들이 하듯이 인간을 관찰할 것이 아니라, 우리의 언어 사용 방식을 깊이 생각해야 한다는 결론을 내렸다. 이처럼 언어적 분석을 강조하다 보니, 어떻게 살아야 하는지 가르치는 것은 철학의 소임이 아니라는 믿음이 전문 철학자들 사이에 퍼졌다.

만약 당신이 에픽테토스에게 "좋은 삶을 살고 싶어요. 어떻게 해야 하나요?" 하고 물었다고 하자. 아마 에픽테토스는 당신을 위한 답을 준비하고 있을 것이다. "자연에 따라 살라." 그러면서 자연에 따라 사는 구체적인 방법을 상세히 알려줄 것이다. 만약 당신이 20세기의 분석철학자에게 같은 질문을 던졌다고 하자. 아마 그는 당신의 질문에 답하지 않은 채 질문 자체를 분석할 것이다. "당신은 지금 좋은 삶을 사는 법에 관해 물었습니다. 그런데 당신의 질문에 대한 답은 '좋은 삶'이란 말을 어떤 의미로 사용하는가에 달려 있습니다. 다시 '좋은 삶'이란 '좋다'와 '삶'이란 말을 어떤 의미로 쓰는가에 달려 있고요." 그런 다음 그는 좋은 삶을 사는 법에 관한 질문에서 당신이 의미할 수 있는 의미를 '모두' 열거하며 이들 각각의 의미가 논리적으로 뒤죽박죽인 이유를 설명할 것이다. 그의 최종 결론은 좋은 삶을 사는 법에 관한 당신의 질문은 앞뒤 논리가 맞지 않는다는 것이다. 철학자가 말을 마치면 당신은 그의 철학적 분석력에 감탄하겠지만 그 자신이 일관된 삶의 철학이 없는 사람이라는 결론도 함께 내릴 것이다.

✦

마지막으로, 오늘날 스토아철학을 받아들이는 데 방해가 되는 중요한 요인이 있다. 그것은 스토아철학이 자기 통제력을 요구한다는 사실이다. 우리는 자기 내면에 존재하는, 명성에 대한 욕망을 알아보는가? 스토아철학자들에 따르면 우리는 명성에 대한 욕망을 꺼뜨려야 한다. 우리는 최고급 가구를 갖춘 대저택을 갈망하는가? 스토아철학자들은 단순한 삶의 방식에 만족하라고 말한다. 명성과 부에 대한 갈망을 극복하는 외에도 스토아철학자들은 동료 인간에 대한 의무를 위해서라도 개인적 욕망의 많은 부분을 제쳐 두라고 한다. 보았듯이 스토아철학자들은 의무를 중시했다. 현대의 개인들과 달리 스토아철학자들은 삶에는 그들 자신보다 더 큰 무언가가 있다고 믿었다.

스토아철학이 요구하는 자기 통제에 대해 들으면 많은 사람이 스토아철학을 자기 삶의 철학으로 거부할 것이다. 사람들은 원하는 것을 갖지 못하면 불행하다고 믿는다. 그들에게, 행복을 얻는 최상의 방법은 원하는 것을 얻는 것이다. 그들은 원하는 것을 얻기 위해 다음의 세 단계 전략을 사용한다. 첫째, 마음속에 도사린 욕망에 어떤 것이 있는지 조사한다. 둘째, 그 욕망을 충족시킬 계획을 세운다. 셋째, 그 계획을 실행에 옮긴다. **그러나 스토아철학자들은 이와 정반대를 제안한다. 어떤 경우 스토아철학자들은 욕망을 채우기보다 꺼뜨리라고 한다. 어떤 경우에는 원하지 않는 일이라도 그것이 우리의 의무라면 해야 한다고 말한다. 어떻게 보면 스토아철학은 '불행에 이르는 가장 확실한 처방'으로 보인다.**

원하는 것은 무엇이든 애써 얻음으로써 행복을 찾는 방법은 역사상 대부분의 문화에서 대부분의 사람이 사용한 방법이었다. 그런데 역사상 많은 문화의 생각 깊은 사람들이 깨달았듯이 이 방법에는 중대한 결함이 있었다. 욕망을 하나 채울 때마다 마음속에 새로운 욕망이 고개를 쳐든다는 사실이다. 아무리 욕망을 채우려 애써도, 욕망을 하나도 채우지 않았을 때보다 만족에 더 가까이 가지 못한다. 계속해서 불만족 상태에 남는다.

그런데 이보다 나은 방법이 있다(언뜻 분명해 보이지는 않지만). **욕망을 충족하려 애쓰는 것이 아니라 욕망을 극복하려 노력하는 것이다. 특히, 우리 안에 욕망이 만들어지는 과정을 늦추는 것이다. 마음속에 고개를 쳐드는 욕망을 모두 충족하려 애쓰기보다 특정 욕망이 일어나는 것을 막도록, 그리고 이미 일어난 욕망이라면 그중 많은 부분을 제거하도록 노력하는 것이다. 새로운 것을 원하기보다 이미 갖고 있는 것을 원하는 것이다.**

이것이 스토아철학자들이 조언한 내용이다. 스토아주의자가 되는 데는 분명 자기 통제력이 필요하며, 자신의 의무를 다하려면 어느 정도 자기를 희생해야 한다. 하지만 스토아철학자들은 이로써 행복과 기쁨을 성취할 가능성이 높아진다고 보았다. 이렇게 하면 모든 욕망을 채우는 데 삶의 대부분을 보내는 많은 사람보다 행복과 기쁨을 얻을 가능성이 더 커진다.

'희생'이란 말에 오해가 없기를. 스토아철학자들은 사회적 의무를 자기 희생으로 여기지 않았다. 그들은 사회적 의무가 요구하는 바를 기꺼이 '원해서' 했다. 이상하게 들릴 것이다. 하지만 자녀 양육의 의무를 생각해 보라. 부모는 자식을 위해 수많은 일을 한다. 그러나 스토아철학을 삶의 철학으로 택한 부모는('좋은 부모'라면 누구나) 자녀 양육을 끝없는 희생을 요구하는 일로 받아들이지 않을 것이다. 대신에 자녀가 있어서 얼마나 좋은지, 자녀의 삶에 바람직한 변화를 줄 수 있어 얼마나 행복한지 생각할 것이다.

자기 탐닉이 아닌 자기 규율과 자기 희생이 행복을 얻는 최선의 방법이라고 주장한 것은 스토아철학자들만이 아니다. 에피쿠로스

철학과 회의주의철학을 비롯한 다른 철학들도 유사한 주장을 폈다. 뿐만 아니라 불교, 기독교, 이슬람교, 도교 등 수많은 종교도 그렇게 주장했다. 자기 통제력이 없는 사람, 자기보다 큰 어떤 것을 믿지 않는 사람이 과연 행복하고 의미 있는 삶을 살 수 있을까? 그러기는 어려워 보인다.

21
다시 보는
스토아철학

20장에서 스토아철학의 쇠퇴에 대해 이야기했다. 그리고 오늘날 스토아철학이 소멸 직전에 처한 이유를 살펴보았다. 이번 장에서는 스토아철학의 교의를 부활시키는 시도를 하고자 한다. 삶의 철학을 찾는 이에게 스토아철학이 매력적으로 다가가게 하는 것이 나의 목표다.

책 서문에서 삶의 철학은 두 가지를 갖추어야 한다고 했다. 삶에서 추구할 가치가 있는 것과 없는 것이 무엇인지 알려 주어야 하고, 추구할 가치가 있는 것을 얻는 방법도 알려 주어야 한다. 보았듯이 스토아철학자들은 우리가 추구할 가치가 있는 것으로 마음의 평정심을 들었다. 그들이 추구한 평정심은 불안, 슬픔, 두려움 등의 부정적 감정을 적게 느끼고 기쁨과 같은 긍정적 감정을 많이 느끼는 심리 상태다. 스토아철학자들은 드러내놓고 평정심의 중요성을 주장하지는 않았다. 사람들의 삶에서 평정심의 가치가 어느 순간 저절로 드러날 것이라고 보았다.

스토아철학자들은 평정심을 얻기 위해 인간에 대한 예리한 관찰자가 되었다. 그들은 무엇이 우리의 평정심을 방해하는지 알고자 했다. 평정심이 방해받지 않으려면 어떻게 해야 하는지, 노력에도 불구하고 평정심이 흐트러졌다면 어떻게 신속히 회복할 수 있는지 알고자 했다. 이런 탐구에 기초해 스토아철학자들은 평정심을 구하는 사람을 위한 여러 조언을 내놓았다. 그 조언에는 이런 것이 있었다.

- 자신을 자각해야 한다. 일상생활에서 자신을 관찰해야 한다. 일상의 사건에 자신이 어떻게 반응하고 있는지 자주 돌아봐야 한다. 주변의 모욕에 어떻게 응대했는가? 소유물을 잃었을 때나 스트레스 상황에 어떻게 대처했는가? 그 일에 대응하면서 스토아철학의 심리 전략을 활용했는가?

- 이성의 능력으로 부정적 감정과 욕망을 이기도록 힘써야 한다. 우리가 구하는 것이 평정심이라면 명성과 부가 소유할 가치가 없으며 따라서 추구할 가치도 없다는 점을 이성적으로 확신해야 한다. 쾌락을 얻는 활동으로 잃은 평정심이 그 활동에서 얻은 쾌락보다 언제나 크다는 점을 이성으로 깨달아야 한다.

- 부를 추구하지 않았음에도 운 좋게 부자가 되었다면 부를 즐겨

도 좋다. 키니코스학파와 달리 스토아철학은 금욕주의를 주장하지 않았다. 다만 부를 즐기되 부에 집착해서는 안 된다. 지금 누리는 부를 언제든 잃을 수 있다고 예상해야 한다.

• 인간은 사회적 동물이므로 다른 사람과 교류를 끊으면 비참해진다. 우리가 구하는 것이 평정심이라면 사람들과 관계를 맺고 유지해야 한다. 그러나 누구를 친구로 사귈 것인가에는 신중해야 한다. 타락한 가치관을 가진 사람과의 접촉은 가능한 피해야 한다. 그들의 타락한 가치관이 우리의 가치관을 오염시킬 수 있기 때문이다.

• 주변 사람들은 언제나 성가신 존재다. 그들과 관계를 유지하고자 할 때 우리의 평정심은 자주 방해받는다. 그래서 스토아철학자들은 인간관계에서 당하는 괴로움을 줄이는 법을 개발했다. 타인의 모욕에 대처하는 법, 타인의 모욕에 화내지 않는 법을 제안했다.

• 스토아철학자들은 인간이 불행한 근본 원인을 두 가지로 꼽았다. 하나는 만족할 줄 모르는 인간의 성향이며, 다음은 통제할 수 없는 일을 걱정하는 성향이다. 그들은 우리 삶에서 이 두 가지 불행의 근본 원인을 없애는 방법을 개발했다.

• 만족할 줄 모르는 성향을 극복하기 위해 스토아철학자들은 부정적 시각화를 권했다. 세상에 영원한 것은 아무것도 없다는 사실

을 깨닫고 재산과 사랑하는 사람 등 소중히 여기는 것을 언젠가 잃을 수 있다고 예상해야 한다. 그렇게 하면 지금 가진 것을 더 소중히 여길 수 있다. 지금 가진 것의 소중함을 자각할 때 그 밖의 다른 것에 대한 욕망도 적게 일어날 것이다. 그리고 지금보다 좋지 않은 상황을 의도적으로 경험해야 한다. 세네카는 가난을 수련하라고 했고 무소니우스는 쾌락과 안락의 기회를 자발적으로 포기하라고 했다.

- 스토아철학자들은 자신이 통제할 수 없는 일을 걱정하지 않으려면 삶에서 일어나는 일을 일정한 기준으로 분류하라고 했다. 전혀 통제할 수 없는 일, 완벽히 통제할 수 있는 일, 일정 부분 통제할 수 있으나 완벽히 통제할 수는 없는 일로 구분하라는 것이다. 전혀 통제할 수 없는 일은 신경 쓰지 않는다. 목표와 가치 등 완벽히 통제할 수 있는 일에 집중해야 한다. 그리고 일부 통제할 수 있으나 완벽히 통제할 수 없는 일에 대부분의 시간을 써야 한다. 그러면 불필요한 불안을 겪지 않을 것이다.

- 일정 부분 통제할 수 있으나 완벽히 통제할 수 없는 일에 시간을 쓸 때는 외면적 목표가 아니라 내면의 목표를 세워야 한다. 가령 테니스 시합에 참가하는 목표는 시합에서 이기는 것이 아니라 내가 할 수 있는 한에서 최선을 다하는 것이어야 한다.

- 외부 세계와 관련해서는 운명론적 태도를 지녀야 한다. 이미 일

어난 일과 지금 이 순간 일어나고 있는 일은 우리가 통제할 수 없으므로 이것에 안달하는 것은 어리석은 일이다.

삶의 철학을 전한 스토아철학자들은 그것이 왜 삶의 철학으로 적절한지 설명하지 않을 수도 있었다. 선불교에서 하듯이 삶의 철학을 채택하는 것을 믿음의 문제로 남겨둘 수도 있었다. 하지만 철학자였던 그들은 자신들의 삶의 철학이 '올바른' 삶의 철학임을 증명하는 동시에 자신들과 경쟁하던 철학이 잘못되었음을 증명할 필요를 느꼈다.

그들은 스토아철학을 증명하기 위해 우선 제우스신이 인간을 창조하는 과정에서 동물과 다르게 인간에게 이성을 부여했다고 했다. 인간을 소중히 여긴 제우스신은 인간을 행복하게 만들고 싶었지만 능력이 부족했다. 대신에 제우스신은 자신이 할 수 있는 일, 즉 삶을 견디고 즐길 수 있는 도구를 인간에게 주었다. 정확히 말하면, 인간이 (그에 따라 살면) 번창할 수 있는 삶의 패턴을 고안했다. 스토아철학자들은 이 삶의 패턴을 이성의 능력으로 발견한 다음 우리가 이 패턴에 따라 (그들의 표현에 따르면 '자연에 따라') 살며 번창하도록 삶의 철학을 설계했다. 따라서 스토아철학자들이 설계한 삶의 원칙에 따라 살면 인간이 누릴 수 있는 최선의 삶을 살게 된다. 이상이 스토아철학자들이 증명하려는 내용이었다.

그러나 종교를 믿는 대부분의 사람들은 스토아철학의 이런 증명을 거부할 것이다. 그들은 제우스가 인간을 창조했다는 주장부터 받아들이지 않을 것이다. 그러나 증명을 약간 변형해 제우스가 아니라 하나님이 인간을 창조했다고 하면 받아들일지 모른다. 그들은 스토아철학의 증명을 자신들의 종교에 위배되지 않는 증명으로 바꿔칠 것이다.

그렇다면 제우스와 하나님이 인간을 창조했다는 주장을 거부하는 현대의 스토아주의자는 어떤가. 그가 인간은 신이 아니라 진화 과정을 통해 만들어졌다고 믿는다고 하자. 이 경우 인간은 특정한 목적을 위해 창조되었다고 할 수 없다(진화는 목적이 없다). 따라서 인간의 존재 목적을 발견할 수 없으며 그 목적을 수행함으로써 번창하는 것도 불가능하다. 이들은 스토아철학자들이 했던 식으로 스토아철학을 옹호하지 않을 것이다. 대신 스토아철학자들이 몰랐던 과학의 발견을 통해 자신들이 처한 곤경을 해소할 것이다. 이에 대해 잠시 말해보자.

✦

누군가 스토아철학이 효과가 있는 이유를 물으면 나는 제우스나 하나님을 거론하지 않을 것이다. 대신에 진화론을 이야기할 것이다(진화론은 우리 인간이 흥미로운 일련의 생물학적 사건의 결과로 존재하게 되었다고 본다). 그런 다음 나는 **진화심리학**에 대해 이야기할 것이다. 진화심리학에 따르면 인간은 진화 과정을 통해 특정한 신체 구조와 생리 기능뿐 아니라 특정한 심리 특징도 갖추게 되었다. 특정 상황에서 두려움과 불안을 느끼는 성향, 다른 상황에서는 쾌락을 느끼는 성향도 그런 심리 특징 가운데 하나다. 그런 다음 나는 우리가 이런 경향을 발달시킨 목적이 '좋은 삶'을 위해서가 아니라 생존과 번식을 위해서라는 점을 설명할 것이다. 그 다음에는 제우스나 하나님과 달리 진화 과정은 우리가 '잘 사는' 데 관심이 없다는 점도 덧붙일 것이다. 진화 과정은 오직 우리가 생존하고 번식하는 데만 관심이 있다. 비참한 상태로 살아남아 번식에 성공한 사람이 자식을 두지 않고 즐거운 삶을 산 사람보다 진화 과정에서 더 큰 역할을 한다.

여기서 인간이 지금까지 진화해온 과거가 어떻게 현재 우리의 심리적 기질을 형성하게 되었는지 이해할 필요가 있다. 예컨대 우리는 왜 통증을 느끼는가? 신이 인간이 통증을 느끼기를 바라거나 통증을 느낌으로써 인간이 유익함을 얻는다고 생각했기 때문이 아니다. (진화의 '실험'으로) 상처에 통증을 '느낀' 우리의 진화적 조상이 통증을 '느끼지 않은' 조상보다 살아남아 번식할 확률이 높았기 때문이다. 통증을 느낀 조상은 살아남아 자신의 유전자를 후대에 전할 수 있었고 그 결과 오늘의 우리는 통증을 느끼는 능력을 갖게 되었다.

인간이 두려움을 느끼는 이유도 진화 과정 때문이다. 사자를 무서워한 우리의 진화적 조상은 사자에 무감각했던 조상보다 잡아먹힐 확률이 낮았을 것이다. 마찬가지로, 걱정과 불만족을 느끼는 우리의 기질도 지금까지 진화를 거쳐 온 결과다. 먹을 것이 충분한지 걱정을 했던 우리의 조상은 다음 식사를 어떻게 마련할지 무심했던 조상보다 굶어죽을 확률이 낮았을 것이다. 가진 것에 만족하지 않고 더 많은 음식과 더 넓은 집을 끝없이 원했던 조상은 쉽게 만족하는 조상보다 생존해 번식할 가능성이 더 높았을 것이다.

쾌락을 느끼는 우리의 능력도 진화로 설명할 수 있다. 예컨대 섹스는 왜 좋은 느낌을 주는가? 섹스가 즐겁다고 느낀 우리의 진화적 조상은 섹스에 무관심했거나 섹스가 불쾌하다고 느낀 조상보다 자식을 낳을 확률이 훨씬 높았을 것이다. 우리는 섹스가 좋다고 느낀 조상의 유전자를 물려받았고, 그 결과 우리는 섹스가 즐겁다고 느낀다.

보았듯이 스토아철학자들은 제우스신이 인간을 무리지어 살도록 만들었다고 생각했다. 나는 군집성이 인간의 '본성'이라는 데 스토아철학자들과 의견이 같지만 제우스신이(또는 하나님이) 인간을 무리지어 살도록 '만들었다는' 주장에는 반대한다. 인간이 군집생활을 하는 이유는 사람들과 어울리며 무리를 이룬 조상이 그러지 않은 조상보다 생존해 번식할 가능성이 높았기 때문이다.

우리는 다른 사람과 관계를 맺도록 진화상 '프로그래밍' 되었다. 뿐만 아니라 우리는 인간관계에서 지위를 추구하도록 프로그래밍 되기도 했다. 우리의 진화적 조상들이 형성한 집단에는 원숭이 무리처럼 일정한 사회적 위계가 존재했을 것이다. 지위가 낮은 구성원은 생존을 위한 자원을 빼앗기거나 집단에서 쫓겨날 위험이 높았을 것이고, 이런 일은 그들의 생존 자체를 위협했을 것이다. 더욱이 집단 내 지위가 낮은 남성들은 자식을 갖기 어려웠을 것이다. 그러므로 사회적 지위를 추구해야겠다고 느낀 조상이(사회적 지위를 얻으면 기분이 좋고, 잃으면 기분이 나빴던 조상이) 사회적 지위에 무심했던 조상보다 살아남아 번식할 확률이 높았을 것이다. 진화상 이런 과거를 거쳤기 때문에 오늘날의 인간도 사회적 지위를 얻으면 즐거워하고 잃으면 불쾌해한다. 사람들이 칭찬하면 기쁘고 모욕하면 고통스러운 이유도 이것이다.

스토아철학자들에 따르면 제우스신은 인간에게 신과 마찬가지의 이성적 사고력을 부여했다. 그러나 내가 보기에 인간의 다른 능력과 마찬가지로 이성적 사고력도 진화 과정을 통해 얻은 것이다. 이성적 사고력을 갖춘 우리의 진화적 조상은 그것을 갖추지 못한 조상보다 생존해 번식할 확률이 높았다. **여기서 핵심은, 인간이 이성적 사고력을 갖춘 이유가 섹스와 사회적 지위 등 진화상으로 프로그래밍 된 욕망을 극복하기 위해서가 아니라는 점이다. 오히려 반대다. 인간은 욕망을 더 효과적으로 충족하기 위해 이성적 사고력을 갖추었다.** 예컨대 섹스에 대한 욕망, 사회적 지위에 대한 욕망을 충족시킬 고도의 방법을 찾으려고 이성적 사고력을 갖춘 것이다.

✦

요컨대 인간이 지금의 능력을 갖춘 이유는 그 능력 덕에 우리의 진화적 조상이 생존해 번식할 수 있었기 때문이다. **그렇다고 해서 오늘의 우리가 이 능력을 반드시 생존과 번식에 사용해야 하는 것은 아니다. 우리는 우리가 가진 이성의 능력으로 진화상 물려받은 유산을 '오용할' 수도 있다.** 잠시 설명이 필요해 보인다.

우리가 가진 듣는 능력을 보자. 인간은 진화 과정을 통해 듣는 능력을 획득했다. 포식자가 다가오는 소리를 들을 수 있었던 조상은 그러지 못한 조상보다 살아남아 번식할 확률이 높았다. 그러나 현대의 인간은 생존과 번식의 목적으로 청력을 사용하는 일이 잘 없다. 대신 우리는 베토벤의 음악을 듣는 데 청력을 사용한다. 그런데 음악을 듣는 것은 우리의 생존과 번식 확률을 조금도 높이지 않는다. 이처럼 우리는 듣는 능력을 '오용할' 수 있다. 뿐만 아니라 청력과 함께 진화해온 귀도 '잘못' 사용할 수 있다. 예컨대 듣기 위해서가 아니라 안경을 걸치고 귀걸이를 끼는 데 귀를 사용하는 것이다. 우리가 걷는 능력을 획득한 이유도 걸을 수 있었던 조상이 걷지 못한 조상보다 살아남아 번식할 확률이 높았기 때문이다. 그런데 어떤 사람은 걷는 능력을 에베레스트 산을 오르는 데, 즉 생존 확률을 오히려 떨어뜨리는 데 사용한다.

듣는 능력과 걷는 능력을 '오용'하는 것처럼(즉 생존이나 번식과 무관한 용도로 사용하는 것처럼) **우리가 가진 이성의 능력을 잘못 사용하는 것도 얼마든지 가능하다. 특히, 진화상 프로그래밍 된 인간의 행동 성향을 비켜 가는 데 이성의 능력을 사용할 수(정확히는 '오용할' 수) 있다.** 예컨대 인간이 진화해온 과거 때문에 인간은 섹스를 하면 보상을 받는다(좋은 기분을 느낀다). 하지만 이성을 가진 인간은 어떤 이유로든 섹스의 기회를 포기할 수도 있다. 가령 섹스의 기회를 덥석 물 경우 생존이나 번식과 무관한, 자기 스스로 정한 목표에서 멀어진다는 이유로 말이다. 극단적으로 말해, 평생 독신으로 살겠다는 결정은 우리의 번식 확률을 0으로 떨어뜨린다. 우리의 목표가 오직 생존과 번식이라면 사회적 지위와 부 등 진화 프로그래밍에 따라 인간이 좇는 많은 것들이 가치 있다고 생각할 수 있다. **하지만 삶에서 평정심을 얻는 것이 우리의 목표라면 진화적 설계에 따라 우리가 추구하는 많은 것들이 가치가 없다는 결론을 이성의 능력으로 끌어낼 수도 있다.**

스토아철학자들에 따르면, 제우스신은 인간을 고통을 당하는 존재로 만들었지만 제대로 사용하면 고통을 막을 수 있는 이성이라는 도구도 함께 주었다. 진화에 대해서도 마찬가지 주장을 할 수 있다. 즉, 진화를 통해 인간은 고통을 겪게 되었지만 진화는 고통을 상당 부분 덜 수 있는 도구도 (우연히) 인간에게 주었다. 이 도구 역시 인간이 가진 이성의 능력이다. 이성적으로 사고하는 인간은 진화상 처한 자신의 곤경에 대해 알 수 있으며 거기서 벗어나는 단계를 의식적으로 밟을 수 있다.

진화 프로그래밍을 통해 인간은 생물 종으로서 번성했다. 하지만 이제 진화 프로그래밍은 많은 면에서 효용을 다했다. 예컨대 공개적 모욕을 당했을 때 느끼는 고통을 보자. 모욕이 주는 고통에 대한 진화적 설명은 앞에서 했다. 다시 말하면, 사회적 지위를 얻고 유지하는 데 신경을 곤두세운 조상이 사회적 지위에 무관심해 모욕에 괴로워하지 않는 조상보다 살아남아 번식할 확률이 높았다. 그러나 세상은 우리의 조상이 아프리카 초원을 돌아다니던 때와 크게 변했다. 오늘날에는 사회적 지위가 낮아도 생명을 부지하는 데 큰 문제가 없다. 사람들에게 무시를 당하더라도 먹을 것을 빼앗기거나 집에서 내쫓기는 일은 거의 없다. 이것은 법으로 금지되어 있다. 더구나 사회적 지위가 낮아 자식을 낳기 어려운 시대는 지났다. 실제로 세계 여러 곳에서, 사회적 지위가 낮은 사람이 사회적 지위가 높은 사람보다 자식을 더 많이 낳는다.

만약 우리의 목표가 생존과 번식이 아니라 평온한 생활을 즐기는 것이라면 사회적 지위를 상실하는 고통은 쓸모가 없고 효과적이지도 않다. 사람들은 진화 프로그래밍에 따라 일상의 삶에서 사회적 지위를 획득하려고 무의식적으로 애쓴다. 그래서 사람들은 우리를 무시하고 모욕하며 사회적으로 창피를 준다. 그들의 행동을 그냥 두면 우리의 평정심은 흐트러진다. 이때 할 일은 그들이 주는 모욕을 고통스럽다고 여기는 우리의 진화 프로그래밍을 중단시키는 것이다. 그리고 거기에 우리의 지성을 사용하는(오용하는) 것이다. 모욕이 주는 쓰라린 감정을 이성의 능력으로 제거해 우리의 평정심이 방해받지 않게 해야 한다.

✦

이런 맥락에서, 채워도 채워도 만족하지 못하는 우리의 성향을 보자. 보았듯이 우리의 진화적 조상들은 모든 것을 더 많이 갖는 것이 확실히 유리했다. 이것이 오늘날 우리가 무엇이든 더 많이 원하는 이유다. 그러나 만족할 줄 모르는 성향을 제어하지 않으면 우리의 평정심이 흐트러진다. 지금 가진 것을 즐기는 대신 갖지 못한 것을 얻느라 삶을 허비하게 된다. 우리가 더 많이 원하는 이유는 어떤 것을 소유하면 즐길 수 있고 더 이상 다른 것을 구할 필요가 없다는 잘못된 믿음 때문이다. 이 경우에도 우리는 우리의 지능을 '오용해야' 한다. 모든 것을 더 많이 갖는 똑똑한 전략을 떠올릴 것이 아니라, 만족할 줄 모르는 성향을 극복하는 데 우리의 지능을 사용해야 한다. 이렇게 하는 멋진 방법 중 하나가 우리의 지능을 활용해 부정적 시각화를 연습하는 것이다.

마지막으로, 불안을 보자. 보았듯이 우리는 걱정을 하도록 처음부터 진화상으로 프로그래밍 되었다. 다음 끼니를 어떻게 마련할지, 나무에서 나는 으르렁거리는 소리의 정체가 무엇인지 걱정하지 않고 한가롭게 석양을 구경한 우리의 조상은 오래 살지 못했다. 그러나 대부분의 현대인은(어쨌거나 선진국 사람들은) 꽤 안전하며 예측 가능한 환경에 산다. 나무에서 나는 으르렁거리는 소리를 들을 일도 없고, 다음 끼니도 거의 확실히 준비되어 있다. 현대인의 걱정거리는 분명히 줄었다. 하지만 우리의 걱정 성향만큼은 조상들의 것을 그대로 물려받았다. 평정심을 얻고자 한다면 우리의 지능을 '잘못 사용해' 걱정 성향을 극복해야 한다. 스토아철학의 조언에 따라 우리가 통제할 수 없는 것이 무엇인지 판단한 뒤 이성을 사용해 그와 관련된 걱정을 제거하면 평정심을 얻을 가능성이 높아진다.

지금까지의 내용을 정리해 보자. 스토아철학자들은 스토아철학이 올바른 삶의 철학임을 '증명'할 수 있다고 생각했다. 그 증명에서 그들은 제우스신이 인간을 특정한 목적에 따라 만들었다고 가정했다. **하지만 우리는 그들의 증명은 거부하되 스토아철학 자체는 거부하지 않을 수 있다. 다시 말해, 인간이 특정 목적에 따라 만들어졌다는 스토아철학자들의 주장에 동의하지 않더라도 그들이**

삶의 철학에서 평정심이라는 올바른 목표를 선택했으며 그 목표를 이루는 유용한 기법을 다수 발견했다는 결론에 이를 수 있다.

그래서 누군가 스토아철학을 수련해야 하는 이유를 묻는다면 나는 제우스와 신을 거론하지 않을 것이다. 또 인간이 원래부터 수행하도록 만들어진 기능에 대해서도 말하지 않을 것이다. 대신 나는 인간이 거쳐 온 진화 과정에 대해 이야기할 것이다. 지금까지의 진화 과정으로 우리가 특정한 것을 원하고 특정 상황에서 특정한 감정을 느끼도록 진화상으로 프로그래밍 된 과정을 말할 것이다. 또 진화 프로그래밍에 따라 사는 것이 우리 조상들의 생존과 번식을 도왔지만 현대의 인간은 오히려 그로 인해 비참한 삶을 살 수도 있음을 이야기할 것이다. 또 인간이 가진 이성의 능력을 '오용해' 우리의 진화 프로그래밍을 극복할 수 있다는 점도 덧붙일 것이다. 나아가 스토아철학자들은 진화에 대해 몰랐음에도 우리의 평정심을 흩트리는 진화 프로그래밍을 극복하는 심리 기법을 발견했다는 점도 짚을 것이다.

제대로 이해했을 때 스토아철학은 '질병 치료법'이라고 할 수 있다. 이때 '질병'이란 삶의 기쁨을 앗아가는 불안, 슬픔, 두려움 등 우리를 괴롭히는 부정적 감정을 말한다. 우리는 스토아의 심리 기법을 수련함으로써 마음의 질병을 치료해 평정심을 얻을 수 있다. 그런데 부정적 감정의 치료법을 발견한 고대 스토아철학자들은 이 치료법이 효과가 있는 이유에 대해서는 '잘못' 알았던 것 같다.

이를 이해하기 위해 아스피린의 예를 보자. 아스피린이 효과가 있다는 것은 논란의 여지가 없는 사실이다. 이를 알았던 사람들은 수천 년 동안 아스피린을 약으로 사용했다. 문제는 아스피린이 어떻게, 왜 효과가 있는가다. 고대 이집트인들은 아스피린과 동일한 유효 성분이 든 버드나무 껍질을 약으로 사용했다. 그들에겐 나름의 '이론'이 있었다. 이집트인들은 인간의 몸에 피, 공기, 물, 웨쿠두라는 네 요소가 흐르고 있다고 생각했다. 이 중 웨쿠두가 너무 많으면 통증과 염증이 일어난다고 보았다. 그래서 버드나무 껍질을 씹거나 버드나무 잎으로 만든 차를 마시면 통증과 염증을 앓는 사람의 웨쿠두를 줄여 건강이 회복된다고 생각했다.[1] 물론 이 이론은 틀렸다. 웨쿠두라는 물질은 존재하지 않는다. 아스피린이 효과가 있는 이유에 관한 이집트인들의 이론은 틀렸지만 어쨌든 아스피린은 그들에게 효과가 '있었다.'

기원 후 첫 수백 년간 버드나무 껍질은 약으로 널리 사용되었다. 하지만 이후 유럽인들은 버드나무 껍질의 약효를 까맣게 잊고 있었다. 그러다 18세기에 영국의 목사 에드워드 스톤이 버드나무 껍질의 약효를 다시 발견했다. 그는 버드나무 껍질이 진통과 해열에 효과가 있다는 사실을 알았지만 어째서 효과가 있는지는 고대 이집트인과 마찬가지로 아는 게 없었다. 19세기가 되어 화학자들이 버드나무 껍질의 유효 성분이 살리실산(酸)(일부 식물에서 발견되는, 신맛이 나는 물질로 아스피린 제조에 쓰임)이라는 사실을 알아냈지만 어째서 효과가 있는지는 역시 알지 못했다. 1970년대가 되어서야 연구자들은 아스피린의 작용 방식을 알아냈다. 손상을 입은 세포는 아라키돈산을 만드는데 아리키돈산은 프로스타글란딘(포유동물의 많은 조직 중에 있는 지용성 카르복시산)의 생성을 촉진시켜 열병과 염증, 통증을 일으킨다는 것이다. 이때 아스피린은 프로스타글란딘 생성을 억제해 열병과 염증, 통증을 멈추게 한다.[2]

아스피린이 효과를 내는 방식을 모른다고 해서 약효가 사라지지 않듯이 스토아철학도 마찬가지다. 고대 이집트인처럼 스토아철학자들도 우연히 발견한 마음 치료법의 작동 방식을 모르고도 그것을 활용했다. **이집트인들이 두통과 열병 치료법을 우연히 발견했다면 스토아철학자들은 부정적 감정의 치료법을 발견한 것이다. 구체적으로 그들은 평정심을 키우는 일련의 심리 기법을 개발했다. 이집트인과 스토아철학자 모두 그들의 치료법이 효과가 있는 이유는 몰랐지만 효과가 있다는 사실은 알고 있었다.**

초기 스토아철학자들은 과학에 큰 관심을 보였다. 문제는 그들의 과학이 초보 수준에 그쳐 자신들이 던진 여러 질문에 제대로 답하지 못했다는 점이다. 그래서 그들은 스토아철학의 효과성과 스토아철학이 제안한 기법에 관한 선험적 설명을 시도했다.* 선험적 설명은 세상을 관찰해 내놓은 설명이 아니라 철학의 기본 원칙에 근거한 설명이다. 만약 스토아철학자들이 진화, 특히 진화심리학에 대해 알았다면 이와는 다른 설명을 내놓았을 것이다.

---

* 신이 신의 형상을 따라 인간에게 이성을 부여했다는 설명.(옮긴이)

누군가는 아스피린의 비유를 더 밀고가 스토아철학을 반박할지 모른다. 오늘날 우리는 스토아철학자들보다 과학을 더 잘 알며 그 덕에 그들에게 없던 의학을 가졌다. 자낙스 같은 신경안정제로, 우리의 평정심을 흩트리는 불안을 줄일 수도 있다. 신경안정제는 스토아철학자들이 구하던 평정심에 이르는 '지름길'을 암시한다. 우리는 서점에서 세네카의 책을 사기보다 의사에게 자낙스를 처방받는다. 이런 생각에 따르면 평정심을 얻는 스토아철학의 방법은 시대에 뒤진 구식의 방식이다. 초보 수준의 의학에다 자낙스가 없던 2천 년 전에는 스토아철학이 통했을지 모른다. 그러나 오늘날 불안을 치료하려고 스토아철학을 찾는 사람은 궤양 때문에 무당을 찾는 사람처럼 보인다.

그렇다면 신경안정제로 불안을 덜 수 있음에도 그것을 거부하고 스토아철학에 귀를 기울여야 하는 이유는 무엇일까? 이를 알기 위해 비만과 관련한 논쟁을 살펴보자. 비만인 사람에게 현대 의학은 두 가지 선택권을 준다. 하나는 적게 먹고 운동을 많이 하는 식으로 생활습관을 바꾸는 방법이다. 다음은 살 빼는 약을 먹거나 위절제 수술을 받는 방법이다. 대부분 의사는 첫 번째를 권할 것이다. 의사들은 현대의 첨단 의술이 존재함에도 생활습관에 변화를 주는 오랜 방법을 권할 것이다. 이 방법이 통하지 않는 경우에 한해 약이나 수술을 권할 것이다. 의사는 수술이 위험하며 체중 감량제 역시 심각한 부작용이 있을 수 있다고 지적할 것이다. 반면, 운동은 위험하지 않을 뿐더러 건강을 증진시킨다. 게다가 운동의 이익은 삶의 다른 영역에도 미친다. 예전보다 활기가 넘치고 자존감도 올라간다.

불안을 예방하고 그에 대처하는 데 스토아철학을 활용하는 것도 마찬가지다. 스토아철학은 의료적 처치보다 더 안전하다. 이것은 자낙스 중독자를 보면 알 수 있다. 게다가 스토아철학의 유익함은 삶의 다른 영역에까지 미친다. 스토아철학을 수련한다고 해서 운동하듯이 몸에 활력이 붙지는 않지만 자신감은 더 붙는다. 삶이 던지는 어떤 도전에도 응대할 수 있다는 자신감 말이다. 자낙스를 먹는 사람은 이런 자신감이 생기지 않는다. 그는 자낙스를 끊으면 자신이 더 망가진다는 걸 스스로 안다. 스토아철학을 수련할 때 얻는 유익함은 또 있다. 우리의 삶과 우리가 처한 상황을 더 소중히 여기게 되어 더 큰 기쁨을 느낀다는 점이다. 자낙스로는 결코 얻지 못하는 유익함이다.

✦

모든 사람이 나의 '현대화된' 스토아철학에 고개를 끄덕이는 것은 아니다. 나의 동료 철학자들은 내가 스토아철학의 철학적 근거로부터 과학적 근거로 슬쩍 '갈아탔다'고 지적할 것이다. 철학적 조언과 심리 기법 등 스토아철학의 '머리'를 과학이라는 다른 동물의 '몸'에 갖다 붙였다고 불평할 것이다. 또 이렇게 만들어진 교리는 멋진 키메라(사자 머리, 염소 몸통, 뱀 꼬리의 그리스 신화 속 동물)가 아니라 프랑켄슈타인처럼 끔찍하고 기괴한 괴물 같다고 할 것이다.

이어 나의 동료 철학자들은 스토아철학의 과학적 근거를 마련하려는 나의 시도 자체가 매우 반(反) 스토아적이라고 지적할 것이다. 스토아철학자들은 자연에 따라 살라고 조언했다. 그런데 나는 지금 인간에 내장된 진화 프로그래밍을 이성의 힘으로 극복하라고 조언하고 있다. 이것은 자연에 '따라' 사는 것이 아니라 자연을 '거슬러' 사는 것이 아닌가!

또 순수 스토아주의자들은 내가 스토아철학자들 사이의 다양한 견해차를 무시했다고 불평할 것이다. 예컨대 마르쿠스 아우렐리우스는 다른 스토아철학자들보다 의무감이 더 강했다. 또 무소니우스와 세네카는 스토아주의자가 금욕주의자일 필요는 없다는 데(자신의 철학 때문에 삶을 못 즐길 필요는 없다는 데) 생각이 같았지만, 삶을 얼마나 마음껏 즐겨도 되느냐에 관해서는 생각이 달랐다. 순수 스토아주의자들은 내가 이런 차이를 드러내지 못했다며 불만을 표할 것이다.

이런 비난에 대해 나는 이렇게 말하겠다. 이 책에서 나는 '철학 탐정'의 역할을 하고자 했다. 즉, 로마 스토아철학자들의 삶의 철학을 채택하려는 오늘날의 개인이 무엇을 해야 하는지 알려주려 했다. 스토아철학자들은 스토아주의자가 되는 법에 관한 친절한 안내문을 제공하지 않았다. 에픽테토스의 『엥케이리디온 Handbook』조차 '안내문'이라고 할 수 없다(스토아철학자들이 스토아철학의 수련에 관한 상세한 글을 썼을 수도 있지만 어쨌거나 지금은 전해오지 않는다).[3] 그들이 안내문을 쓰지 않은 이유는 수긍할 만하다. 당시 스토아철학의 수련법을 배우고 싶은 사람은 책이 아니라 직접 스토아 학교에 다니면 되었기 때문이다.

따라서 나는 로마 스토아철학자들의 글에 흩어진 단서를 가지고 '새 브랜드'의 스토아철학을 만들어야 했다. 이렇게 만들어진 스토아철학은 고대의 스토아철학자들로부터 비롯했지만 특정 스토아철학자가 옹호한 스토아철학과는 다른 모습일 것이다. 또 고대 스토아철학 학교에서 수련했던 스토아철학과도 여러 면에서 같지 않을 것이다.

나는 나와 주변 사람에게 실질적인 도움이 되는 스토아철학을 만들고자 했다. 이 목적을 위해 스토아철학을 지금 우리의 상황에 맞게 응용했다. 평정심을 구하는 사람에게 나는 이 책에 소개한 스토아철학의 심리 기법을 시도해 보고 고대 스토아철학자들의 글도 읽어 보라고 권할 것이다. 그렇지만 내가 만든 스토아철학과 예컨대 에픽테토스가 선호한 스토아철학의 다른 점에 유의하라고 덧붙일 것이다. 만약 에픽테토스의 스토아철학이 나의 스토아철학보다 그의 필요에 더 맞는다면 에픽테토스의 철학을 택하라고 할 것이다.

스토아철학에 '손을 댄' 사람은 내가 처음이 아니다. 보았듯이 로마인들도 그리스의 스토아철학을 자신들의 필요에 맞게 응용시켰다. 더욱이 개별 스토아철학자도 스토아철학을 자기 필요에 따라 바꾸기를 겁내지 않았다. 세네카는 이렇게 말했다. "나는 특정 스토아철학의 대가에게 얽매이지 않는다. 나에게도 의견을 형성할 권리가 있다."[4] 스토아철학자들은 스토아철학의 원칙이란 돌에 새긴 고정된 글씨가 아니라 진흙에 판 글자와 같다고 여겼다. 그들은 적절한 범위 내에서 사람들에게 유용한 스토아철학으로 얼마든지 개조할 수 있다고 보았다.

　이 책에서 나는 스토아철학자들이 의도했을 거라고 내가 생각한 방식대로 스토아철학을 제시했다. 그들은 후대 철학자들의 흥미를 위해 스토아철학을 만들지 않았다. 그들은 스토아철학이라는 '도구'를 적절히 사용해 좋은 삶을 살 수 있기를 바랐다. 나는 도서관 서가에 먼지를 뒤집어쓴 채 아무도 읽지 않는 이 도구를 우연히 발견했다. 집어 들고 먼지를 털어낸 뒤 몇 군데 손을 보면서 나는 스토아철학자들이 의도한 대로 사용할 수 있는지 보았고 그럴 수 있다는 사실을 알고는 무척 기뻤다. 스토아철학이 사용되지 않은 이래 유사한 도구가 다수 발명되었지만 스토아철학만큼 기능이 좋은 도구를 나는 보지 못했다.

◆

전문 철학자가 아닌 일반인은(이 책의 주 독자는 일반인이다) 스토아철학의 순수성을 지키는 데 예민하지 않다. 그들에게 중요한 것은 스토아철학이 효과가 있느냐다. 그리고 효과가 있다 해도 일반인들은 효과가 더 좋은 삶의 철학은 없는지 물을 것이다. 더 낮은 비용으로 스토아철학과 동일하거나 더 큰 이익을 주는 다른 삶의 철학 말이다. 만약 스토아철학이 그 철학보다 효과가 떨어진다면 신중한 개인들은 스토아철학을 자기 삶의 철학으로 택하지 않을 것이다. 대신 에피쿠로스철학이나 선불교 등 다른 삶의 철학을 택할 것이다.

나는 스토아철학을 내 삶의 철학으로 택했지만 그렇다고 스토아철학이 효과가 있는 유일한 철학이라고 주장하지 않는다. 또 스토아철학이 모든 경우에 누구에게나 다른 삶의 철학보다 효과가 좋다고 주장하는 것도 아니다. 내가 주장하는 것은, 특정 상황의 어떤 사람에게는(나도 그중 한 사람이다) 스토아철학이 평정심을 얻는 매우 효과적인 방법이라는 것이다.

그렇다면 어떤 사람이 스토아철학을 자기 삶의 철학으로 시도해 보아야 할까? 우선 평정심을 구하는 사람이다. 평정심이야말로 스토아철학이 우리에게 약속하는 것이다. 평정심보다 중요한 가치가 있다고 생각하는 사람은 스토아철학을 수련하는 것을 어리석다고 여길 것이다.

평정심을 삶의 목표로 삼으면 다른 삶의 철학들이 후보에서 자연스럽게 떨어져 나간다. 당신이 평정심을 목표로 한다면 쾌락의 극대화를 목표로 삼는 쾌락주의를 삶의 철학의 후보에서 제외시킬 것이다. 그런데 평정심을 주 목표로 삼는 삶의 철학은 스토아철학만이 아니다. 동일한 목표를 가진 여러 삶의 철학 가운데 하나를 또 선택해야 하는 문제가 남는다. 예컨대 스토아철학, 에피쿠로스철학, 회의주의철학, 선불교 가운데 택해야 한다. 이 삶의 철학들 가운데 나에게 가장 맞는 것은 무엇인가? 어떤 삶의 철학이 내가 구하는 평정심을 가장 잘 얻게 할 것인가? 이것은 각자의 기질과 상황에 달린 문제다. 한 사람에게 맞는 삶의 철학이 기질과 상황이 다른 사람에게는 맞지 않을 수 있다. 모든 경우에 통하는 삶의 철학이란 존재하지 않는다.

성격상 스토아철학이 잘 맞는 사람이 있다. 이런 사람은 스토아철학을 권하지 않아도 스스로 받아들인다. '타고난 스토아주의자'는 언제나 낙관적이어서 세상의 소중함을 쉽게 알아본다. 세네카의 글을 읽자마자 자신이 그 부류임을 인지한다.

그러나 성격상 스토아철학의 수련을 심리적으로 부담스러워하는 사람도 있다. 이들은 자신이 불만족의 근원일 수 있다는 가능성에 대해 숙고하기를 꺼린다. 이들은 외부적 사건이 일어나 자기와 자기 삶에 대해 기분이 좋아지기를 참을성 없이 기대한다. 그들은 지금 결여된 것은 외부의 어떤 것이라고 믿는다. 누가 무엇을 주거나 어떤 것을 해주어야 한다고 생각한다. 그것은 특정 직업일 수도 있고, 일정 금액의 돈일 수도 있고, 성형수술일 수도 있다. 이들은 결여된 요소를 제공받고 나면 삶에 대한 불만족이 치료되어 영원히 행복하게 살 거라고 믿는다. 이들 만성 불평분자에게 스토아철학을 권하면 효과가 없다며 기어이 거부할 것이다. 타고난 비관주의 때문에 자신의 비관주의를 극복할 조치를 취하지 못한다는 점에서 이것은 비극이다. 기쁨을 느낄 가능성을 크게 줄인다는 점에서도 비극적인 일이다.

대부분의 사람은 이 양극단의 중간쯤에 위치한다. 그들은 타고난 스토아주의자도, 만성적인 불평분자도 아니다. 이들 중 많은 사람이 스토아철학을(또는 다른 삶의 철학을) 수련해 유익함을 얻을 수 있다. 그러나 그들은 그런 시도를 할 필요성을 느끼지 못한다. 대신에 진화라는 자동장치에 올라탄 채 하루하루를 보낸다. 그들은 섹스나 비싼 음식의 쾌락 등 진화 프로그래밍이 제공하는 보상을 좇으며 산다. 아니면 공개적 모욕처럼 진화 프로그래밍이 가하는 고통을 어떻게든 피해가며 산다.

그런데 어쩔 수 없이 진화의 자동장치에서 내려와야 하는 일이 일어나기도 한다. 개인적 참사를 당할 수도 있고, 번쩍 하는 깨달음이 찾아올 수도 있다. 방향감각을 잃고 혼란스러워진 그들은 그제야 삶의 철학을 찾아 나설 것이다. 탐색의 첫 단계는 자신의 성격과 상황을 평가하는 일이다. 그 다음은 유일하고 참인 삶의 철학이 아니라 자신에게 적합한 삶의 철학을 찾는 일이다.

책의 서문에서 말했듯이 나는 내 삶의 철학으로 선불교에 끌린 적이 있다. 그런데 선에 대해 알면 알수록 나와는 맞지 않는 것 같았다. 나는 지극히 분석적인 사람으로 선이 효과가 있으려면 분석적인 내 성격을 버려야 했다. 반면 스토아철학은 나의 분석적 기질을 적극 활용하라고 했다. 따라서 나에게 스토아철학의 수련 비용은 선불교의 수련 비용보다 훨씬 저렴했다. 선불교의 화두를 붙잡고 마음을 비우려 애쓰며 몇 시간씩 자리에 앉아 있는 것은 나에게 고역이다. 물론 다른 사람에게는 해당되지 않는 이야기일 수 있다.

✦

이렇게 말하고 보니 삶의 철학과 관련한 내 입장이 모든 삶의 철학을 동등하게 타당하다고 보는 상대주의처럼 보일 수 있겠다. 실은 그렇지 않다. 나는 평정심이 삶의 가장 중요한 삶의 가치라며 사람들을 꼬드기지는 않지만 그 외의 특정한 삶의 목표를 무턱대고 좇아서는 안 된다고 분명히 말할 것이다. 예컨대 당신의 삶의 철학의 주된 목표가 고통을 느끼는 것이라고 말한다면, 나는 당신의 삶의 철학이 선불교나 스토아철학보다 타당하지 않다고 여길 것이다. 나는 당신이 잘못된 길을 가고 있다고 여기며 왜 고통을 좇는지 질문할 것이다.

한편, 당신의 삶의 목표가 선불교인이나 스토아주의자처럼 평정심을 얻는 것이라고 하자. 그런데 당신이 평정심을 얻는 방법은 그들과 다르다고 하자. 당신은 평정심을 얻는 최상의 방법이 〈피플〉 지에 당신의 이름이 실리는 것이라고 믿는다. 이 경우 나는 평정심이라는 삶의 목표를 택한 당신의 혜안을 칭찬할 테지만 목표를 얻는 방법에 대해서는 깊은 우려를 표할 것이다. 나는 당신에게 이렇게 물을 것이다. 당신은 정말로 〈피플〉 지에 이름이 실리면 평정심이 찾아오리라 믿는가? 그런 평정심이 얼마나 오래 갈 거라고 믿는가?

삶의 철학을 찾는 사람에게 전하는 나의 조언은 배우자를 구하는 사람에게 주는 조언과 비슷하다. 어떤 배우자가 맞느냐는 자신의 성격과 환경에 달린 문제다. 모든 사람에게 완벽한 배우자는 없다. 그러나 누구와도 맞지 않는 배우자는 있다. 그리고 완벽하지 않은 배우자라 해도 같이 사는 편이 혼자 사는 것보다 낫다.

삶의 철학도 마찬가지다. **모든 사람에게 맞는 삶의 철학은 없다. 하지만 절대 택해서 안 되는 삶의 철학은 있다. 그리고 대부분의 경우에, 완벽하지 않은 삶의 철학이라도 가지고 사는 편이 삶의**

철학 없이 사는 것보다 낫다. 이 책을 읽고 스토아철학으로 '개종' 하는 사람이 한 사람도 없다 해도 자기 삶의 철학에 대해 진지하게 생각해 보는 계기가 된다면 이것으로 나는, 스토아철학의 원칙에 따라, 동료 인간에 대한 나의 의무를 다했다고 여길 것이다.

22
스토아철학
수련하기

스토아철학을 수련하며 얻은 나의 개인적인 깨달음을 몇 가지 전하는 것으로 책을 마무리하려 한다. 스토아철학을 삶의 철학으로 시도하는 당신이 최소한의 노력과 좌절로 최대한의 유익함을 얻었으면 하는 바람에서다. 미래의 스토아주의자를 기다리고 있는 기쁨과 놀라움에 대해서도 언급할 것이다.

스토아철학을 시도하려는 사람을 위한 나의 첫 번째 조언은 이 철학을 수련하고 있다는 사실을 드러내지 말라는 것이다(나는 스토아철학을 가르치는 입장이라 드러냈지만, 가르치지 않았다면 숨겼을 것이다). '비밀리에' 스토아철학을 수련하면 스토아철학의 유익함을 누리는 한편으로 친구, 친척, 이웃, 동료의 놀림이라는 대가를 피할 수 있다.

비밀리에 스토아철학을 수련하기는 쉽다. 예컨대 당신은 아무도 모르게 부정적 시각화를 할 수 있다. 스토아철학을 제대로 수련했다면 사람들은 당신이 (좋은 방향으로) 변화한 것을 눈치 챌 것이다. 그러나 당신이 변화한 이유에 대해서는 잘 몰라 어리둥절해 할 것이다. 만약 그들이 비결을 물으면 그제야 당신이 비밀의 스토아주의자라는 숨겨둔 진실을 밝히면 된다.

✦

스토아주의자가 되려는 사람을 위한 두 번째 조언은 스토아철학의 기법을 한꺼번에 통달하려 하지 말라는 것이다. 한 가지 기법에 능숙해진 다음에 다른 기법으로 넘어가라. 부정적 시각화 기법부터 시작하면 좋다. 하루 중 여유 있는 시간에, 삶에서 소중히 여기는 것을 잃었다고 상상해 본다. 삶을 보는 방식이 크게 바뀔 것이다. 당신이 얼마나 행운인지, 지금 처한 상황과 무관하게 감사할 일이 얼마나 많은지 잠시나마 알게 될 것이다.

나의 경험상, 부정적 시각화를 연습하며 사는 것은 요리할 때 소금을 치는 것과 같다. 요리사가 음식에 소금을 치는 데는 적게나마 시간과 노력, 기술이 필요하지만 소금을 치면 음식이 맛이 더 좋아진다. 마찬가지로, 부정적 시각화도 시간과 노력, 기술이 필요하지만 이를 연습한 사람은 삶을 즐기는 능력이 크게 향상된다. 부정적 상황을 그려 보면 조금 전만 해도 불평하던 삶을 온전히 포용할 수 있다.

그런데 몇 일이나 몇 주 동안 부정적 시각화를 잊고 지내기도

하는데 여기에는 그럴 만한 이유가 있다. 부정적 상황을 그리면 현재 상황에 만족하게 되어 자연스럽게 삶을 즐기게 된다. 그러면 혹시 일어날지 모르는 안 좋은 일을 떠올리기가 쉽지 않다. 그러나 스토아철학자들은 부정적 시각화를 통해 지금 가진 것에 감사할 뿐 아니라 감사히 여기는 그것에 집착하지 않게 된다고 말한다. 따라서 부정적 시각화는 상황이 좋을 때나 나쁠 때나 연습해야 한다.

나는 8장에 말한 '취침 명상'의 일환으로 매일 밤 잠자리에 들때마다 부정적 시각화를 시도했지만 실패했다. 나의 문제는 베개에 머리를 누이자마자 부정적 상황을 그려볼 잠깐의 여유도 없이 잠에 떨어진다는 것이다. 그래서 나는 출근 운전 중에 부정적 시각화를 연습하기로(또 스토아주의자로서의 향상을 평가해 보기로) 했다. 이 방법으로 나는 빈둥대는 시간을 값진 시간으로 바꾸었다.

✦

부정적 시각화를 숙달한 초보 스토아주의자는 이제 5장에서 말한 통제 삼분법으로 나아가야 한다. 스토아철학자들은 자신에게 일어나는 일을 세 가지로 분류하라고 한다. 전혀 통제할 수 없는 일, 완벽히 통제할 수 있는 일, 일부 통제 가능하나 완벽히 통제할 수 없는 일이 그것이다. 이렇게 구분한 뒤, 완벽히 통제할 수 있는 일과 일부 통제할 수 있는 일에 관심을 쏟아야 한다. 전혀 통제할 수 없는 일에 신경 쓰는 것은 시간 낭비이자 쓸데없는 걱정을 자초하는 일이다.

통제 삼분법은 나의 걱정을 덜 뿐 아니라 걱정 많은 주변의 비(非)스토아주의자들을 진정시키는 효과도 있다. 친척과 친구들은 통제할 수 없는 그들 삶의 걱정거리를 늘어놓으며 우리의 평정심을 흩뜨린다. 그러면 나는 이렇게 말한다. "이 상황에서 당신이 할 수 있는 일은요? 아무것도 없어요! 왜 걱정합니까? 손을 떠난 일이니 걱정은 소용이 없어요." 기분이 내키면 마르쿠스 아우렐리우스의 이런 말도 덧붙인다. "소용없는 일은 어떤 것도 할 가치가 없어요." 이렇게 말하면 대개 그들은 통제 삼분법에 반응하며 잠시나마 불안이 사라진다.

초보 스토아주의자는 통제 삼분법을 숙달하는 방법으로 내면의 목표를 설정하는 연습을 한다. 예컨대 테니스 시합에 임할 때, 이기는 것이 아니라 최선을 다하는 것을 목표로 삼는다. 내면의 목표를 주기적으로 설정하면 괴로움의 커다란 원천(외면적 목표 달성에 실패했다는 느낌)을 (완전히 제거하지는 못해도) 크게 줄일 수 있다.

스토아철학을 수련하며 통제 삼분법을 적용할 때 당신은 과거와 현재에 대해 심리적 운명론자가 되어야 한다(미래에 대해서는 아니다). 당신은 과거와 현재에 대해 생각하며 앞으로 당신의 평정심을 방해할지 모르는 일에 대처하는 법을 배울 것이다. 그러나 이때도 과거와 현재가 '지금과 다르게 …하다면' 하는 생각에 빠져서는 안 된다. 과거와 현재가 지금과 다르기를 바라는 것은 소용이 없다. 과거와 현재는 바꿀 수 없다. 있는 그대로 받아들이는 수밖에 없다.

보았듯이, 평정심을 얻는 투쟁에서 주변 사람은 우리의 평정심을 방해하는 적이다. 스토아철학자들이 사람들에 대처하는 법을 제안한 이유도 그 때문이다. 특히 스토아철학자들은 주변 사람의 모욕에 대처하는 법을 개발했다. 나의 경우, 스토아철학을 수련하며 흥미로운 변화를 경험했다. 모욕을 무서워하던 나에서 모욕을 '감별하는' 나로 바뀌었다. 말하자면 '모욕 수집가'가 된 것이다. 모욕을 받으면 나는 그것을 분석하고 분류해 '모욕 게임'에 더 숙달하는 기회로 삼는다. 이상하게 들리겠지만 스토아철학을 수련하면 스토아철학의 기법을 실전에 적용할 기회를 은근히 찾게 된다. 이 현상에 대해 더 살펴보자.

모욕이 견디기 힘든 이유 중 하나는 느닷없이 당한다는 점이다. 평온하게 대화하는 중에 갑자기 상대의 말이 모욕으로 해석된다. 더 곤란한 것은 상대는 그럴 의도가 없다는 점이다. 책을 집필 중이던 나의 동료와 대화를 나누고 있었다. 그는 내가 발표한 정치 관련 글을 자기 책에 언급하고 싶다고 했다. 나는 그가 내 글을 알고 그에 대해 말한다는 사실이 기뻤다. 하지만 이내 깔아뭉개는 말이 이어졌다. "내 책에서 당신을 '악'이라고 표현할지 '엉터리'라고 할지 아직 결정하지 못했어요."

교수들의 입에서는 으레 이런 말이 나온다. 교수들은 병적으로 논쟁에 집착한다. 사람들이 자기 작업에 대해 알아주고 존경해 주기를, 심지어 같은 결론에 이르기를 바란다. 문제는 교수들끼리도 서로에게 존경과 동의를 바란다는 점이다. 결국 한쪽이 양보해야 하는데, 그러지 않으면 캠퍼스 여기저기에서 (말로) 주먹다짐이 오간다. 깔아뭉개는 말이 난무하고, 모욕이 날아다닌다.

스토아철학을 수련하기 전이라면 나는 이런 모욕이 쓰라려 화를 냈을 것이다. 내 입장을 죽어라 방어하며 상대의 모욕에 어떻게 받아칠까 고심했을 것이다. 그러나 스토아철학의 영향에 들어간 날부터는 스토아철학에서 하듯이 자기비하 유머로 응대한다. 나는 평온한 마음으로 이렇게 물었다. "둘 다 하면 어떨까요? 악인 동시에 엉터리라고요."

자기비하 유머는 모욕에 대한 나의 표준 대응법이 되었다. 누군가 나를 비난하면 나는 그가 생각하는 것보다 내 상태가 훨씬 심각하다고 답한다. 나를 게으르다고 하면 이렇게 대꾸한다. "그 정도가 아니에요. 내가 아무 일이든 할 수 있다는 게 기적이죠." 나를 자기중심적이라고 힐난하는 사람에게는 이렇게 답한다. "정오가 되어서야 지구에 사람이 살고 있다는 걸 깨다는 게 나예요." 이런 대답은 나에 대한 비난을 '인정'한다는 점에서 역효과를 내는 것처럼 보일지 모르나 내가 상대의 모욕에 끄떡없을 만큼 나를 잘 안다는 사실을 전할 수 있다. 내게 그들의 모욕은 코웃음을 칠 문제에 불과하다. 더욱이 '모욕 게임'에 참가하기를 거부하면, 즉 모욕에 모욕으로 받아치기를 거부하면, 내가 게임이나 하고 있을 유치한 존재가 아니라는 점도 전할 수 있다. 모욕 게임을 거부하면 상대는 내가 모욕으로 맞받을 때보다 더 안달이 날 것이다.

우리를 괴롭히는 사람들에 대한 최악의 대응은 화를 내는 것이다. 화는 평정심을 흩뜨린다. 스토아철학자들은 화가 기쁨을 갉아먹으며 그냥 두면 삶을 파괴할 수도 있음을 알았다. 화의 감정에 주의를 기울여 관찰한 결과, 나는 몇 가지를 알게 되었다.

우선 화가 스스로의 생명을 가졌다는 사실을 깨달았다. 화는 바이러스처럼 우리 안에 잠복해 있다가 예기치 못한 순간 느닷없이 튀어나와 나를 비참하게 만들었다. 요가 수업에서 머릿속 생각을 비우려 애쓰는 중에 갑자기 몇 년 전 일이 떠올라 화가 치민 때도 있다.

심지어 나는 화를 표출하는 것에 조금의 즐거움도 없다는 세네카의 말이 틀렸다는 결론을 얻었다.[1] 화가 가진 문제는, 억누르면 찜찜하지만 표출하면 시원하다는 점이다. 내가 옳고 상대는 틀렸다고 확신하는 '정당한' 화의 경우, 모욕한 상대에게 나의 화를 표출하면 속이 시원하다. **이 점에서 화는 모기에 물린 것과 비슷하다. 물린 곳을 긁지 않으면 찜찜하지만 긁으면 시원하다. 문제는 긁고 나서다. 긁지 않았으면 좋았을 거라고 후회한다. 부어오르면 감염 위험도 높아진다. 화도 똑같다. 화를 내면 시원하지만 화낸 것을 이내 후회하게 된다.**

상대의 행동을 교정하려고 화를 내는 것은(더 좋기로는 화난 '척하는' 것은) 괜찮다(상대가 나의 화에 반응하기 때문이다). 그러나 내가 평소에 표출하는 화는 대개 이런 식으로 설명이 안 된다. 예컨대 차를 운전할 때 나는 난폭 운전하는 다른 운전자를 향해 '정당한' 화를 주기적으로 낸다. 분을 못 참고 고함을 지르기도 한다. 물론 유리창이 올라가 있어 상대 운전자가 나의 분노를 알아보고 다음부터 나를 화나지 않게 조심하는 일은 애석하게도 없다. 그러므로 이것은 정당하지만 쓸데없는 분노다. 이 경우 분노를 표출해 봐야 나의 평정심만 흩뜨릴 뿐이다. 그리고 정당한 분노지만 드러내지 못하고 혼자 끙끙대는 경우도 있다. 상대는 꿈쩍도 않는데 나만 힘든 이런 분노도 쓸데없다. 얼마나 큰 감정 낭비인가! 그랬던 내가 스토아철학을 수련하면서 다른 운전자에게 화내는 일이 줄었다. 그들에게 고함을 지르는 일이 10분의 1로 줄었고 오래 전 나를 모욕한 사람에게 앙심을 품는 일도 잘 없다. 앙심을 품더라도 예전만큼 오래 지속되지 않는다.

이처럼 분노는 내면에 잠복했다가 느닷없이 튀어나오며, 표출하면 시원한 느낌이 들기 때문에 극복하기가 어렵다. 분노 극복은 스토아철학의 수련자가 직면하는 커다란 도전이다. 그런데 스토아철학을 수련하면서 내가 알게 된 것은 분노에 대해 생각하고 이해할수록 분노를 다루기가 점점 수월해진다는 점이다. 한번은 병원에서 진료 대기 중에 세네카의 에세이를 읽고 있었다. 약속한 시간이 지나도 의사가 나타나지 않았다. 거의 한 시간을 기다렸다. 충분히 화날 만한 상황이었다. 스토아철학을 수련하지 않았다면 나는 틀림없이 화를 냈을 것이다. 그러나 대기 중에 화에 대해 생각하던 나는 도저히 화를 낼 수 없었다.

유머는 분노에 대한 방어책으로 꽤 유용하다. 특히, 화를 피하는 좋은 방법 중 하나는 자신을 부조리극의 등장인물로 상상하는 것이다. '세상 모든 일이 앞뒤가 맞지 않아. 사람들은 도대체가 미덥지 못하고 정의는 그저 우연히 실현될 뿐이지.' 이렇게 여기는 것이다. 나는 내게 일어나는 일에 화를 내기보다 그저 웃어주기로 했다. 부조리극 작가가 더욱 부조리한 극을 만드는 것처럼 말이다.

나는 우리를 눈물로 몰고 가는 것들에 대한 적절한 대응이 웃음이라는 세네카의 말이 옳다고 확신한다.[2] 세네카는 이런 말도 했다. "눈물을 참지 않는 자보다 웃음을 참지 않는 자가 더 위대한 정신의 소유자다. 웃음은 가장 온화한 감정까지 표현하기 때문이며, 크게 볼 때 우리 삶에서 그토록 중요하고 심각한 것이란 존재하지 않음을 알기 때문이다."[3]

◆

보았듯이 스토아철학자들은 일어날 수 있는 나쁜 일을 상상하는 외에도 자발적 불편 프로그램을 가동시켜 안 좋은 일을 스스로 겪으라고 했다. 세네카는 주기적으로 가난한 삶을 살라고 했고 무소니우스는 스스로 불편을 주는 행동을 하라고 했다. 자발적 불편은 스토아철학의 다른 기법보다 자기 규율이 더 필요하다는 점에서 스토아철학 '고급반'에서 수련하기에 적합하다.

나도 자발적 불편 프로그램을 가동해 보았다. 무소니우스가 제안한 '맨발 걷기'는 아직 못했지만 조금 쉬운 시도는 해 보았다. 추운 겨울에 옷 적게 껴입기, 자동차 히터 켜지 않기, 여름에 에어컨

틀지 않기 등이다. 요가 수업도 받기 시작했다. 요가로 몸의 균형과 유연성이 커졌고 놀이의 중요성도 알게 되었다. 또 내 마음에서 일어나는 일에 거의 통제권이 없음을 절실히 깨달았다. 요가는 자발적 불편을 일으키는 데도 좋다. 몸을 꼬며 불편한 자세를 취한다. 통증을 유발하는 자세를 취하기도 한다. 쥐가 날 정도로 다리를 구부렸다가 편다. 요가 선생님에 따르면 이런 자세는 '통증'을 일으키는 자세가 아니다. '감각'을 많이 일으키는 자세일 뿐이다. 선생님은 아픈 부위에 숨을 불어넣는 법을 가르쳐 주었다. 생리적으로 불가능한 일이지만 언제나 효과가 있었다.

내 불편함의 또 다른 원천은(이것은 즐김과 기쁨의 원천이기도 한데) 노 젓는 조정이다. 나는 스토아철학을 수련하기 시작한 직후, 보트 젓는 법을 배웠다. 나중에는 조정 시합에도 참가했다. 조정하는 사람들은 여름엔 더위와 습기, 봄가을엔 추위와 바람과 눈을 견뎌야 한다. 사정없이 물벼락을 맞기도 하고, 물집이 잡히고 굳은살이 박이는 일도 다반사다(굳은살 잘라내기는 전문 조정선수들이 육지에서 가장 즐기는 활동이다). 조정은 신체적 불편뿐 아니라 감정적 불편의 훌륭한 원천이기도 하다. 조정은 극복해야 할 일련의 두려움을 안겨 주었다. 내가 젓는 경주 보트는 매우 불안정해 자칫하면 물속에 고꾸라진다. 보트가 뒤집힐지 모른다는 두려움을 극복하는 데는 상당한 노력이 필요했다(세 번 뒤집어졌지만 그래도 살아남았다). 이어서 나는 다른 두려움도 극복해갔다. 컴컴한 새벽에 노를 젓는 두려움, 선 채로 도크에서 보트를 밀어내는 두려움, (세 차례 나를 배신한) 작은 보트를 타고 호숫가에서 수백 미터 떨어진 호수

한가운데로 나아가는 두려움을 극복했다.

✦

당신은 공개적으로 실패할지 모르는 활동을 할 때면 가슴이 쿵쾅거리며 걱정과 두려움을 경험할 것이다. 스토아주의자가 된 이후 내가 '모욕 수집가'가 되었다고 했지만 사실 나는 '가슴 쿵쾅거림' 수집가이기도 했다. 나는 조정 시합처럼 가슴이 쿵쾅거리는 활동을 좋아한다. 그 느낌을 다루는 연습을 할 수 있는 좋은 기회이기 때문이다. 가슴 쿵쾅거림은 실패의 두려움을 구성하는 주요 요소이므로 이 느낌을 다룰 수 있다면 실패에 대한 두려움도 극복할 수 있다. 나는 시합이 시작되기 몇 시간 전부터 가슴이 쿵쾅거리는 것을 분명히 느낀다. 나는 이 느낌을 내게 이롭게 활용하려고 한다. 이 느낌 덕분에 앞에 놓인 시합에 더 집중할 수 있고 일단 시합이 시작되면 쿵쾅거리는 느낌이 사라지는 것을 기쁘게 바라볼 수 있다.

나는 다른 활동에서도 가슴 쿵쾅거림을 추구했다. 예컨대 스토아철학을 수련하기 시작한 뒤 나는 악기를 배우기로 했다. 이전에는 악기를 배워본 적이 한 번도 없었다. 내가 선택한 악기는 반조였다. 몇 달 배운 뒤 선생님은 제자들이 함께하는 연주회에 참가하지 않겠냐고 내게 물었다. 나는 거절했다. 낯선 사람들 앞에서 반조 연주로 공개적 망신을 당하는 것이 싫었다. 그러다 문득 이런 생각이 들었다. '자발적으로 심리적 불편을 겪으면 실패의 두려움에 직면하는(또는 극복하는) 기회가 될 수도 있어.' 나는 참가하겠다고 했다. 연주회는 오랜만에 경험한, 커다란 스트레스였다. 사람들 앞에 서는 것은 두렵지 않았다. 나는 처음 보는 60여 명의 학생을 상대로 강의해도 조금도 불안하지 않다. 그러나 연주회는 달랐다. 연주를 시작하기 전부터 나는 작은 방망이 크기의 가슴 쿵쾅거림을 느꼈다. 나는 시간이 왜곡되고 물리법칙이 작동하지 않는 비현실적인 의식 상태에 빠져들었다. 그러나 나는 연주회에서 '살아남았다.'

조정 시합과 반조 연주회에서 내가 경험한 가슴 쿵쾅거림은 불안이라는 증상이다. 그런데 의도적으로 불안을 일으키는 것은 스토아철학의 원칙에 위배되는 것처럼 보인다. 평정심을 얻는다는 스토아철학의 목표에서 볼 때 불안을 일으키는 활동은 피해야 하지 않는가? 가슴 쿵쾅거림을 수집하기보다 거기서 달아나야 하지 않는가?

그렇지 않다. 나는 반조 연주회에 참가해 스스로 불안을 일으킴으로써 장차 닥칠 불안을 미연에 차단했다. 앞으로 새로운 도전이 닥치면 나는 다음의 멋진 논리를 활용할 것이다. "반조 연주회에 비하면 이번 도전은 아무것도 아니지. 지난번 도전을 이겨냈으니 이번에도 할 수 있어." 연주회에 참가함으로써 나는 미래에 닥칠 불안에 '면역'을 형성했다. 시간이 지나면 면역력이 떨어질 테지만 그러면 또 한 번의 가슴 쿵쾅거림으로 면역을 형성하면 된다.

✦

스스로 신체적, 심리적 불편을 일으킬 때면 나 자신이 일종의 게임 상대가 된다. 나의 '또 다른 자아'인 이 상대는 진화의 자동조종 상태에 있다. 그는 안락함을 원한다. 쾌락을 즐기는 기회라면 무엇이든 이용한다. 이 자아는 자기 규율이 부족하다. 그냥 두면 평생토록 무난한 길만 갈 것이다. 그 결과, 단세포적인 쾌락 추구자에 지나지 않게 된다. 그는 또 겁쟁이다. 에픽테토스에 따르면 이 자아는 친구가 아니라 호시탐탐 당신을 잡아먹을 기회를 노리는 적이다.[4]

이 자아와의 시합에서 우세를 점하려면 그가 걸핏하면 회피하는 불편을 경험하게 만들어야 한다. 그동안 즐기던 쾌락을 경험하지 못하게 해야 하고, 두려워하는 일에 직면해 두려움을 극복하게 만들어야 한다.

나의 다른 자아와 이런 시합을 벌이는 이유는 뭘까? 자기 규율을 키우기 위해서다. 왜 자기 규율이 필요할까? **자기 규율이 있는 사람은 자신의 삶으로 무엇을 해야 하는지 알 수 있기 때문이다. 자기 규율이 없는 사람은 다른 사람과 상황이 정해 주는 길을 평생 따라다닌다. 그 결과 삶을 잘못 살 위험이 더 크다.** 나의 다른 자아와 시합을 벌이면 품성을 닦는 데도 도움이 된다. 요즘 사람들은 품성을 닦는다고 하면 코웃음을 친다. 그러나 스토아철학자들은 품성 도야를 진심으로 지지했으며, 좋은 삶을 살고자 하는 모든 이에게 품성의 도야를 적극 권했다.

다른 자아와 시합을 벌이는 또 하나의 이유는 재미가 있다는 점이다. 두려움을 극복해 시합에서 '점수를 따는' 일은 매우 즐겁다. 스토아철학자들은 이것을 알고 있었다. **7장에서 본 것처럼 에픽테토스는 다양한 쾌락을 스스로 거부하는 데서 쾌락을 얻을 수 있다**

고 했다.[5] 또 세네카는 어떤 것을 참고 견디는 일은 불쾌하지만 성공적으로 견디면 자신에게 기뻐하게 된다고 했다.[6]

내가 조정 시합의 상대 선수를 이기려 애쓰는 것처럼 보이지만 실은 그보다 훨씬 중요한 시합을 하는 중이다. 나는 또 다른 자아와 시합을 벌이고 있다. 나의 다른 자아는 조정을 배우기를 원치 않는다. 그는 운동을 싫어한다. 새벽에 따뜻한 침대에서 자길 원한다. 조정 시합의 출발선까지 노 저어 가는 것도 원치 않는다. 출발선까지 가는 중에도 피곤하다며 계속 징징거린다. 시합 중에도 노 젓기를 그만두려고 한다. 상대 선수가 이기도록 놓아두길 원한다. 그는 유혹하는 목소리로 이렇게 말한다. '노 젓기를 그치면 고통이 당장 사라지는데 왜 그만두지 않아? 그만두면 얼마나 편할지 생각해 봐!'

흥미로운 것은 조정 시합을 나의 다른 자아와 벌이는 더 중요한 시합으로 볼 때 '경쟁자들'이 '동료'로 변한다는 점이다. 모두가 의식하지는 않지만, **서로를 상대로 시합하는 중에 우리는 자신과 시합을 벌이고 있다. 상대와 시합하려면 각자가 자기를 극복해야 한다. 자신의 두려움과 게으름, 자기 규율의 부족을 이겨야 한다. 그러므로 상대 선수에게 졌다 해도(결승선을 맨 뒤에 통과했다 해도) 자신의 또 다른 자아에게 승리하는 일은 얼마든지 가능하다.**

✦

보았듯이 스토아철학자들은 간소한 생활을 하라고 했다. 자발적 불편 프로그램처럼 생활의 간소화 역시 고급반 스토아주의자에게 적합한 과정이다. 말했듯이 초급반 스토아주의자는 철학적으로 주변에 티를 내지 않아야 한다. 옷을 간소하게 입고 다니면 사람들이 눈치 챌 것이다. 낡은 차를 계속 몰거나, 차를 포기하고 버스와 자전거를 타면(오 제발!) 사람들은 당신의 변화를 쉽게 알아볼 것이다. 사람들은 최악의 경우를 상상하며 당신이 파산했던지 정신병 초기 증상이라고 염려할 것이다. 이때 당신은 어떻게 할 것인가? 외면적인 것을 중시하는 그들에게 잘 보이고 싶은 욕망을 극복했다고 설명할 것인가? 그러지 말라. 상황이 더 악화될 뿐이다.

간소한 생활을 처음 실험하던 때 나는 거기에 쉽게 익숙해지지 못했다. 입고 다니던 티셔츠를 어디서 구했냐는 질문에 나는 중고 할인점에서 샀다고 답했고 그 일에 나는 약간 창피했다. 이 일로 나는 카토가 수치심을 다룬 방식을 다시 새겼다. 보았듯이 카토는 일종의 자기 훈련으로 사람들과 다르게 옷을 입고 다녔다. 그는 '정말 창피한 것만 창피하도록' 자신에게 가르치길 원했다. 부적절한 창피함을 극복하려고 일부러 창피한 일을 하고 다녔다. 나도 이제 카토의 방식을 따르려고 한다.

✦

스토아주의자가 된 뒤로 나의 욕망에도 큰 변화가 생겼다. 지금껏 필요하다고 여긴 것 중 많은 것을 이제 원하지 않는다. 과거에는 말쑥하게 차려 입었다면 이제는 꼭 필요한 정도로만 입는다. 넥

타이는 하나밖에 없고, 스포티한 상의도 필요한 경우에만 걸친다. 그나마 필요한 경우가 잘 없다. 오래도록 새 차를 갈망했지만 최근 수명을 다한 16년 된 차를 9년 된 차로 바꿨다. 10년 전의 나라면 상상도 못한 일이다(9년 된 '새 차'는 옛날 차에 없던 컵홀더와 라디오가 있어서 얼마나 좋은지!). 나도 롤렉스시계를 갖고 싶은 사람들을 이해하던 때가 있었다. 하지만 지금은 그런 행동이 선뜻 이해되지 않는다. 전에는 물건 살 돈이 늘 부족하다고 생각했다. 그러나 지금은 돈이 부족하다고 여기지 않는다. 돈으로 살 수 있는 물건을 예전만큼 원하지 않기 때문이다.

미국인들이 커다란 재정적 곤경에 처했다는 기사를 읽었다. 그들은 가능한 대출금을 모두 끌어다 써버린 뒤에도 소비재 상품에 대한 갈망이 충족되지 않는지 끊임없이 써댄다. 만약 단순한 삶의 즐거움을 즐길 수 있다면 그들은 파산이 아니라 풍족한 삶을 누릴 것이다. 그리고 지금보다 훨씬 행복하다고 느낄 것이다.

나는 소비자로서 기능 장애를 일으켰다. 내가 쇼핑몰에 가는 이유는 물건을 사기 위해서가 아니다. 쇼핑몰에서 나는 필요가 없고 갖고 싶다고 상상해 본 적도 없는 온갖 물건들에 놀란다. 쇼핑몰에서 내가 유일하게 즐기는 것은 쇼핑객 구경이다. 내가 보기에 그들은 반드시 사야 할 물건이 있어서 오지 않는다. 몰에 오기 전에 원하지 않았던 어떤 것에 대한 욕망을 몰에 와서 일으킨다. 그것은 고급 캐시미어 스웨터일 수도 있고, 박스 스패너 상자일 수도 있고, 최신 스마트폰일 수도 있다.

그들은 왜 처음에 없던 욕망을 굳이 일으킬까? 물건을 구매해 욕망을 충족시키는 짜릿함을 즐기기 위해서다. 물론 이 짜릿함은 그들의 장기적인 행복과는 별 관련이 없다. 헤로인을 한 차례 맞는다고 헤로인 중독자의 장기적 행복이 커지지 않는 것과 마찬가지다.

내게 소비 욕망이 적게 일어나는 이유는 욕망에 맞서 의도적으로 싸워서가 아니다. 욕망이 예전만큼 자주 일어나지 않을 뿐이다. **소비재 상품에 대한 나의 욕망은 이제 자연스레 시들었다. 무엇이 나를 이렇게 만들었을까? 스토아철학을 수련한 덕분이다. 나는 사람들이 갈망하는 것들이 장기적인 나의 행복과 좋은 삶에 도움이 되지 않는다는 걸 알았다.** 새 차와 고급 의류, 롤렉스시계, 넓은 집을 가져도 지금보다 기쁘지 않을 것이 분명하다. 오히려 기쁨이 줄어들지도 모른다. 소비자로서 나는 돌아오지 못할 강을 건넜다. 건너고 보니 한때 좋아하던 무분별한 소비 생활로 다시 돌아갈 것 같지 않다.

✦

이제 스토아철학을 수련할 때 생기는 뜻밖의 부작용을 보자. 당신은 스토아주의자가 되어 부정적 상황을 머릿속에 그려 보고 자발적 불편을 경험하며 앞으로 닥칠 역경에 부지런히 대비할 것이다. 그런데 실제로 역경이 닥치지 '않으면' 묘한 실망감이 일어난다. 지금까지 수련한 스토아철학을 시험하며 역경에 대처하는 기술을 제대로 익혔는지 알고 싶은데 역경이 닥치지 않으면 그럴 기회를

가질 수 없기 때문이다. 오랜 시간 소방 훈련을 하고도 화재 현장
에 출동하지 않은 소방관이나 시즌 내내 훈련한 축구선수가 실전
에 한 번도 투입되지 않은 것과 같다.

이 점에서 역사가 폴 벤느는 말했다. "역경 없는 고요한 삶은 스
토아철학의 수련자를 불안하게 한다. 폭풍이 닥쳤을 때 의연할 수
있을지 알지 못하기 때문이다."[7] 세네카에 따르면 현명한 사람은
자신에게 해를 입히려는 자를 오히려 반겨야 한다. 역경은 그를
다치게 하기보다 오히려 도움을 준다. "현명한 자는 주변 상황과
사람들이 두들겨 패도 움츠러들지 않는다. 그는 상처마저 유익하
다고 여긴다. 상처에서 자신의 덕을 시험하는 수단을 발견한다."[8]
세네카는 스토아주의자라면 죽음도 반겨야 한다고 했다. 죽음이야
말로 스토아주의자가 지금껏 수련한 스토아철학에 대한 최종 시험
대다.[9]

오래 수련하지 않았지만 나 역시 나의 스토아철학을 시험해 보
고 싶었다. 앞서 모욕을 당하고 '싶은' 내 욕망에 대해 말했다. 나
는 주변의 모욕에 스토아철학의 관점에서 적절히 대응할 수 있는
지 알고 싶었다. 또 용기와 의지력을 시험하는 상황에 나를 밀어
넣은 것도 이 시험대를 통과할 수 있는지 알고 싶어서였다. 이 책
을 쓰던 중 나의 스토아철학을 시험하고픈 욕망을 이해하게 된 사
건이 있었다.

문제의 사건은 이렇게 시작되었다. 언젠가부터 어두운 방에서
눈을 깜박거릴 때마다 나의 주변 시야에 불빛이 번쩍거리기 시작
했다. 안과에 갔더니 망막이 찢어졌으니 망막이 떨어지지 않도록

레이저 수술을 해야 한다고 했다. 간호사는 의사가 고농도 레이저 광선으로 나의 망막을 반복적으로 쏠 거라고 설명했다. 또 불빛 쇼를 관람한 적이 있냐며, 수술을 받는 동안 그보다 훨씬 휘황찬란한 광경을 볼 거라고 했다. 이윽고 시술실에 들어온 의사가 내 망막에 레이저 광선을 쏘기 시작했다. 첫 번째 불빛은 강렬하고 아름다웠다. 하지만 다음부터 예상치 못한 일이 벌어졌다. 더 이상 불빛이 보이지 않았다. 레이저를 쏘는 소리는 났지만 아무것도 보이지 않았다. 레이저가 꺼진 뒤 눈에 보이는 거라고는 시야에 가득 찬 흐릿한 보랏빛 윤곽뿐이었다. 순간, 수술이 뭔가 잘못되었다는 생각이 들었다. 레이저 광선이 오작동을 일으켜 한쪽 눈이 실명된 것인지 모른다.

이 생각은 나를 불편하게 했다. 하지만 예상치 못한 다른 생각이 일어났다. 나는 한쪽 눈이 실명될 경우 어떻게 대처할지 생각했다. 스토아적 방식으로 적절히 대처할 수 있을까? 나는 한쪽 눈의 시력을 잃는 사건을 내 스토아철학을 시험해 보는 기회로 삼기로 했다! 나의 이런 반응은 이상하게 보일지 모른다. 내게도 당시나 지금이나 그래 보인다. 그럼에도 나는 실제로 이렇게 반응했다. 자신에게 닥친 시련을 스토아철학의 시험대로 삼는 것, 이것은 스토아철학을 수련할 때 예상할 수 있는, 그러나 다소 특이한 부작용이다.

수술한 눈이 보이지 않는다고 말하자 간호사는 흔히 있는 일이라며 한 시간이면 정상으로 돌아올 거라고 했다(왜 미리 알려주지 않았나?). 한 시간 뒤 시력은 정상으로 돌아왔다. 물론, 감사한 일이지만 내 스토아철학을 시험할 기회는 날아가 버렸다.

✦

때 이른 죽음이 아니라면 앞으로 십 년 안에 나의 스토아철학은 중대한 시험대를 맞을 것이다. 십 년 후면 내 나이 60대 중반으로, 노년의 문턱에 들어선다. 지금까지 살면서 나는 삶의 롤모델을 찾아다녔다. 나보다 긴 삶의 단계를 성공적으로 거친 사람들 말이다. 나는 오십에 이르러 칠팔십 대 인생 선배 가운데 롤모델을 찾아보았다. 그런데 부정적 롤모델은 찾기 쉬워도(내 목표는 그들처럼 되지 '않는' 것이었다) 긍정적 롤모델은 찾기 어려웠다. 칠팔십 대 인생 선배에게 노년에 대처하는 법을 물었더니 "늙지 말라!"는 판에 박힌 듯 비슷한 대답이 돌아왔다. 늙으면 좋을 게 없다는 의미였다. 불로초가 아니면 내가 이 조언을 따르는 방법은 자살밖에 없었다(어쩌면 정말로 자살을 에둘러 조언하는 것일지도). 늙지 말라는 조언은 무소니우스의 말과도 연결되었다. "늦게 죽는 사람이 아니라 잘 죽는 사람이 축복받은 자다."

내가 아는 노인들처럼 나도 칠팔십 대가 되면 오래 살기보다 세상을 뜨는 게 낫다는 결론을 내릴지 모른다. 그러나 노년을 힘겨워하는 많은 이들이 겪는 곤란은 젊어서 노년에 대비하지 않은 결과일 수 있다. 젊었을 때 스토아철학을 수련하며 미리 준비했다면 노년이 그리 부담스럽지 않을 것이다. 오히려 세네카의 말처럼 노년은 사용법을 알면 인생에서 가장 큰 기쁨을 주는 시기일 수

있다.[10]

✦

이 책을 쓰는 동안, 여든여덟 되신 어머니가 뇌졸중으로 쓰러져 요양원에 들어가셨다. 왼쪽 몸을 못 쓰는 어머니는 침대에서 혼자 몸을 일으키지 못했다. 음식을 삼키지 못해 일반 음식과 음료를 먹기 어려웠다. 잘못하면 음식이 기관으로 넘어가 심각한 폐렴의 위험이 있었다. 어머니는 음식이든 음료든 죽처럼 걸쭉하게 만들어 먹어야 했다(나는 제대로 못 삼키는 사람을 위한 걸쭉한 음료가 그렇게 다양하다는 것을 그때 처음 알았다).

어머니는 새로운 삶의 단계에 행복해하지 못했다. 이해할 만한 일이었다. 나는 어머니에게 용기를 드리기 위해 최선을 다했다. 내가 독실한 신앙인이었다면 어머니를 위해 기도를 올렸을 것이다. 또는 수백 명의 사람이 어머니를 대신해 기도를 올릴 거라고 말씀드리며 힘을 북돋아 드렸을 것이다. 그러나 내가 어머니를 최선으로 격려하며 드린 말에는 스토아적인 느낌이 배어 있었다. 어머니가 몸 상태가 힘들다고 하면 나는 기껏해야 마르쿠스 아우렐리우스의 말을 인용하고는 했다. "네, 삶은 춤보다 레슬링에 더 가깝다고 하죠."

어머니는 내 말에 희미한 목소리로 "정말 그렇지."라고 답하고는 했다. 그러면서 다시 걸으려면 어떻게 해야 하는지 물었다. 어머니가 다시 걸을 수 있다고 생각되지 않았지만 나는 그렇게 말하는 대신 (스토아철학에 관한 '설교'를 자제하며) 걷기와 관련해 어머니가 내면의 목표를 세우도록 격려했다. "어머니가 할 일은 물리치료를 받는 동안 최선을 다하는 거예요."

어머니가 왼팔을 거의 못 쓰게 됐다며 불평하면 부정적 시각화를 권했다. "그래도 말은 하실 수 있잖아요. 뇌졸중으로 쓰러진 처음 며칠은 말도 제대로 못하셨어요. 그때는 오른팔도 못 썼고 혼자 밥도 못 드셨죠. 지금은 혼자 드실 수 있으니 그나마 다행이에요." 어머니는 내 말에 잠시 생각에 잠기고는 대개 긍정적으로 반응했다. "그런 것 같구나." 부정적 시각화 훈련이 잠시나마 어머니의 괴로움을 덜어주는 것 같았다. **이 일로 나는 스토아철학의 원칙이 노년과 질병에 대처하는 자연스럽고 효과적인 방법이라는 사실을 거듭 절감했다.**

✦

어머니는 뇌졸중 때문에 물을 마시면 위험했다. 물을 마시지 못하게 되자 물을 더 원했다. 자연스러운 현상이었다. 어머니는 애원하는 목소리로 내게 물 한 컵을 달라고 했다. "걸쭉한 것 말고 싱크대에서 받은 물 한 컵만 주려무나." 나는 어머니의 요청을 거절하며 이유를 말했다. 하지만 말을 마치자마자 어머니는 다시 요청했다. "딱 한 컵이다. 제발!" 나는 물 한 컵 달라는 연로한 어머니의 요청을 기어코 거부하는 아들이 되고 말았다. 한동안 어머니의 요청을 버티던 나는 간호사에게 어떻게 해야 하는지 물었다. "얼음을 빨게 해보세요. 얼음에서 물이 조금씩 나올 거예요. 그러면 기관으로 물이 넘어갈 위험은 줄어요."

간호사의 조언에 따라 나는 병원을 찾을 때마다 매번 얼음을 한 컵씩 갖다드렸다. 나는 어머니의 개인 얼음장수가 되었다. "얼음장수 왔어요!" 병실에 들어갈 때마다 나는 소리 질렀다. 얼음 한 조각을 입에 넣어드리면 어머니는 얼음을 빨며 얼마나 맛이 좋은지 말씀하셨다. 젊었을 때 고급 음식과 음료를 즐기는 미식가였던 어머니가 이제 '얼음 미식가'가 되었다. 평생토록 당연했던 얼음이(어머니에게 얼음은 그저 음료를 차갑게 마시는 수단에 불과했다) 이제 어머니에게 지극한 기쁨을 주고 있었다. 어머니는 빈티지 와인을 즐기는 미식가보다 얼음을 더 즐겼다.

얼음을 빠는 어머니를 보며 나는 일말의 질투를 느꼈다. '얼음한 조각에 이토록 기쁨을 느끼시다니.' 물론, 부정적 시각화만으로 어머니처럼 얼음을 즐기는 건 불가능했다. 어머니처럼 얼음을 즐기려면 뇌졸중에 '걸려야' 했다. 그러나 얼음을 빠는 어머니를 보며 내가 당연시하는 또 한 가지를 알았다. 무더운 여름날에 시원한 물 한 잔을 벌컥벌컥 들이킬 수 있다는 사실이었다.

한번은 요양원의 어머니 병실을 향해 복도를 걸어가던 중 '미래의 크리스마스 유령'과 마주쳤다. 간병인이 모는 휠체어에 탄 노신사 한 분이 다가오고 있었다. 거리가 가까워지자 간병인은 노신사를 가리키며 내게 말했다. "이 분도 대학 교수님이세요." (어머니는 요양원에서 나에 대해 떠들고 다닌 게 분명했다.) 나는 걸음을 멈추고 동료 학자에게 인사를 건넸다. 그는 얼마 전 은퇴했다고 했다. 한

동안 대화를 나누다 문득 이런 생각이 들었다. '몇 십 년 후 또 이런 대화를 나눌 테지. 다만 그때는 내가 휠체어에 앉고, 내 앞엔 젊은 교수가 서 있을 거야. 젊은 교수는 바쁜 와중에 짬을 내 나라는 퇴물 학자와 대화를 나눌 거고.' 나는 속으로 말했다. '내 차례가 오고 있어. 준비할 게 있다면 지금 해야 해.'

✦

보았듯이 스토아철학의 목표는 평정심을 얻는 것이다. 독자들은 내가 스토아철학을 수련한 결과로 실제로 평정심을 얻었는지 궁금할 것이다. 어쩌나! 완벽한 평정심을 얻지는 못했다. **하지만 예전보다 훨씬 평정한 마음을 얻은 것은 분명한 사실이다. 특히 나는 스토아철학을 수련한 결과로 부정적 감정을 다스리는 데 큰 효과를 보았다.** 지금은 예전만큼 화를 내지 않는다. 사람들에게 화를 터뜨려도 예전보다 빨리 사과한다. 주변의 무시하는 말도 더 잘 견딘다. 흔하디흔한 모욕에는 거의 완벽한 면역을 형성했다. 내게 닥칠 재난, 특히 죽음에 대해서도 예전만큼 불안하지 않다. 물론 세네카의 말처럼, 죽음의 진정한 시험대는 숨을 거두는 마지막 순간에 찾아올 것이지만 말이다. 부정적 감정을 다스리게 되었다고 했지만 물론 '완벽히' 제거하지는 못했다. 앞으로도 그럴 것 같지는 않다. 그러나 부정적 감정이 한때 휘두르던 영향력이 크게 줄어든 것은 무엇보다 기쁜 일이다.

스토아철학을 수련하고 내게 일어난 중요한 심리적 변화라면 예전보다 불만족을 느끼는 일이 크게 줄었다는 점이다. 부정적 시각화를 연습한 결과 지금 가진 것을 더 소중히 여기게 됐다. 앞으로 나의 상황이 바뀌어도 계속 그렇게 될지는 알 수 없다. 어쩌면 감사히 여기는 것들에 또다시 집착하며 그것을 잃을까 안달할지 모른다. 나의 스토아철학을 시험에 붙이기 전까지는 정확히 알 수 없다.

스토아철학을 수련하며 또 하나 발견한 것은 기쁨에 관해서다. **스토아철학자들이 추구한 기쁨은 특정 대상을 즐기는 기쁨이 아니다. 그들은 '이 모든 것'을 즐겼다. 그저 삶에 참여할 수 있음에 기뻐했다. 그들이 느낀 기쁨은 일어나지 않을 수도 있었던 이 모든 일이 어쨌든 멋지고 훌륭하게 일어났다는 사실에 대한 심오한 깨달음이다.** 사실 나의 경우 스토아철학을 수련했지만 끝없는 기쁨을 느끼지는 못했다. 또 스토아의 현자들이 느낀 외부 사건에 영향받지 않는 초연하고 고상한 기쁨도 느끼지 못했다. 그러나 나는 스토아철학을 수련하며 '이 모든 것'에 기쁨이 샘솟는 일이 많아졌다. 처음에는 자주 샘솟는 이 기쁨을 어떻게 해야 할지 몰랐다. 마음껏 즐겨도 되나, 약간의 거리를 두어야 하나? 냉철한 어른으로 기쁨을 억눌러야 하나?(알고 보니 기쁨을 의심하는 사람은 나만이 아니었다) 그러다 나는 기쁨을 즐기지 않는 것은 어리석다는 생각에 마음껏 즐겼다.

이렇게 말하니 내가 자기만족을 자랑하는 것처럼 보일지 모른다. 하지만 안심하시라. 스토아철학을 수련한다고 해서 살아 있다는 게 얼마나 기쁜지, 최근에 느낀 기쁨이 얼마나 큰지 떠벌이고 다녀야 하는 것은 아니다. 스토아철학자들은 이렇게 하라고 권하지 않았다. 그렇다면 왜 나의 마음 상태를 말하는가? 그것은 '스토아철학을 수련하면 그것이 약속하는 심리적 유익함을 실제로 얻는가'라는 독자의 질문에 답하기 위해서다. 나의 경우, 내가 만족하는 이상으로 유익함을 얻었다. 이 점을 밝혔으니 앞으로 내 마음 상태를 공개적으로 알리는 일은 삼갈 것이다.

✦

나는 스토아철학을 수련하지만 이 말은 해야겠다. 사실 나는 스토아철학에 대해 약간의 의구심을 갖고 있다. 스토아철학자들에 따르면 우리가 구하는 것이 평정심이라면 주변 사람들이 추구하는 목표, 예컨대 고급 자동차나 수백만 달러의 집을 갖는 꿈을 포기해야 한다. 그런데 만에 하나 사람들의 생각이 옳고 스토아철학자들의 생각이 틀렸다면? 그렇다면 훗날 나의 '스토아 시절'을 돌아보며 곤혹스러운 실망감으로 자신에게 이렇게 물을지 모른다. '그때 무슨 생각을 했던 거야? 지난 시간을 돌려줘!'

이런 의구심을 갖는 스토아주의자는 나만이 아니다. 예컨대 세네카는 평정심에 관한 에세이에서, 스토아철학에 의구심을 가진 스토아주의자 세레누스와 상상의 대화를 나눈다. 세레누스가 보통의 가치관을 지닌 사람들과 어울린 적이 있었다. 밟는 곳마다 보석이요, 집안 곳곳에 값비싼 물건이 널린 대저택에서 저녁식사를 했다. 그 일이 있은 뒤 세레누스는 저것이 더 좋은 삶이 아닌가 하는 남모르는 배 아픔과 의구심이 일었다.[11] 나에게 던진 위 질문으로 보건대 나 역시 남모르게 배 아플 게 틀림없다. 더욱이 명예와 부를 중요하게 여기는 사람의 수가 나처럼 평정심이 가치 있다고 보는 사람보다 훨씬 많다. 그들이 모두 틀렸고 내가 옳다고? 어쩌면 틀린 건 나인지도!

그러나 욕망에 관해 연구해 보고 내가 알게 된 사실이 있다. 인간의 삶의 방식을 숙고한 많은 철학가와 종교가가 대부분의 사람이 삶의 방식에 실수를 저질렀다고 결론 내렸다는 것이다. 이들 사상가들은 평정심을 얻는 방법에 관해서는 스토아철학자들과 생각이 달랐지만, 평정심이 중요하다는 데는 의견이 같았다.

스토아철학에 확신이 서지 않을 때면 나는 확실성이란 수학에서나 가능하다는 사실을 상기한다. 우리가 사는 세상에서는 어떤 일을 하든 실수할 가능성이 있다. 그러므로 내가 스토아철학을 수련하는 것은 '정말' 실수일 수 있다. 그렇다고 스토아철학을 거부하고 다른 삶의 철학을 택한다면? 그것 역시 실수일 수 있다. 많은 사람이 저지르는 가장 큰 실수는 삶의 철학을 갖지 않고 사는 것이다. 사람들은 좋은 느낌을 주는 것은 열심히 구하고, 나쁜 느낌을 주는 것은 열심히 피하며 산다. 그저 진화 프로그래밍에 따라 살면 된다고 여긴다. 그렇게 살면 안락과 쾌락으로 가득한 삶을 살지 모른다. 문제는, 진화 프로그래밍을 외면하고 그 시간과 노력을 삶의 철학을 마련하는 데 쓴다면 더 좋은 삶을 살 수 있느냐는 것이다. 이 질문에 스토아철학자들은 그렇다고 답한다. 안락과 쾌락은 적을지 몰라도 훨씬 큰 기쁨의 삶을 살 수 있다는 것이다.

스토아철학에 대한 나의 의구심은 앞으로 몇십 년에 걸쳐(내가 그때까지 산다면) 늙음의 고초를 겪으며 조금씩 사라질 것이다. 스토아철학이 제안하는 방법은 삶이 문제가 없을 때도 효과가 있지만 상황이 안 좋을 때 효과가 가장 분명히 드러난다. 스토아철학이 60대의 나에게 도움이 된다면 80대, 90대에는 훨씬 더 도움이 될 것이다. 내가 특이한 경우가 아니라면 나의 가장 큰 시험대는 지금부터 나의 앞길에 있다. 시험에 들기 전 스토아철학에 대한 나의 이해가 더 깊어지기를 바랄 뿐이다.

스토아철학이(또는 다른 삶의 철학이) '정확한' 철학이라는 증거가 있으면 좋을 것이다. 안타깝게도 스토아철학자들이 내놓은 증거는 그다지 설득력이 없다. 그렇다고 당장 새로운 증거가 나올 것 같지도 않다. 증거가 없을 때는 확률에 근거해 행동하는 수밖에 없다. 사람들이 스토아철학을 시도해 볼 가치가 있다고 여기는 이유는 여러 가지다. **무엇보다 스토아철학을 수련하는 데는 큰 노력이 필요하지 않다. 삶의 철학 없이 살 때보다 오히려 노력이 적게 든다. 스토아철학은 주변 사람 모르게 수련할 수도 있고, 수련을 그만둔다고 그동안의 노력으로 손해 보는 일도 없다. 스토아철학을 삶의 철학으로 택하면 잃는 것은 조금이요, 얻는 것은 매우 많다.** 마르쿠스 아우렐리우스에 따르면 스토아철학을 수련할 때 우리는 완전히 새로운 삶을 살 수 있다.[12]

많은 철학적 저작이 비철학자들이 이해하기에 만만치 않지만 스토
아철학자들의 많은 글에는 해당되지 않는 이야기다. 따라서 이 책
의 독자들은 스토아철학의 원전을 살펴봐도 좋다. 원전을 읽으면
스토아철학자들에 대한 독자 자신의 해석이 이 책에 소개한 나의
해석과 어떻게 다른지 알 수 있을 것이다. 또 내가 이 책을 쓰는 과
정에서 빠트린 스토아철학자들의 지혜와 통찰이 무엇인지도 알 수
있을 것이다.

스토아철학자의 글을 읽으려는 사람은 세네카의 에세이부터 시
도하는 것이 좋다. 〈행복한 삶에 관하여〉, 〈마음의 평정에 관하
여〉, 〈삶의 짧음에 관하여〉 등이 있다. 이 에세이들은 『세네카: 대
화와 에세이』(옥스퍼드대학 출판부, 2008년)에 수록되어 있다. 또 로
브 고전총서(Loeb Classical Library)에 수록된 『세네카: 도덕 에세

이들』2권에도 나와 있다. 이 책은 주머니에 쏙 들어갈 정도로 크기가 앙증맞다. 비철학자의 연회에서 한심한 연설을 들어야 하는 경우에 구석에 조용히 틀어박혀 읽기에 딱 좋다.

루킬리우스에게 보낸 세네카의 편지도 읽어볼 만하다. 백여 편 이상의 편지 중에는 사람들이 특히 관심을 가질 만한 것도 있다. 편지는 다양한 주제를 다룬다. 예컨대 83번 편지에서 세네카는 술에 대해 말한다. 12번과 26번 편지는 노년에 대해, 7번 편지는 검투 시합에 대해 이야기한다.(세네카는 검투 시합 중 쉬는 시간에 그저 구경거리로 누군가의 목을 베라고 소리 지르는 관객들을 묘사한다.) 이들 편지를 가려 모은 책을 구해 읽어도 좋다.

일상생활에 관한 실용적 조언이 담긴 무소니우스 루푸스의 글은 읽어볼 가치가 충분하다. 내가 아는 한, 무소니우스의 유일한 번역본은 『예일 고전 연구』(1947년) 10권에 실린 코라 러츠의 〈무소니우스 루푸스: 로마의 소크라테스〉인데 지금은 구하거나 빌리기 어렵다. 신시아 킹의 무소니우스 작품 번역본에 관한 정보가 내 홈페이지(williambirvine.com)에 나와 있다(이 책에 인용한 번역문도 여기서 따왔다).

에픽테토스의 글에 도전하고 싶은 독자라면 '편람' 또는 '안내서'를 의미하는 그의 『엥케이리디온』부터 읽으면 좋을 것이다. 쉽게 구할 수 있으며, 철학적으로도 쉬운 내용이다. 이 책은 철학적 문학의 세계에서 단연 보석으로 꼽힌다.

마르쿠스 아우렐리우스의 『명상록』 역시 쉽게 구할 수 있으며 어렵지 않다. 그러나 무관한 주제를 한데 모았고(스토아철학에 관한 주제는 그렇지 않다) 같은 말을 반복하는 경우도 있어 독자에게 약간의 좌절감을 안길 수 있다.

독자들은 스토아철학자들뿐 아니라 다른 글에도 관심을 가져도 좋다. 가령 디오게네스 라에르티오스가 쓴 그리스 스토아철학자들의 전기를 읽어볼 수 있다. 로브 고전총서의 〈디오게네스 라에르티오스〉 2권에 키티온의 제논, 클레안테스, 크리시포스에 대한 묘사가 나와 있다. 이 책을 가진 독자라면 견유학파인 시노페의 디오게네스에 대한 전기적 묘사를 살펴보는 재미도 쏠쏠할 것이다. 지혜와 유머가 멋지게 어우러진 글이다.

아르투어 쇼펜하우어의 에세이 〈삶의 지혜〉와 〈조언과 격언〉도 읽어볼 만하다. 이 에세이들은 스토아철학을 명시적으로 내세우지 않지만 분명히 스토아적인 목소리를 담고 있다. 또 톰 울프의 소설 『한 남자의 모든 것A Man in Full』은 우연히 스토아철학을 알게 된 주인공이 스토아철학을 수련한다는 내용이다. 마지막으로 독자들은 제임스 B. 스톡데일의 『포화 속의 용기: 인간 행동 실험실에서 에픽테토스의 원칙을 시험하다』라는 책에서 힘겨운 상황에서 스토아철학을 수련하는 것에 대한 통찰을 얻을 수 있다. 즐기시길!

감사의 말

책 한 권을 쓰는 데 저자 한 사람만으로 되지 않음을 잘 알기에 이 책이 세상에 나오기까지 도움을 주신 여러분께 감사를 전하는 것이 마땅하다.

우선, 이 책의 상당 부분을 쓸 수 있도록 연구 안식년을 허락해준 라이트 주립대학교에 감사드린다. 또 2005년 가을 〈헬레니즘 철학〉 수업을 개설해준 우리 학부에도 고마움을 표한다. 그 수업을 진행하면서 이 책의 초고를 다듬을 수 있었다.

그 밖에 나의 '자발적 불편 프로그램'에서 (대부분의 경우 자신도 모르게) 혁혁한 역할을 해준 분들이 있다. 맥커천 뮤직의 짐 맥커천, 이너댄스 요가센터의 데비 스터스먼, 그레이터데이턴 조정협회의 내 동료들에게 고마움을 전한다.

그중에서도 특히 조정 경기에서 내 바로 뒤에 앉을 정도로 큰 용기를 내준 주디 드라이어, 크리스 룬, 마이클 맥카티가 생각난다. 마이클은 내가 불편함의 세계를 탐험하도록 도와주었고, 7장에 사용한 '자발적 불편'이라는 용어와 관련해서도 귀한 조언을 해주었다. 신시아 킹은 나의 초고를 모두 읽고 코멘트를 해주었다.

또 빌 킹은 스토아적 신조에 대한 자신의 충성을 인정하기를 주저하지만 그럼에도 '이 스토아주의자'(나)에게 커다란 영감을 준 사람이다.

또 이 책의 주장을 다듬는 데 도움을 준 수많은 이름 없는 독자 여러분에게 감사를 전한다. 커다란 인내심으로 내 글의 산파 역할을 해준 옥스퍼드대학 출판부의 시빌 톰도 빼놓을 수 없다. 무엇보다 가장 큰 감사의 말은 나의 아내 제이미에게 돌아가야 한다. 그녀는 내가 이 책을 쓸 수 있도록 시간을, 그리고 특히 공간을 마련해주었다.

주석

들어가는 말

1 Epicurus, 54.

2 Seneca, Ad Lucilium, CVIII.4.

3 American Heritage Dictionary of the English Language, 3rd ed.

4 Seneca, "On Tranquility," II.4.

5 Seneca, "On the Happy Life," IV.4.

6 Musonius, "Lectures," 17.2.

7 Seneca, "On Firmness," II.1-2.

8 Marcus, VII.31.

1 철학, 인간의 삶에 관심을 갖다

1 Diogenes Laertius, "Prologue," I.13-14.

2 Cicero, V.10.

3 Conford, 5.

4 Navia, 1.

5 Marrou, 96.

6 Diogenes Laertius, "Prologue," I.17-19.

7 Diogenes Laertius, "Zeno," VII.25.

8 Price, 141.

9 Veyne, viii.

2 최초의 스토아철학자들

1 Diogenes Laertius, "Zeno," VII.2-4.

2 Epictetus, "Discourses," 3.22.

3 Diogenes Laertius, "Antisthenes," VI.3, VI.4, VI.12, VI.15.

4 Diogenes Laertius, "Diogenes," VI.44, VI.71, VI.66.

5 Diogenes Laertius, "Diogenes," VI.35.

6 Dio Chrysostom, "The Sixth Discourse," 12.

7 Diogenes Laertius, "Diogenes," VI.63.

8 Diogenes Laertius, "Crates," VI.86.

9 Arnold, 67.

10 Schopenhauer, II:155.

11 Diogenes Laertius, "Zeno," VII.24, VII.25.

12 Arnold, 71.

13 Diogenes Laertius, "Zeno," VII.5.

14 Diogenes Laertius, "Zeno," VII.40.

15 Kekes, 1.

16 Becker, 20.

17 Veyne, 31.

18 Diogenes Laertius, "Zeno," VII.87.

19 Diogenes Laertius, "Zeno," VII.108.

20 Diogenes Laertius, "Zeno," VII.40.

21 Diogenes Laertius, "Zeno," VII.117-119.

22 Marcus, I.17.

23 Epictetus, "Discourses," I.iv.3-6, along with the accompanying footnote.

24 Arnold, 94.

25 Diogenes Laertius, "Prologue," I.21.

3 로마의 스토아철학

1 에픽테토스는 로마 시민이 아니었으므로 엄밀히 말하면 로마 스토아철학자

라고 할 수 없지만 그가 수련한 스토아철학은 로마화된 교설이므로 이 책에서 에픽테토스를 로마 스토아철학자에 포함시켰다.

2 Seneca, "To Helvia," VII.9.

3 Veyne, 9.

4 Tacitus, 14.53.

5 Tacitus, 15.62-64.

6 Seneca, "On the Happy Life," III.4, IV.4.

7 Seneca, Ad Lucilium, XXIII.3.

8 그렇다고 해도 일부 고전학자들은 기쁨에 관한 세네카의 발언을 액면 그대로 해석하지 않는다. 예컨대 철학자 마사 누스바움은 세네카가 친구 루킬리우스에게 조언을 건넨 뒤 곧바로 그가 말하는 기쁨의 의미를 설명한다는 점을 지적한다. 세네카는 자신이 말하는 기쁨은 '달콤한 기쁨'이 아니라 '엄격한 기쁨'이라고 말한다(Nussbaum, 400을 참조). 그러나 나는 세네카의 이 말이 스토아적 기쁨과 그 밖의 마음 상태를 구분하려는 시도라고 본다. 예컨대 루킬리우스에게 "웃는 자가 기쁨을 느낀다"고 여기지 말라고 한 세네카의 말은(Ad Lucilium, XXIII.3) 기쁨을 흥분과 구분하기 위함이다. 흥분한 사람은 웃을 수 있지만, 그가 반드시 기쁨을 느끼는 것은 아니다. 각성제를 사용해 흥분 상태에 이른 사람을 보라.

9 Tacitus, 15.71.

10 Strabo, 10.5.3.

11 Seneca, "To Helvia," VI.4.

12 New York Times Index(1973), 929.

13 Lutz, 15, 16.

14 Musonius, "Lectures," 8.9.

15 Musonius, "Sayings," 49.3.

16 Epictetus, "Discourses," III.xxiii.29.

17 Musonius, "Lectures," 3.1.

18 Long, 10.

19 Arnold, 120.

20 Long, 108.

21 Epictetus, "Discourses," II.xvii.29-31.

22 Epictetus, "Discourses," III.xxiii.30.

23 Long, 91.

24 Epictetus, "Discourses," I.xv.2-3.

25 Long, 146.

26 Epictetus, "Discourses," I.i.11-12.

27 Epictetus, "Discourses," I.xxiv.1-2.

28 Seneca, "On Providence," I.6, II.2, III.2.

29 Marcus, II.1.

30 Julius Capitolinus, sec.2.

31 Birley, 37-38.

32 Julius Capitolinus, sec.2.

33 Marcus, I.8, I.7.

34 Marcus, VII.67.

35 Birley, 104.

36 Julius Capitolinus, sec.7.

37 Julius Capitolinus, sec.10,11.

38 Cassius Dio, 72.33.

39 Birley, 160.

40 Birley, 11에서 인용

41 Lecky, 292.

42 Marcus, III.6.

43 Birley, 179, 182, 191, 196, 183.

44 Julius Capitolinus, sec.12.

45 Birley, 149, 158; Julius Capitolinus, sec.11; Birley, 205.

46 Marcus, VII.61.

47 Cassius Dio, 72.36, 72.34.

48 Julius Capitolinus, sec.28.

49 Birley, 209.

50 Cassius Dio, 72.35.

4 부정적 시각화, 안 좋은 상황을 미리 그려보라

1 Seneca, "To Marcia," IX.5.

2 Seneca, "On Tranquility," XI.6.

3 Epictetus, "Discourses," IV.v.27.

4 Frederick and Loewenstein, 302, 313.

5 Veyne, 178 n 38. 이 기법은 '악의 예측(premeditation of evils)'(76)이라
   고도 부른다.

6 Seneca, "To Marcia," I.7, IX.2, X.3.

7 Epictetus, "Discourses," II.xxiv.86,88.

8 Marcus, XI.34.

9 Epictetus, "Discourses," III.xxiv.86-88.

10 Epictetus, Handbook, 21.

11 Seneca, Ad Lucilium, XII.8, XCIII.6, LXI.1-2.

12 Marcus, X.34.

13 Stockdale, 18-19.

14 Seneca, "On Tranquility," XI.10.

15 Epictetus, Handbook, 26.

16 Marcus, VII.27.

17 Seneca, "On the Happy Life," III.3.

18 Seneca, "On the Happy Life," III.4.

19 Seneca, "To Marcia," XXI.1.

20 Marcus, X.34, VI.15.

5 통제의 이분법, 통제할 수 있는 일과 없는 일을 구분하라

1 Epictetus, Handbook, 29, 48.

2 Epictetus, "Discourses," III.xv.12.

3 Epictetus, "Discourses," III.xxiv.17.

4 자세한 내용은 저자의 다음 책을 참조: On Desire: Why We Want What
   We Want.

5 Epictetus, Handbook, 14, 19.

6 Epictetus, Handbook, 1.

7 Epictetus, Handbook, 2,1.

8 Epictetus, Handbook, 14.

9 Marcus, XI.16, Vii.2, XII22.

10 Marcus, X.32, VIII.29, VIII.8, V.5.

11   Marcus, VIII.17.

6 운명론, 지난 일을 내려놓으라 … 지금의 일도

1   Seneca, "On Providence," V.8.

2   Epictetus, Handbook, 17, 8.

3   Marcus, II.16, X.25, VI.39, III.4, III.16, X.6, III.4, III.16.

4   제우스는 최고의 신으로서 운명의 여신들이 내린 결정을 물리치는 힘이 있었다. 하지만 제우스는 실제적인 이유로 대개는 운명의 여신들이 내린 결정을 물리치지 않았다. 예컨대 호머는 『일리아드』(16.440-49)에서 제우스가 헤라에게 불만을 표하는 장면을 묘사한다. 사르페돈이 파트로클로스에게 살해당할 운명인 데 제우스는 불만을 털어놓는다. 제우스는 사르페돈의 생명을 구하기 위해 사건에 관여할 생각을 하고 있다. 하지만 헤라는 제우스에게 그러지 말 것을 간청한다. 만약 제우스가 지상의 사건에 관여한다면 다른 신들도 그렇게 할 것이며 그렇게 되면 커다란 혼란이 초래된다는 이유 때문이었다.

5   Marcus, II.14, III.10.

6   Seneca, "On the Happy Life," III.3.

7 극기 또는 자기 통제, 쾌락의 함정을 피하라

1   Seneca, Ad Lucilium, XVIII.5-6.

2   Seneca, Ad Lucilium, XVIII.9.

3   Musonius, Lectures, 19.2-3, 6.4.

4   Musonius, Lectures, 6.5.

5   Seneca, "On the Happy Life," XIV.2.

6   Dio Chrysostom, "The Eighth Discourse," 389, 391.

7   Marcus, II.2, V.26, VII.55.

8   Epictetus, Handbook, 34.

9   Seneca, "On the Happy Life," X.3.

10   Musonius, Lectures, 7.1.

11   Seneca, "On Anger," II.13.

12   Epictetus, Handbook, 34.

13   Epictetus, Handbook, 34.

14 Seneca, Ad Lucilium, XVIII.10.

8 명상, 스토아철학을 실천하는 자신을 돌아보라

1 Seneca, "On Anger," III.36.

2 Seneca, "On Anger," III.36-37.

3 Epictetus, "Discourses," IV.xii.19.

4 Marcus, III.11, V.11, X.37.

5 Epictetus, Handbook, 46, 13.

6 Epictetus, Handbook, 48.

7 Plutarch, "Progress in Virtue," 12에서 인용.

8 Epictetus, Handbook, 50, 47, 46.

9 Seneca, Ad Lucilium, XXVI.5.

10 Seneca, "On the Happy Life," XVII.3.

11 Epictetus, Handbook, 33,

12 Marcus, V.9.

13 Marcus, XII.6.

9 의무, 인류를 사랑하는 것에 관하여

1 Seneca, "On the Happy Life," II.4.

2 Marcus, VIII.19-20, X.8.

3 Musonius, Lectures, 14.3.

4 Marcus, V.16, VI.44.

5 Marcus, III.4, IV.3, II.1, VII.5, V.20.

6 Marcus, V.6, IV.32, VI.22, V.1.

7 Marcus, XI.9, VI.39.

8 Marcus, II.1, V.10. XI.15.

9 Marcus, IX.3, X.36, X.19.

10 Lecky, 250.

11 Marcus, V.6, IX.12.

12 Marcus, VIII.7, V.34, VII.28, XII.3, VI.4, VIII.26.

10 인간관계, 사람을 대하는 것에 관하여

1 Epictetus, Handbook, 33.

2 Seneca, "On Tranquility," VII.4.

3 Epictetus, Handbook, 33.

4 Seneca, "On Tranquility," VII.6.

5 Johnson, "seeksorrow"를 보라.

6 Epictetus, Handbook, 33.

7 Marcus, XI.18, X.30, XI.18.

8 Marcus, III.4.

9 Marcus, IX.42, VII.63, XII.12, IX.6, X.42.

10 Marcus, XII.16.

11 Marcus, XI.18.

12 Marcus, XI.9, XI.13, VII.65, VI.6.

13 Musonius, Lectures, 12.2.

14 Epictetus, Handbook, 33.

15 Marcus, XI.16, VI.13.

16 Bodhi, 83-85.

17 Epicurus, 8.

18 Musonius, Lectures, 14.1-2, 13A.2.

19 Musonius, Lectures, 15A.4.

11 모욕, 깔아뭉개는 말에 뭉개지지 않기

1 Musonius, Lectures, 10.1.

2 Seneca, "On Firmness," X.2.

3 Seneca, "On Firmness," XVI.4.

4 Epictetus, Handbook, 42.

5 Seneca, "On Firmness," XII.1-2.

6 Marcus, VII.26.

7 Epictetus, Handbook, 20, 30.

8 Epictetus, Handbook, 5.

9 Seneca, "On Anger," III.38.

10 Seneca, "On Anger," III.11. 투구 농담의 주인공은 소크라테스가 아니라 키니코스학파의 디오게네스라는 설도 있다.

11 Seneca, "On Firmness," XVII.3.

12 Epictetus, Handbook, 33.

13 Musonius, Lectures, 10.2.

14 Seneca, "On Anger," II.32.

15 Seneca, "On Firmness," XIV.3.

16 Seneca, "On Firmness," XVII.4.

17 Seneca, "On Firmness," XII.3.

12 슬픔, 이성으로 눈물을 이기는 것에 관하여

1 Seneca, "To Polybius," XVIII.4-5.

2 Seneca, "To Polybius," XVIII.6.

3 Seneca, "To Polybius," IV.3.

4 Seneca, "To Marcia," XII.1.

5 Seneca, "To Polybius," IV.2, XVIII.6.

6 Seneca, "To Polybius," V.3, IX.2.

7 Seneca, "To Helvia," IV.1, I.2.

8 Epictetus, Handbook, 16.

13 화, 기쁨을 갉아먹는 화를 극복하는 것에 관하여

1 Seneca, "On Anger," I.1, I.2, III.28.

2 Seneca, "On Anger," I.12, I.10.

3 Seneca, "On Anger," I.12-15, II.31.

4 Seneca, "On Anger," II.14.

5 Seneca, "On Anger," II.22, III.31.

6 Seneca, "On Anger," II.25, III.35, II.25.

7 Seneca, "On Anger," III.28, III.27.

8 Seneca, "On Anger," III.33.

9 Marcus, IV.32.

10 Seneca, "On Anger," III.26, III.13.

11 Bodhi, 32, 69.

12 Seneca, "On Anger," III.42-43.

14 개인적 가치, 명성 추구에 관하여

1 Epictetus, Handbook, 25.

2 Epictetus, Handbook, 23, 14.

3 Epictetus, Handbook, 50, 48.

4 Marcus, XII.4, III.4, VIII.1, IV.18.

5 Marcus, XI.13.

6 Marcus, IV.33, IV.19, VI.18, VIII.44.

7 Plutarch, "Cato the Younger," VI.3.

15 개인적 가치, 사치스러운 생활에 관하여

1 Irvine, 31-43.

2 Seneca, "To Helvia," X.6, X.10.

3 Musonius, Lectures, 17.5.

4 Epictetus, Handbook, 12.

5 Epictetus, "Discourses," IV.ix.2-3.

6 Musonius, Sayings, 50

7 Musonius, Lectures, 18A.5.

8 내가 상상으로 지어낸 메뉴가 아니다. 이 글을 쓰는 시점에 비벌리힐즈의 유명 레스토랑에서 실제로 주문 가능한 메뉴다.

9 Musonius, Lectures, 18A.2-3, 18B.5.

10 Musonius, Lectures, 18A.6, 18B.3.

11 Musonius, Lectures, 19.5, 20.3.

12 Seneca, Ad Lucilium, XVI.8-9.

13 Seneca, Ad Lucilium, XC.19.

14 Musonius, Lectures, 20.5, 20.7.

15 Seneca, Ad Lucilium, XC.16.

16 Seneca, "On Tranquility," VIII.9, IX.2-3.

17 Seneca, Ad Lucilium, V.5.

18 Epictetus, Handbook, 33, 39.

19 Epictetus, Handbook, 24, 44.

20 Seneca, Ad Lucilium, CVIII.11.

21 Lao Tzu, XXXIII.

22 Seneca, Ad Lucilium, V.5.

23 Seneca, "On the Happy Life," XXIII.1, XX.3, XXVI.1.

24 Carus, 72-74.

16 유배, 사는 곳이 바뀌어도 살아남는 법

1 Tacitus, 16.21.

2 Epictetus, "Discourses," I.i.31-32.

3 Seneca, "To Helvia," V.6, VI.1, VI.4.

4 Seneca, "To Helvia," VIII.3, XI.5.

5 Musonius, Lectures, 9.10.

6 Musonius, Lectures, 9.2.

7 Musonius, Lectures, 9.4.

8 Diogenes Laertius, "Diogenes," VI.49.

17 노년, 요양원에 보내지는 것에 관하여

1 Seneca, Ad Lucilium, XII.4-6.

2 Plato, Republic, bk.1.에서 인용

3 Seneca, Ad Lucilium, XXVI.2.

4 Seneca, Ad Lucilium, XII.9.

5 Musonius, Lectures, 17.3.

18 죽음, 좋은 삶을 좋게 마치는 것에 관하여

1 Musonius, Lectures, 17.4.

2 Musonius, Lectures, 17.4.

3 Seneca, "On Tranquility," XIV.4-10.

4 Seneca, Ad Lucilium, XXVI.6.

5 Diogenes Laertius, "Zeno," VII.28, 31; Diogenes Laertius, "Cleanthes," VII.176.

6 Musonius, Sayings, 28, 35.

7 Musonius, Sayings, 29.

19 스토아주의자 되기, 지금 시작하라. 그리고 주변의 놀림에 대비하라

1 Musonius, Lectures, 7.1-2.

2 Epictetus, Handbook, 22.

3 Epictetus, Handbook, 46.

4 Marcus, IV.49.

5 Seneca, Ad Lucilium, CXIII.3.

6 Seneca, "On Tranquility," II.4.

7 Epictetus, Handbook, 51.

20 스토아철학의 쇠퇴

1 Lecky, 249.

2 Lecky, 255.

3 Clarke, 133.

4 Marcus, VII.31.

5 Descartes, 16-17.

6 Richardson, 4에서 인용

7 Richardson, 4.

8 Thoreau, 172.

9 Richardson, 4에서 인용

10 Richardson, 1.

11 Nussbaum, 4.

12 Sommers and Satel, 180.

13 Furedi, 19.

14 Furedi, 19.

15 Furedi, 16.

16 Sommers and Satel, 136.

17 Sommers and Satel, 133-34.

18 Sommers and Satel, 133에서 인용

19 Sommers and Satel, 134.

20 Sommers and Satel, 7.

21 Seneca, Ad Lucilium, LXXVIII.14.

21 다시 보는 스토아철학

1 Jeffreys, 9-10, 12.

2 Jeffreys, 15, 17-18, 39, 230.

3 Hadot, 83n. 18.

4 Seneca, "On the Happy Life," III.2.

22 스토아철학 수련하기

1 Seneca, "On Anger," II.32.

2 Seneca, "On Anger," III.33.

3 Seneca, "On Tranquility," XV.3.

4 Epictetus, Handbook, 48.

5 Epictetus, Handbook, 34.

6 Seneca, Ad Lucilium, LXXVIII.14.

7 Veyne, 112.

8 Seneca, "On Firmness," IX.4.

9 Seneca, Ad Lucilium, XXVI.5.

10 Seneca, Ad Lucilium, XII.4-5.

11 Seneca, "On Tranquility," I.8-9.

12 Marcus, VII.2.

Arnold, Edward Vernon. *Roman Stoicism.* Freeport, NY: Books for Libraries Press, 1911.

Becker, Lawrence C. *A New Stoicism.* Princeton: Princeton University Press, 1998.

Birley, Anthony. *Marcus Aurelius: A Biography.* Rev. ed. New Haven: Yale University Press, 1987.

Bodhi, Bhikkhu. *The Noble Eightfold Path: Way to the End of Suffering.* Seattle: BPS Pariyatti Editions, 2000.

Carus, Paul. *The Gospel of Buddha.* La Salle, IL: Open Court, 1915.

Cassius Dio Cocceanus. *Dio's Roman History.* Vol.9. Translated by Earnest Cary. Cambridge, MA: Harvard University Press, 1927.

Cicero. *Tusculan Disputations.* Cambridge, MA: Harvard University Press, 1927.

Clarke, M. L. *The Roman Mind: Studies in the History of Thought from Cicero to Marcus Aurelius.* New York: Norton, 1968.

Conford, Francis Macdonald. *Before and after Socrates.* Cambridge, UK: Cambridge University Press, 1962.

Descartes, René. *Discourses on Method.* Indianapolis: Bobbs-Merrill, 1950.

Dio Chrysostom. "The Eighth Discourse: Diogenes or On Virtue." In *Dio Chrysostom*. Vol. 1. Cambridge, MA: Harvard University Press, 1961.

———. "The Sixth Discourse: Diogenes, or on Tyranny." In *Dio Chrysostom*. Vol. 1. Cambridge, MA: Harvard University Press, 1961.

Diogenes Laertius. "Antisthenes." In *Lives of Eminent Philosophers*. Vol.2. Cambridge, MA: Harvard University Press, 1925.

———. "Cleanthes." In *Lives of Eminent Philosophers*. Vol.2. Translated by R. D. Hicks. Cambridge, MA: Harvard University Press, 1925.

———. "Crathes." In *Lives of Eminent Philosophers*. Vol.2. Cambridge, MA: Harvard University Press, 1925.

———. "Diogenes." In *Lives of Eminent Philosophers*. Vol.2. Cambridge, MA: Harvard University Press, 1925.

———. "Prologue." In *Lives of Eminent Philosophers*. Vol.2. Cambridge, MA: Harvard University Press, 1925.

———. "Zeno." In *Lives of Eminent Philosophers*. Vol.2. Cambridge, MA: Harvard University Press, 1925.

Epictetus. "Discourses." In *Epictetus: The Discourses as Reported by Arrian, the Manual, and Fragments*. 2 Vols. Cambridge, MA: Harvard University Press, 1925.

———. *Handbook of Epictetus*. Indianapolis: Hackett, 1983.

Epicurus. "Fragments: Remains Assigned to Certain Books." In *The Stoic and Epicurean Philosophers*. New York: Modern Library, 1940.

Frederick, Shane, and Geroge Loewenstein. "Hedonic Adaptation." In *Well-Being: The Foundations of Hedonic Psychology*. New York: Russell Sage Foundation, 1999.

Furedi, Frank. *Therapy Culture: Cultivating Vulnerability in an Uncertain Age*. London: Routledge, 2004.

Hadot, Pierre. *Philosophy as a Way of Life*. Cambridge, MA: Blackwell, 1995.

Irvine, William B. *On Desire: Why We Want What We Want.* New York: Oxford University Press, 2006.

Jeffreys, Diarmuid. *Aspirin: The Remarkable Story of a Wonder Drug.* New York: Bloomsbury, 2004.

Johnson, Samuel. *Johnson's Dictionary: A Modern Selection.* Edited by E. L. McAdam Jr. and Geroge Milne. New York: Pantheon, 1963.

Julius Capitolinus. "Marcus Antoninus: The Philosopher." In *Scriptores Historiae Augustae.* Vol. 1. Cambridge, MA: Harvard University Press, 1921.

Kekes, John. *Moral Wisdom and Good Lives.* Ithaca, NY: Cornell University Press, 1995.

Lao Tzu. *Tao Te Ching.* New York: Penguin, 1963.

Lecky, William Edward Hartpole. *History of European Morals: From Augustus to Charlemagne.* New York: George Braziller, 1955.

Long, A. A. *Epictetus: A Stoic and Socratic Guide to Life.* Oxford: Clrarendon Press, 2002.

Lutz, Cora. Introduction to "Musonius Rufus: 'The Roman Socrates.'" *Yale Classical Studies.* Vol. 10. New Haven: Yale University Press, 1947.

Marcus Aurelius. *Meditations.* London: Penguin, 1964.

Marrou, H. I. *A History of Education in Antiquity.* Translated by George Lamb. New York: New American Library, 1956.

Musonius Rufus: "The Lectures." In *The Lectures and Sayings of Musonius Rufus.* Translated by Cynthia King. Edited by William B. Irvine. Unpublished manuscript(미출간 원고), 2007.

————. "The Sayings." In *The Lectures and Sayings of Musonius Rufus.* Translated by Cynthia King. Edited by William B. Irvine. Unpublished manuscript(미출간 원고), 2007.

Navia, Luis E. *Socrates: The Man and His Philosophy.* Lanham, MD: University Press of America, 1985.

Nussbaum, Martha C. *The Therapy of Desire: Theory and Practice in Hellenistic Ethics.* Princeton: Princeton University Press, 1994.

Plato. *Plato's Republic.* Indianapolis: Hackett, 1974.

Plutarch. "Cato the Younger." In *The Lives of the Noble Grecians and Romans.* New York: Modern Library, 1932.

———. "How a Man May Become Aware of His Progress in Virtue." In *Plutarch's Moralia.* Vol. 1. Cambridge, MA: Harvard University Press, 1927.

Price, Simon. *Religions of the Ancient Greeks.* Cambridge, UK: Cambridge University Press, 1999.

Richardson, Robert D. "A Perfect Piece of Stoicism." *Thoreau Society Bulletin,* no. 153(Fall 1980): 1-5.

Schopenhauer, Arthur. *The World as Will and Representation.* 3 vols. New York: Dover, 1969.

Seneca. *Ad Lucilium Epistule Morales.* Cambridge, MA: Harvard University Press, 1967.

———. "On Anger." In *Moral and Political Essays.* Cambridge, UK: Cambridge University Press, 1995.

———. "On Firmness." In *Seneca: Moral Essays.* Vol.1. Cambridge, MA: Harvard University Press, 1928.

———. "On Providence." In *Seneca: Moral Essays.* Vol.1. Cambridge, MA: Harvard University Press, 1928.

———. "On the Happy Life." In *Seneca: Moral Essays.* Vol.2. Cambridge, MA: Harvard University Press, 1932.

———. "On Tranquility of Mind." In *Seneca: Moral Essays.* Vol.2. Cambridge, MA: Harvard University Press, 1932.

———. "To Helvia on Consolation." In *Seneca: Moral Essays.* Vol.2. Cambridge, MA: Harvard University Press, 1932.

———. "To Marcia on Consolation." In *Seneca: Moral Essays.* Vol.2. Cambridge, MA: Harvard University Press, 1932.

———. "To Polybius on Consolation." In *Seneca: Moral Essays.* Vol.2. Cambridge, MA: Harvard University Press, 1932.

Sommers, Christina Hoff, and Sally Satel. *One Nation under Therapy: How the Helping Culture Is Eroding Self-Reliance.* New York: St.

Martin's Press, 2005.

Stockdale, James Bond. *Courage under Fire: Testing Epictetus's Doctrines in a Laboratory of Human Behavior.* Palo Alto, CA: Hoover Institution, Stanford University, 1993.

Strabo. *The Geography of Strabo.* Vol. 5. Cambrideg, MA: Harvard University Press, 1928.

Tacitus. *The Annals.* Vol. 4. Cambridge, MA: Harvard University Press, 1937.

Thoreau, Henry D. "Walden." In *Thoreau: Walden and Other Writings.* New York: Bantam, 1962.

Veyne, Paul. *Seneca: The Life of a Stoic.* New York: Routledge, 2003.

옮긴이 **이재석**(1972~)

부산 출생으로 서울대학교 노어노문학과를 졸업한 뒤 출판사에서 일했다. 불교 명상에 대한 관심으로 보리수선원, 호두마을, 서울불교대학원 심신치유학과에서 수련하고 공부했다. 옮긴 책으로『카밧진 박사의 부모 마음공부』,『불교는 왜 진실인가』등이 있다.

좋은 삶을 위한 안내서

지은이 | 윌리엄 B. 어빈
옮긴이 | 이재석

1판 1쇄 펴낸날 | 2022년 4월 7일
펴낸곳 | 마음친구
펴낸이 | 이재석
주소 | 경기도 안양시 동안구 시민대로 230
　　　 평촌아크로타워 지니센터 D동 5361호
전화 | 031-478-9776
팩스 | 0303-3444-9776
이메일 | friendsbook@naver.com
블로그 | blog.naver.com/friendsbook
출판신고 | 제385-2510020100000319호

ISBN 979-11-91882-01-8(03190)